大学生创新创业、职业发展与就业指导系列教材

大学生职业发展与创业就业指导

主编 丁宁 王凡

副主编 陈开祥 唐佐芯 贾斌 王京法

DAXUESHENG ZHIYE

FAZHAN YU CHUANGYE

JIUYE ZHIDAO

Career development ,
entrepreneurship and
employment guidance

中国教育出版传媒集团

高等教育出版社·北京

内容提要

本书是大学生创新创业、职业发展与就业指导系列教材之一。本书以党的二十大精神为指导,主要内容包括:职业生涯规划探索、提升职业素质、开启创新创业、开发创新思维、创业者与创业团队、创业机会与创业风险、创业资源、商业模式、创业计划书、就业政策及就业去向、就业心理准备及风险防范、就业能力提升。本书以二维码形式链接了拓展阅读内容,利于学生进一步掌握相关知识。本书适合作为高等学校相关课程教材,也可作为社会人士参考用书。

图书在版编目(CIP)数据

大学生职业发展与创业就业指导/丁宁,王凡主编
.—北京:高等教育出版社,2024.3(2024.8 重印)
ISBN 978 - 7 - 04 - 061944 - 7

Ⅰ.①大…　Ⅱ.①丁…②王…　Ⅲ.①大学生-职业选择-教材　Ⅳ.①G647.38

中国国家版本馆 CIP 数据核字(2024)第 038236 号

策划编辑	熊柏根	**责任编辑**	熊柏根	**封面设计**	张文豪	**责任印制**	高忠富

出版发行	高等教育出版社	**网　　址**	http://www.hep.edu.cn
社　　址	北京市西城区德外大街 4 号		http://www.hep.com.cn
邮政编码	100120	**网上订购**	http://www.hepmall.com.cn
印　　刷	杭州广育多莉印刷有限公司		http://www.hepmall.com
开　　本	787 mm×1092 mm　1/16		http://www.hepmall.cn
印　　张	15		
字　　数	346 千字	**版　　次**	2024 年 3 月第 1 版
购书热线	010 - 58581118	**印　　次**	2024 年 8 月第 2 次印刷
咨询电话	400 - 810 - 0598	**定　　价**	35.00 元

本书如有缺页、倒页、脱页等质量问题,请到所购图书销售部门联系调换

前　言

　　高等学校积极响应党的二十大"科教兴国战略、人才强国战略、创新驱动发展战略"的号召,为进一步提升高校创业就业指导服务水平,解决"就业难"与"招工难"并存的结构性矛盾,帮助大学生增强职业生涯规划、自我管理意识,提高广大毕业生的创业就业能力,教材的开发与建设是十分重要的。

　　本书按照"学以致用、强化实践、提升质量"的思路,课程目标、课程内容、课程结构和课程活动等各个课程要素在动态过程中统一指向课程体系目标的实现,为建构大学生职业发展规划、创新创业和就业指导课程体系服务。

　　第一篇以职业生涯规划探索、决策和管理过程为主线,通过第一层次职业规划探索,第二层次职业生涯管理,第三层次职业素养提升三部分内容,系统介绍了职业发展规划的基本理论及操作方法。将量表测试与分析、案例分析与讨论等内容相结合。

　　第二篇以创新创业活动过程为主线,将创新精神、创业意识、创业知识、创新创业能力和创业心理品质五个方面内容具体体现在创新思维、创业者与创业团队、创业机会与创业风险、创业资源、创业项目计划里,介绍了创新创业的基础理论和基本技能。

　　第三篇以就业准备为主线,介绍当前就业形势、就业制度与政策及就业风险防范,大学生求职心理准备和书面材料的制作。

　　本书总体设计以 OBE 教育理念为目标导向,依据创业和就业都是价值创造的底层逻辑;坚持"大道至简"的原则;按照"思维理论—应用实践"的基本范式,重构教学内容。本书具有以下特点。

　　一是教材内容"系统化"。

　　将职业发展与创业就业指导教育贯穿学生从入学到毕业的整个培养过程,引领学生厘清职业发展规划与就业创业的关系;更加注重与课程思政有机结合,以习近平新时代中国特色社会主义思想为指导,有机融入社会主义先进文化,内容积极向上;培养学生具备创新创业精神、创业就业能力,培养大学生以社会主义核心价值观为方向指引的人格品质、人生态度、道德情操;培养学生法治意识、诚信意识、团队意识、拼搏精神等综合素养;引领大学生把个人发展与国家需要、社会发展相结合,主动适应国家经济社会发展和人的全面发展需求。

　　二是教材内容"层次化"。

前　言

在知识与能力层面,比较全面地介绍了相关的基本概念及理论、基本方法和基本技能;建立起了职业生涯规划与管理、创新创业活动过程和就业准备的基本思维框架。

在过程与方法层面,布局了结合实际问题的思考和讨论,引导学生进行探究式学习;通过大学生职业规划大赛、大学生创新创业大赛、模拟求职大赛等实践项目,把知识传授、实践体验和思想碰撞有机结合起来。

在情感态度与价值观层面,树立大学生职业生涯发展的自主意识、积极正确的人生观、价值观和就业观,进而有效激发学生学习动力和创新创业热情,为专业学习和创业就业奠定好思想基础。

三是教材内容"工具化"。

在有限的篇幅中,减少说明"是什么""为什么",重点解决"怎么办"的问题。尝试构建了"以学习者为中心"的行动学习范式,强调"学练"重于"说教"的设计体例和互动体验。为了助力实现翻转课堂的效果,增加了案例分析、情景剧等展示方法,设计了与理论知识对应的实践项目训练环节。充分借助互联网信息技术,实现线上线下一体化融合,教材编写组开发了配套在线开放课程"大学生职业发展与创业就业指导"在学银在线(https://www.xueyinonline.com/detail/238277149)。欢迎大家关注!

本书教学使用时,建议课时安排如表 0-1 所示。

表 0-1　课时安排

篇	章	教学内容	学习要点	课时安排
第一篇 大学生 职业发展	第一章	职业生涯规划探索	1. 职业生涯探索 2. 职业认知 3. 职业生涯决策 4. 职业生涯管理	4
	第二章	提升职业素质	1. 素质概述 2. 知识结构 3. 职业能力 4. 鉴别性素质	2
第二篇 创新创业 基础	第三章	开启创新创业	1. 走近创新 2. 走向创业 3. 创新创业型人才培养	2
	第四章	开发创新思维	1. 创新思维概述 2. 创新思维训练	2
	第五章	创业者与创业团队	1. 创业者 2. 创业团队	2
	第六章	创业机会与创业风险	1. 创业机会 2. 创业风险	2

篇	章	教学内容	学习要点	课时安排
第二篇 创新创业 基础	第七章	创业资源	1. 创业资源管理 2. 创业融资概述 3. 创业融资的决策 4. 融资后管理	4
	第八章	商业模式	1. 商业模式认知 2. 商业模式设计 3. 商业模式创新	4
	第九章	创业计划书	1. 创业计划书概述 2. 创业计划书的内容 3. 创业计划书的撰写	4
第三篇 就业指导	第十章	就业政策及就业去向	1. 就业制度与政策 2. 大学生主要毕业去向 3. 毕业手续办理	2
	第十一章	就业心理准备及 风险防范	1. 做好就业心理准备 2. 就业协议与劳动合同的签订 3. 就业侵权与权益保护	2
	第十二章	就业能力提升	1. 人岗匹配度分析 2. 求职书面材料的撰写及制作 3. 主要面试类型及面试准备	2

　　本书由丁宁、王凡担任主编。各章节执笔人员如下：

　　第一章王凡、王宁；第二章唐佐芯、韩微；第三章胡晓龙、李晶；第四章黄伟、鲁丹枫；第五章魏薇、李晶；第六章王京法、赵儒飞；第七章丁宁、张小玲；第八章王庆、鲁丹枫；第九章丁宁、杨宇明；第十章陈开祥、贾斌；第十一章侍华丽、戴恩睿；第十二章侍华丽、陈艳芳。编写过程中，冯俊娜、邓继欢、袁田蓉做了大量的辅助工作。

　　在编写作过程中，本书参阅了大量国内外有关的著述、文献和资料，借鉴了许多前人的研究成果，在此对他们表示深深的感谢！由于我们理论水平有限，书中难免有疏漏和不当之处，恳请同行专家和读者批评指正，以便再版时修改。

编　者
2024 年 2 月

目　录

第三篇　就 业 指 导

第一篇

大学生职业发展

第一章　职业生涯规划探索

学习目标

1. 掌握职业生涯规划的原则、职业生涯决策模型和步骤。
2. 掌握职业内部认知和外部探索的内容与方法。
3. 掌握大学生学业管理的阶段和步骤。
4. 具备一定的职业生涯决策和管理能力。

案例导读

小孙于 2018 年大学毕业,在大学里学的是会计学专业,她毕业至今已经换过了 4 份工作。在此期间,她做过会计、销售、物流、文秘,现在在一家酒店从事会展策划,可是她总觉得没一份工作适合自己。看到各招聘网站的招聘信息时,她如坠入云雾中,好像自己什么工作经验都有,却又很难说可以达到职位描述中的要求。面试了几家公司,有的杳无音讯,有答复的几家,也因为公司规模太小或者双方在薪酬上无法达成共识而作罢。眼看着自己的年纪越来越大,想想自己没有变化的薪水和狭窄的发展空间,小孙变得束手无策,她不知道怎样才能让自己的职业发展更上一层楼。

专家通过对她进行职业价值观、职业满意度、职业个性以及职业能力等一系列的测评,结果发现她性格外向、感情细腻、办事注重规则和计划,于是建议她将人事助理或者文秘类的职位作为职业的切入点,继而又对她进行简历和面试方面的辅导。在投递了三份简历之后,小孙就收到了面试邀请。现在已经顺利地在广州一家合资公司担任人事助理一职。小孙说:"假使早些年就有为自己做个职业生涯规划这种意识的话,自己现在的职业发展肯定已经步入正轨,而不至于浪费了这么多年。"

思考题:

1. 在小孙的职业经历中,你认为最主要的问题是什么? 为什么她在不同领域都无法找到满意的工作?

2. 通过这个案例,你认为大学生在职业生涯规划方面应该注意哪些关键点?

第一节　职业生涯规划概述

职业是人生的重要组成部分,以职业为载体,人们通过创造社会财富的方式来实现自我价值。在进行职业生涯规划之前,应该先明白什么是职业,为合理规划职业生涯奠定基础。

一、职业的概念与分类

(一)职业的概念

从词义的角度分析,"职业"一词是由"职"与"业"二字构成。"职",社会职责、天职、权利与义务等;"业",从事业务、事业、事情、独特性工作的意思。"职业"是个人与社会互动的范畴。美国社会学家塞尔兹认为,职业是一个人为了不断取得个人收入而连续从事的具有市场价值的特殊活动,这种活动决定从业者的社会地位。日本劳动问题专家保谷六郎认为,职业是有劳动能力的人为了生活所得而发挥个人能力,为社会作贡献的连续活动。美国哲学家、教育家杜威认为,职业是人们可以从中取得利益的一种"生活活动"。其中,最具代表性的是社会学和经济学的概念界定。

1.职业的社会学概念

美国社会学家弗雷德里克·温斯洛·泰勒(Frederick Winslow Taylor)在《职业社会学》中把职业定义为"职业的社会学概念,可以解释为一套成为模式的与特殊工作经验有关的人群关系。这种成为模式的工作关系的结合,促进了职业结构的发展和职业意识形态的显现"。我们可以看出职业的社会学概念主要包括以下内容:

(1)职业是社会分工体系中某一分支的社会位置,为劳动者进入生产系统成为生产者提供场所。

(2)职业是个人与社会、他人和单位形成联系的联接点。社会依靠个人的职业活动来推动和发展,个人则通过职业活动维持自身的生存,对社会做出自己的贡献,实现自身的社会价值。

(3)职业是劳动者承担一定职责和义务的劳动角色,它体现着劳动者的社会角色。劳动者必须遵守劳动角色的规范要求,具备劳动角色的技能要求,履行角色的权利和义务。

2.职业的经济学概念

职业的经济学概念主要是从经济学的角度解释职业的概念。美国学者阿瑟·萨尔兹在《社会科学百科全书》将职业描述为:人们为了获取经常性的收入而从事连续性的特殊活动。我们可以看出职业的经济学概念主要包括以下内容:

(1)职业是劳动者获取经济利益而从事的某项工作,劳动者通过劳动获取经济收入,承担该职位所需承担的责任和义务。

(2)职业是劳动者从事的具有连续性和稳定性的某项工作,劳动者必须不间断、连续地从事某项工作,该项工作才能称其为职业。

(3)职业是劳动者从事的社会分工体系中某一具体、专门的社会分工,不同的行业分工、不同的岗位赋予从业者不同的工作内容、职责、报酬和社会地位等。

(二)职业的分类

我国是最早开展职业分类的国家之一,这一点从 2500 年前典籍的记录中就可以看得出来。如《春秋穀梁传》写道："古者立国家,百官具,农工皆有职以事上。古者有四民,有士民,有商民,有农民,有工民。"至于《周礼》,读起来更像一部古代的职业分类大辞典(只不过略侧重于"白领"),尤其是其中的《周礼·冬官考工记》,开宗明义说:"国有六职,百工与居一焉。或坐而论道,或作而行之……"通篇论述了王公、士大夫、百工、商旅、农夫和妇功等不同职业的分工和职责,分类之精细和描述之详尽令人叹为观止。那时,职业分工还有很强的世袭性,一代又一代地传下去,甚至以自己的职业作为自己的姓氏(如姓屠、师、桑、陶、卜、贾等),反映了人们有很强的职业归属感。中国古代先进的职业分类是构筑中国古代灿烂文明的重要制度支柱,也为我们留下了丰富的文化遗产。

现代职业分类是工业革命的产物,也是现代人文精神的反映。职业分类的客观性和科学性逐步取代了传统社会职业分类中固有的封建性和等级性。职业分类不但是职业的外在特征(社会需求性的特征)的反映,而且是职业的内在特征(个人发展性的特征)的体现。1999 年编制的《中华人民共和国职业分类大典》是我国第一部对职业进行科学分类的权威性文献,由于它的编制与国家标准《职业分类和代码》(GB/T6565—1986)的修订同步进行,相互兼容,因此,它本身也就体现了国家标准。《中华人民共和国职业分类大典》把职业分为 4 个层次,包括 8 个大类,66 个中类,413 个小类,1 838 个"细类(职业)"。随着经济社会发展、科学技术进步和产业结构调整,我国社会职业的构成和内涵发生了较大变化:产生了一批新的职业,部分职业出现了整合、调整甚至消亡。2022 年 7 月第二次全面修订了《中华人民共和国职业分类大典》。此次大典修订围绕数字经济、绿色经济、制造强国和依法治国等要求,专门增设或调整了相关中类、小类职业,并取消或整合了部分类别职业。据统计,新版大典包括大类 8 个、中类 79 个、小类449 个、细类(职业)1 636 个。《中华人民共和国职业分类大典》科学地、客观地、全面地反映了当前我国社会的职业构成,填补了我国长期以来在国家统一职业分类领域存在的空白[①]。

我国职业
分类

二、大学生职业生涯规划的意义

职业生涯规划这个概念最早是由美国专业工作指导专家弗兰克·帕森斯(Frank Parsons)在 20 世纪初提出,后来的学者认识到职业生涯规划对个体未来发展方向的重要性,陆续对职业生涯规划进行研究。美国职业生涯学者金斯伯格(Eli Ginzberg)认为职业生涯规划是指个体通过与外界环境的相互作用,并根据个体自身的情况做出的职业决策。有研究者认为,职业生涯规划是由职业生涯机会、职业生涯潜在目标、所需的职业资质构成的,是一个通透而具体的过程。美国学者诺斯威尔(William Nothwell)认为,职业生涯规划是指社会个体为了实现自己的职业理想,通过分析自我潜质与职业需求的联系,来确定实现的路径。职业生涯规划,对大学生而言,就是在自我认知的基础上,根据自己的专业特长和知识结构,结合社会环境与市场环境,对将来要从事的职业以及要达到的职业目标所做的方向性的方案。其对于个人成长和发展的意义可归纳为以下三个方面:

职业的
重要意义

---

① 国家职业分类大典修订工作委员会.中华人民共和国职业分类大典[M].2022 年版.北京:中国劳动社会保障出版社,2022.

（一）有利于自我定位

认识自我是职业生涯规划的前提。充分了解和认识自我,便能根据自身的能力和需要对职业发展方向进行探索,而不盲目从众、随大流。职业生涯规划中的认识自我,需要对自身进行深层次的剖析,从而彻底解决"我想干什么"和"我能干什么"的问题。在此基础上,通过对就职要求、工作内容和职业发展前景,以及行业的薪资待遇等相关因素的了解和认识,找到自我的职业和人生定位,理性分析所具备的能力和资本,从而做出长远打算,这是人生规划得以实现的理论依据。

（二）明确职业发展目标

一份行之有效的职业生涯规划将会:①引导你正确认识自身的个性特质、现有与潜在的资源优势,帮助你对自己的价值重新定位并使其持续增值;②引导你对自己的综合优势与劣势进行对比分析;③使你树立明确的职业发展目标与职业理想;④引导你评估个人目标与现实之间的差距;⑤引导你前瞻与实际相结合的职业定位,搜索或发现新的或有潜力的职业机会;⑥使你学会如何运用科学的方法采取可行的步骤与措施,不断增强你的职业竞争力,实现自己的职业目标与理想。

（三）提升职业竞争能力

物竞天择,适者生存。要想在激烈的职业竞争中脱颖而出并立于不败之地,必须设计好自己的职业生涯规划。不少应届大学毕业生不事先做好自己的职业生涯规划,而是拿着简历与求职书到处乱跑,总想会撞到好运气找到好工作。结果浪费了大量的时间、精力与资金,到头来感叹招聘单位"有眼无珠",不能"慧眼识英雄"。实际上未雨绸缪,先做好职业规划,有明确的职业目标和清晰的职业能力认知之后,努力学习专业知识和技能,才能提升自己的竞争能力。

因此,职业生涯规划应该从大学生入学就开始引导、培养和训练,为未来一生的职业发展打下坚实的基础。

三、大学生职业生涯规划的核心问题

（一）职业生涯规划的原则

1. 个性化原则

做职业生涯规划之前,大学生应该测评自身的能力、特长、兴趣爱好及价值观等,再结合社会环境、行业发展趋势等进行综合的设定。由此可见,要"成为你自己",千万不要随波逐流、盲目跟从。例如:有的同学看别人出国留学,就跟着也出国留学,结果去了国外,发现自己很不适应国外的环境,最终导致时间在无谓中流逝,白白浪费了人力、物力、财力、精力等。

2. 整体性原则

大学生职业生涯规划要贯穿一生,既要结合当前状况,又要顾及今后职业发展的空间,要对未来具有一定的预知性。大学生要从个人长期发展的角度出发制订职业生涯规划,明确这一生的使命是什么,让一切的奋斗都要沿着这个目标轨道行驶,一步步前进,日积月累,最终实现总目标。

3. 阶段性原则

大学生制定职业生涯规划时,要分时间段进行,属于每个时期的任务要完成,最好能够清晰地规划出来,做到一目了然。例如:大一期间学习基础知识,考取计算机证书,同时多参加课外活动、社会实践等;大二期间在学习理论知识的同时,努力考取大学英语四、六级证书等;大三期间继续专业学习,在巩固理论知识的同时,开始为就业、创业或者考研究生做各项准备;大四期间继续学习,考研究生,同时参加各种招聘会,"一颗红心,两手准备",为圆满毕业及下一步人生路做准备。

4. 可操作性原则

大学生所设计的职业目标一定要在自己可能完成的范围内进行,要做到理想与现实相统一,否则既造成了无谓的消耗,又使斗志、自尊心大大受挫。大学生要根据个人能力和客观环境制订计划和实施步骤,包括任务类型、执行时间段、实施方法、预期结果等。例如:计划哪个时间段学习计算机,获取计算机等级证书。

5. 实时调整原则

万物都处在变化中。所以,大学生要时刻关注自身情况和周围环境的变化审时度势,随时根据实际需要,调整职业生涯规划,以适应这个易变的、充满不确定性的、复杂的、模糊的社会。

(二) 职业生涯规划的步骤

职业生涯规划的程序是一个长期的、连续的过程。一个完整的职业生涯规划一般经过以下七个步骤,如图 1-1 所示。

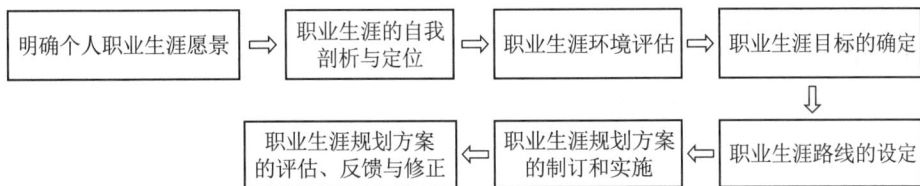

图 1-1　大学生职业生涯规划的基本步骤

1. 明确个人职业生涯愿景

志向是事业成功的基本前提,将人生比作一场长跑,立志是人生的起跑点。没有志向,事业的成功也就无从谈起。各行各业佼佼者,都有一个共同的特点,就是有远大志向。所以,大学生在制订生涯规划时,首先要确立志向,明确个人职业生涯愿景,这是制定职业生涯规划最重要的一点。

2. 职业生涯的自我剖析与定位

自我剖析是通过科学认知的方法和手段,对自己的职业兴趣、性格、能力和职业价值观等进行全面认识和分析,清楚自己的优势与特长、劣势与不足。只有这样,才能避免职业生涯规划中的盲目性,制订自己可以完成的职业生涯规划,同时让自己的潜能得到最大限度的发挥。

3．职业生涯环境评估

职业生涯环境评估主要是指分析环境因素对个人职业生涯发展的影响。环境为每个人提供了活动的空间、发展的条件、成功的机遇。特别是近年来,社会的快速变迁,科技的飞速发展,市场的激烈竞争,对大学生的职业发展产生了很大的影响。"知己知彼,百战不殆",个体只有对自身所处的环境充分了解并加以分析和把握,才能在复杂的环境中找到属于自己的道路。因此在进行职业生涯规划时,要分析环境的特点、环境对大学生提出的要求,以及环境对大学生个人的有利与不利因素等。

4．职业生涯目标的确定

职业生涯目标是理想的具体化,确立了目标,就可以沿着目标的方向奋斗拼搏。具体体现为:在行政上达到某一级别,担任某一职务;在专业技术上达到某一职称,成为某一领域专家等。明确的职业生涯目标是大学生职业生涯规划的关键,有了目标才有事业追求的方向与动力。同时,职业生涯规划的目标要有一定的深度,使大学生在实现目标的过程中,有机会超越自我,变得更加优秀。

5．职业生涯路线的设定

职业生涯路线,是指当大学生确定职业生涯目标后,选择哪一条路线发展。例如,是向行政管理路线发展,还是向专业技术路线发展,或是先走技术路线,再转向行政管理路线。由于发展路线不同,对职业规划的要求也不相同。所以,在职业生涯规划中必须做出选择,以便使自己的学习、工作沿着预设的方向前进。通常职业生涯路线的选择须考虑以下三个问题:一是我想往哪一条路线发展? 这是通过对自己的职业价值、职业理想、职业动机等进行分析,确定自己的职业目标取向。二是我能往哪一条路线发展?这是通过对自己的兴趣、性格、能力、经历、学历的分析,确定自己的职业能力取向。三是我可以往哪一条路线发展? 这是通过对自己身处的社会环境、经济环境、政治环境、组织环境的分析,确定自己的职业机会取向。对于以上三个问题,进行综合分析,以此确定自己的最佳职业生涯路线。

6．职业生涯规划方案的制订和实施

职业生涯规划方案的制订和实施是指为实现职业生涯目标,制订相应方案并以实际行动予以落实。在确定了职业生涯目标后,就要制订相应的行动计划来实现它们,把目标转化成具体的方案和措施,分阶段进行。一切美好的理想、缜密的规划都需要依靠个体具体的实践来完成,如学习深造、社会实践、见习实习、技能培训、实际工作等方面。

7．职业生涯规划方案的评估、反馈与修正

在实现职业目标的过程中要有意识地不断地总结经验和教训,自觉地修正对自我的认知,适时地调整职业目标和策略。俗话说,"计划赶不上变化"。随着时间的推移,职业生涯规划总会受到各种不确定因素的影响,要使职业生涯规划行之有效,就必须不断地对职业生涯规划进行评估,修正职业目标,调整职业生涯实施策略以适应周围环境的变化,使之更切合个体发展的需要。这样才能在激烈的择业竞争中赢得成功。

总之,大学生职业生涯规划不仅是一个复杂的程序,还需要用科学的方法去实施,并持之以恒。

四、大学生职业生涯规划常见的问题

大学生在职业生涯规划过程中,自我认识、环境评估、职业定位、计划执行,以及评估反馈等环节都暴露出一些常见问题,具体表现在以下几个方面。

(一)职业发展期望过高

有些大学生职业路径设计期望过高,只盯住"三大"(大城市、大企业、大机关)、"三高"(高收入、高福利、高地位)单位;不少大学生选择以考取学位和证书作为发展主路径,以考研和"考公"来作为自己的职业目标;或者对职业发展方向和路径模糊不清,以致在实际选择中犹豫不决,这不利于核心职业目标的实现。

(二)社会实践缺乏职业方向性

如把职业生涯规划当作谋取工作的手段,为了增加"工作经验",不少大学生选择了兼职,做家教、做促销员和业务员等;为了提高就业竞争力,不少大学生选择考证来增加"筹码",整天忙着各种各样的考试;还有的大学生花了大量时间参加各种文体活动,只是为了向用人单位证明其兴趣广泛。总之,社会实践的方向不够清晰,遍地开花,注重量的积累而忽视了质的要求,这不仅使自己疲于奔命,而且增加了盲目性和风险性。

(三)过于追求"最佳规划"

有些大学生对经济学上讲的"最小成本、最大收益"津津乐道,花费大量时间和精力寻找"最佳规划",希望"一次规划,终身受益",在做规划时面面俱到,不能恰当取舍,在行动中也不愿从小事做起,不会灵活采取调整措施。实际上,由于诸多因素的限制,一个人几乎无法做出一个十全十美的职业生涯规划,况且随着外部环境变化和自身认识、能力的提高,职业生涯规划也需要不断调整、与时俱进。

第二节 职 业 认 知

大学生职业生涯规划需要综合内部探索和外部探索两方面的职业认知进行职业决策。内部探索主要是指自我认知,外部探索主要是指对工作世界的探索。

一、兴趣探索

(一)兴趣的概念

人们普遍认为兴趣是指个人对研究某种事物或从事某项活动积极的心理倾向性,不是靠外界强制力量形成的,而是出于个人的强烈愿望建立和发展起来的。兴趣作为一种意识倾向和内心要求,不是先天就有的,而是在人们需要的基础上,对某种事物的了解和反复接触后产生的。兴趣的概念在18世纪就被纳入了哲学、教育学和心理学的范畴,让·皮亚杰(Jean Piaget)指出:"兴趣,实际上就是需要的延伸,它表现出对象与需要之间的关系,因为我们之所以对于一个对象发生兴趣,是由于它能满足我们的需要。"[1]在职业生涯领域,从最早的弗兰克·帕森斯开始,职业生涯发展专家就把兴趣当作职业选择的一个重要部分,比如著名的生涯理论——霍兰德的职业兴趣理论就是专门研究兴趣与职业匹配问题的。

(二) 兴趣的测评方法

为了让学生了解自己的兴趣和能力,并且从事与之相适应的职业,世界各国采取了各不相同的措施。如美国认为应尽早对学生进行职业生涯规划教育,中学阶段尤为重要;英国在小学和中学阶段设置一年的指导期;同时各国都大力提倡开设选修课,鼓励学生选择自己有兴趣的课程。

20 世纪三四十年代,涌现大量的心理测评工具。在诸多的测评工具中,以霍兰德的职业兴趣理论为基础的兴趣测评成为应用极为广泛的测评工具之一。霍兰德认为大多数人的职业兴趣可以归纳为六种类型(RIASEC 类型):现实型(R)、研究型(I)、艺术型(A)、社会型(S)、企业型(E)和传统型(C)。个人的职业兴趣往往是多方面的,很少只是集中在某一种类型上,大家可能或多或少地具备这六种兴趣,只是偏好程度不同。与之相应,也存在六种 RIASEC 环境[2]。RIASEC 职业兴趣类型及要求,如表 1-1 所示。

表 1-1　RIASEC 职业兴趣类型及要求

类型	喜欢的活动	重视	职业要求	典型职业
实用型 R (realistic)	用手、工具、机器制造或修理东西。愿意从事事务性的工作、体力活动,喜欢户外活动或操作机器,而不喜欢在办公室工作	具体实际的事物	使用手工或机械技能对物体、工具、机器等进行操作,与"事物"工作的能力比与"人"打交道的能力更为重要	园艺师、木匠、汽车修理工、工程师、兽医、足球教练员
研究型 I (investigative)	喜欢探索和理解事物,学习研究需要分析、思考的抽象问题,喜欢阅读和讨论有关科学性的议题,喜欢独立工作,对未知问题充满兴趣	知识,学习,成就,独立	分析研究问题、运用复杂和抽象的思维创造性地解决问题,谨慎缜密,能独立地完成工作,具备一定的写作表达能力	实验室工作人员、生物学家、化学家、心理学家、工程设计师、大学教授
艺术型 A (artistic)	喜欢自我表达,喜欢文学、音乐、艺术和表演等具有创造性、变化性的工作,重视作品的原创性和创意	有创意的想法,自我表达,自由,美	富有创造力和对情感的表现力,能以非传统的方式来表现自己	作家、编辑、音乐家、摄影师、漫画家、导演、室内装潢设计师

---

① 皮亚杰.儿童的心理发展[M].济南:山东教育出版社,1982.
② 里尔登.职业生涯发展与规划[M].4 版.侯志瑾,译.北京:中国人民大学出版社,2018.

类型	喜欢的活动	重视	职业要求	典型职业
社会型 S（social）	喜欢与人合作,热情关心他人的幸福,愿意帮助别人成长或解决困难、为他人提供服务	服务社会与他人,公正,理解、平等,理想	人际交往能力,教导、医治、帮助他人等方面的技能,对他人表现出精神上的关爱,愿意承担社会责任	教师、社会工作者、牧师、心理咨询师、护士
企业型 E（enterprising）	喜欢领导和支配别人,通过领导、劝说他人或推销自己的观念、产品而达到个人或组织的目标,希望成就一番事业	经济和社会地位上的成功,忠诚,冒险精神,责任	说服他人或支配他人的能力,敢于承担风险,目标导向	律师、政治运动领袖、营销人员、市场部经理、电视制片人、保险代理人
事务型 C（conventional）	喜欢固定的、有秩序的工作或活动,希望确切地知道工作的要求和标准,愿意在一个大的机构中处于从属地位,对文字、数据和事物进行细致有序的系统处理以达到特定的标准	准确、有条理、节俭、营利	文书技巧,组织能力,听取并遵从指示的能力,能够按时完成工作并达到严格的标准,有组织有计划	文字编辑、会计师、银行家、办事员、税务员和计算机操作员

霍兰德还提出了六边形模型(图 1-2)来解释六种职业类型之间的关系。在六边形中相邻或相近的类型有较多的共同点,如企业型和社会型;在六边形上距离最远的类型共同点最少,如实用型与社会型,或是事务型与艺术型。使用霍兰德的六边形模型可以了解并解释自己的兴趣,并根据它来探索及理解工作世界。

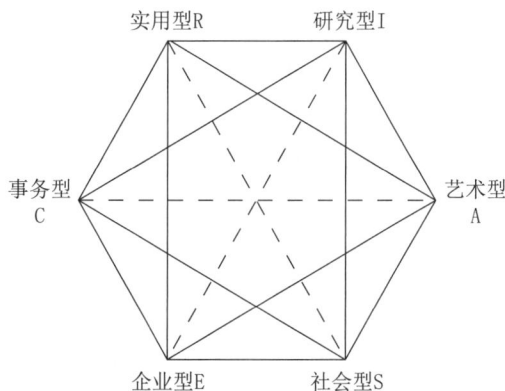

图 1-2 霍兰德六边形模型

霍兰德兴趣岛游戏

兴趣测评的广泛应用,极大地提高了职业生涯辅导的效率,适应了工业时代下人才快速分配的要求。但归根结底,兴趣测评是以客观外在的测定方法衡量一个人:你是什么样的人,你有什么特点,你适合做什么……这种结论至多反映了某一类人共性的、静态的特征,忽略了个体的独特性和成长性。因此,兴趣测评要防止可能出现的"标签效应",受主客观因素的影响,任何测评都存在误差,不能"唯测评论"。同时需要注意,测评结果只是当下状态的反映,不能代表无限变化的未来。我们需要结合自我的生命故事进行思考,在抽象的词汇与自我觉察之间建立有意义的联系。

二、性格探索

(一)性格的概念

黑格尔认为:"在具体的活动中的情致就是人的性格。"我国心理学界一般认为:"性格是一个人较稳定的对现实的态度和与之相应的习惯的行为方式。"人的性格是在一个人生理素质的基础上,在社会实践活动中逐步形成的。广义的性格是思想、气质、能力和兴趣的总和。性格是人的内在实质,是个人思想感情的仓库;而狭义的性格,是指人物在对人、对事、对己的态度和行为方式上所表现的心理特点。

(二)性格的测评方法

性格的差异与生俱来,这正好成为区分不同人的重要特征。比如,我们会觉得某些人天生就比较容易相处,有些人天生小心谨慎、井井有条,另外一些人则善于变通。基于此,众多关于性格的分析模型或工具被开发出来,协助我们了解和分辨人的不同性格类型。著名心理学家卡尔·荣格(Carl Jung)提出了性格类型理论,研究人们在搜集信息以及决策方面的不同倾向,同时也向我们展示了人在适应周围外部环境时的不同倾向。在荣格的性格类型理论问世之后,美国一对著名的母女心理学家组合凯瑟琳·布莱格斯(Katharine Briggs)与她的女儿依莎贝尔·布莱格斯·迈尔斯(Isabel Briggs Myers)在理论基础上对其进行了优化和改良,并经过近 40 年的不断研究和发展完善,使之成为 Myers-Briggs Type Indicator(MBTI)性格分析工具。作为一个科学的分析工具,MBTI 性格分析工具可以帮助个体了解性格类型特点,从而在工作和生活中更积极地发挥自己的优势和长处。[①]MBTI 人格共有四个维度,每个维度有两个方向,分别是:精力支配(外向 E—内向 I)、认识世界(实感 S—直觉 N)、判断事物(思维 T—情感 F)、生活态度(判断 J—知觉 P)。其中两两组合,可以组合成 16 种人格类型。

需注意的是,在使用 MBTI 性格分析工具时,不要简单地对自己或者他人进行分类或标签化,也不要因此自我设限。16 种性格类型的描述,是对于性格普遍性的概括,并不是所有的描述都适用于某个特定的人。比如,某人在日常生活中表现出来的行为倾向,可能与他近期所经历的事情或者经验有关,导致他忽略了一贯的天性而趋近于相反的倾向,而这一切只是为了让他觉得更加"成功"。另外一个可能是,他正处某个转折点,需要学习那些在过去他并不擅长的倾向。性格类型所描述的内容,只是为人们深入了解自我提供指引。

三、能力探索

能力是一个被广泛使用,但依然充满争议的概念。一方面,对能力概念自身的内涵存在多种解释,同义或近义概念很多。埃贝林·施奈德(Ebeling Snyder)等人区分了

---

① 邓宁.你的职业性格是什么? MBTI16 型人格与职业规划[M].2 版.王瑶,邢之浩,译.北京:电子工业出版社,2014.

"Competence"和"Competency"，认为前者指向功能（functional sense），多数使用复数；后者指向"个体行为或特征"，侧重个人的职业成就（occupational performance）。富兰克林·哈特（Franklin Hartle）认为，能力（competency）是促使个体在工作中有卓越表现的个人特质（individual characteristics），其包含"可见的能力"，如知识和技能，也包含"潜隐的能力"，如个人特质和动机。有研究者侧重研究个体特征。也有研究者侧重研究组织能力或集体能力，即把能力看作能在竞争中赢得优势的核心的组织资源。另一方面，能力的外延也非常丰富，诸如核心技能、就业能力、生活能力、软能力、转化能力及关键能力。

心理学对能力的定义是指人们成功完成某种活动所必须具备的个性心理特征。能力按照其获得的方式（先天具有与后天培养），可以分为"能力倾向"和"技能"两大类[①]。能力倾向是指先天遗传的能力，以及有待开发可用于学习和发展技能的能力；是指上天赋予每个人的特殊才能，是一种潜能，如音乐、运动能力。遗传、环境和文化都可以影响天赋的发展。技能则是指经过后天学习和练习培养而形成的能力。

辛迪·梵和理查德·鲍尔斯（Sidney Fine & Richard Bolles）的理论将技能分为三种类型：知识技能、自我管理技能和可迁移技能。知识技能是指那些需要通过教育或者培训才能获得的知识、经验或能力。自我管理技能又称为适应性技能，是指个体在不同环境下管理自己的能力。可迁移技能就是可迁移的通用技能，是指在某一种环境中获得并可以有效地迁移到其他环境中去的技能，也是个人能够持续运用和最可靠的技能。

综上所述，能力是一个涵盖多个层面和维度的复杂概念，其内涵在不同领域和学科中存在多种解释。它既关联到个体的特质和表现，又与组织层面的竞争性资源息息相关。在个体的职业生涯规划中，能力的发展与天赋与技能的互动密不可分，塑造着个体在不同领域中的卓越表现。

四、职业价值观探索

（一）职业价值观的概念

生涯大师唐纳德·舒伯（Donald Super）认为，职业价值观是个人追求的与工作有关的目标，即个人的内在需求及其在从事活动时所追求的工作特质或属性；它是个人对与工作有关的客观事物的意义、重要性的评价和看法。每个类别的职业都具备不同的特性，每个人对待职业特性会有完全不一样的评判标准和价值取向，因而产生了不同的职业价值观。

（二）职业价值观的测评方法

在职业价值观的测评中，目前使用较多的是宁维卫 1990 年修订的舒伯编制的《职业价值观量表》与麻省理工学院斯隆商学院施恩（Schein）教授提出的职业锚理论及其测评方法。前者修订的职业价值量表包括 60 个项目，涉及 15 个职业价值观；后者将职业锚分为技术职能型、通用管理型、自主独立型、创业创新型、安全稳定型、服务奉献型、

《职业价值观量表》的使用

---

① 钟谷兰.大学生职业生涯发展与规划[M].2 版.上海：华东师范大学出版社，2015.

挑战型及生活型等 8 种,两者均得到较为广泛的使用。

五、兴趣、性格、能力和职业价值观与职业的关系

(一) 兴趣与职业——择己所爱

"兴趣是最好的老师。"著名计算机科学家、图灵奖创立以来首位亚裔获奖者、世界现代密码学的奠基人之一、清华大学交叉信息研究院院长姚期智教授多次强调,"我告诉学生,你们在大学唯一的任务,就是要发现你们最擅长的是什么,最感兴趣的是哪个方向",兴趣可以让人们快乐地工作。早在两千多年前,孔子就说过:"爱之,能勿劳乎?"意思是,既然自己喜欢,还会觉得辛苦吗?巴菲特说过,"我和你没有什么差别。如果一定要找一个差别,那可能就是我每天都有机会做我最爱的工作"。汉森(Hanson)认为职业兴趣是喜欢且持久的一种倾向,可以用于了解一个人的职业选择行为。如果个人的兴趣与职业一致性高,就可以达到人职协调;一致性中等,则人职次协调;一致性低,则会出现人职不协调。

(二) 性格与职业——择己所适

MBTI 性格类型理论及其应用揭示了不同类型的人所具有的不同的、本能的、自然的思维、感觉及行为模式,使我们明白为什么不同的人会对不同的事物感兴趣,不同的人擅长不同类型的工作,帮助我们与不同类型的人相互理解、有效配合。

性格类型更多的是决定从事职业者的做事风格,而非某类职业本身。人们通常认为销售人员应该是外向的,因为要与顾客打交道,内向的人不适合做销售。事实上,一些技术产品、工业品的销售明星中内向者居多。总之,性格类型是将人与人区别开来的重要个性特征,我们应该根据性格类型与自己喜欢的职业类型,找到最适合自己的职业,而非单纯依据教材中引用的经验资料来选择自己的职业。

(三) 能力与职业——择己所长

我们在确定自己能够从事的职业类型时,必须了解自己的能力与相关职业的匹配程度。能力的高低会影响一个人从事活动的效率高低和效果好坏。一个具有较强动手能力的人,学习工程专业会觉得容易些,掌握得也更快,这是因为他所具备的能力与从事的活动要求相匹配。一般来说,职业对任职者的能力要求主要是技能层面的,不同的职业也会有不同的职业技能要求。

"能力与
职业"案例

(四) 职业价值观与职业——择己所需

职业价值观体现了一个人真正想从工作中得到什么,它决定了个体对工作的相对稳定的、内在的追求,对于个体的职业选择与发展起着方向引导及动力维持的作用。如果你十分在意工作的稳定性,那么公务员、国企管理人员可能是不错的选择;如果你看重的是创造性,那么广告设计、策划管理等工作会很有吸引力。当职业与个人价值观相悖时,工作往往会变成痛苦的来源;但如果职业与个人职业价值观相符,即使其他的条件并不如意,你往往也能乐在其中。

"职业价值
观与职业"
案例

六、工作世界探索

工作世界是一个实现职业理想的外部平台。通过兴趣、性格、能力和价值观的自我探索形成一个适合自身的工作世界探索范围后，大学生能够更好地利用工作世界进行外部探索。

(一) 工作世界的概念

奥地利裔美籍著名社会学家许茨(Schutz)指出：工作世界是一个由自然、身体的运动与操作、工作任务、工作目标、工作成功与失败的效果以及工作同伴关系构成的总体，人们通过参与工作来改变、塑造和感知他们的整体生活，工作世界是现实世界或生活世界的基础和核心，且主体间的沟通交往关系，只有在工作世界中才能实现。

(二) 工作世界地图

目前国际上普遍流行的产业划分思路是按照人类生产发展的历史阶段将农业作为第一产业、加工制造业作为第二产业、服务业作为第三产业，又称三次产业分类法。根据 2018 年发布的最新一版《三次产业划分规定》，我国第一产业共分 1 个门类(农、林、牧、渔业)、4 个大类；第二产业共分 4 个门类(采矿业，制造业，电力、热力、燃气及水生产和供应业，建筑业)、43 个大类；第三产业共分 18 个门类(批发和零售业，交通运输、仓储和邮政业，住宿和餐饮业，信息传输、软件和信息技术服务业，金融业，房地产，租赁和商务服务业，科学研究和技术服务业，水利、环境和公共设施管理业，居民服务、修理和其他服务业，教育，卫生和社会工作，文化、体育和娱乐业，公共管理、社会保障和社会组织，国际组织，农、林、牧、渔专业及辅助性活动，开采专业及辅助性活动，金属制品、机械和设备修理业)、50 个大类。

美国大学考试中心(American College Test，ACT)在 1985 年建立的"工作世界地图"，它将职业分为 6 种类型、12 个职业组和 26 个具体的职业类别。通过工作世界地图，我们可以从理论上认识可以从事的职业类型，如图 1-3 所示。

在工作世界地图里，与人有关的职业类型在左边，与事物有关的职业类型在右边，与数据有关的职业类型在上面，与主意有关的职业类型在下面。职业在工作世界地图上的不同位置，也是对这两组维度的不同体现，如 X(教育)处于人-主意象限中，说明该职业类型主要是与人打交道，且在工作过程中要运用到分析与思考的能力。而 H(运输及相关行业)处于事物-数据象限中，说明该职业类型强调秩序，与人交往较少，与事物交往较多。通过对工作世界地图的研究，帮助同学们做出具体的职业选择。

(三) 探索工作世界的途径与方法

1. 探索工作世界的途径

工作世界探索可从以下三个方面进行：静态的资料，包括出版品、网络、各类招聘会和人才交流会等；动态的资料接触，如专业俱乐部、专业协会/学会、生涯人物访谈等；参与真实情境，指通过直接观察、实习、实践探索工作世界。

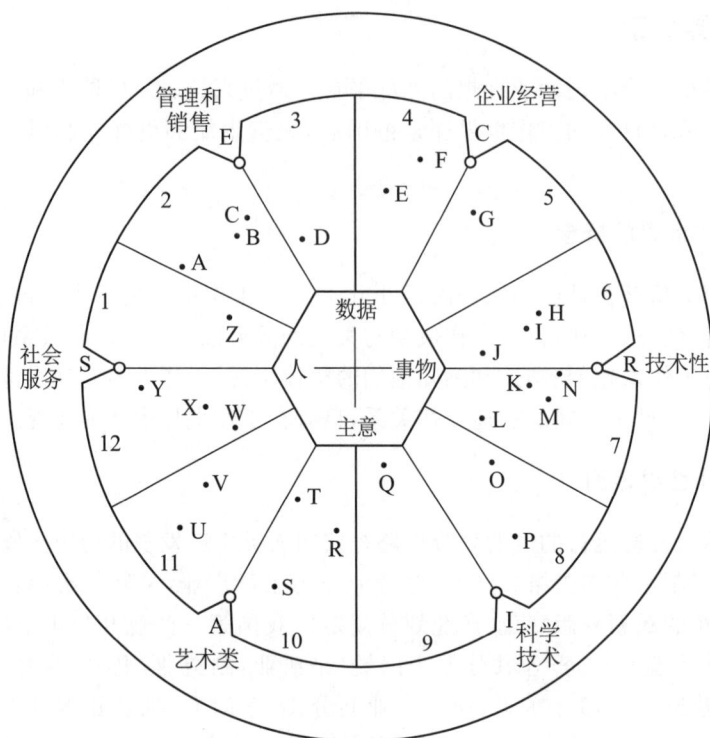

A:与就业相关的服务 　　B:市场与销售 　　C:管理

D:监管和保卫 　　E:沟通和记录 　　F:金融交易

G:物流 　　H:运输及相关行业 　　I:农业、林业及相关行业

J:计算机信息专业人员 　　K:建筑和维护人员 　　L:手工艺人

M:制造加工 　　N:机械电器专业人员 　　O:工程技术

P:自然科学和技术 　　Q:医疗技术 　　R:医疗诊断和治疗

S:社会科学 　　T:实用艺术(视觉) 　　U:创造性和表演艺术

V:实用艺术(协作和口头) 　　W:卫生保健 　　X:教育

Y:社区服务 　　Z:私人服务

图 1-3 工作世界地图

工作世界地图包括两组维度和 4 个主要的象限,两组维度分别为人-事物和数据-主意,其具体含义如下。

(1) 人:人际互动,在工作过程中和其他人有所接触和沟通,如看护、教育、咨询、服务,以及领导、管理等。如教师、导游等工作,主要是与人打交道。

(2) 事物:在工作过程中处理与人无关的事物,很少需要或不需要与他人进行沟通与交流,如机械、制造、运输、维修等。如农夫、工匠等工作,主要是与事物打交道。

(3) 数据:对文字、信息等资料进行收集、整理,比较重视客观事实与理性思维分析。如会计、数据录入员等工作,主要是与数据打交道。

(4) 主意:人们充分运用主观能动性,在头脑中进行的工作,如对真理进行探究、创意的萌发等。如科学家、哲学家等工作,主要是与主意打交道。

2. 探索工作世界的方法

（1）用职业分类的方法帮助探索工作世界。

在繁杂的工作世界中挑出相关、有用的信息，是项艰巨的工作。同学们即使形成了自己的职业库，但到底有哪些工作可能和职业库得出的职业特点相符合，这也是一个问题。如果能按照一定的规则将职业分类，同学们就可以轻松地找到和这些特点相关的工作了。除了霍兰德六边形模型分类方法、《中华人民共和国职业分类大典》以及"工作世界地图"的职业分类，社会上还有一些通俗的分类方法，比如最热门的职业、最受人尊敬的职业、最赚钱的职业、需求量最大的职业、发展前景最好的职业等，这些分类也可以帮助同学们对职业有更多的了解。

应用心理专业的职业分类

（2）结合网络探索工作世界。

可通过网络，比如：前程无忧招聘网（http://www.51job.com/）、招聘网（http://www.zhaopin.com/）、中华英才网（http://www.chinahr.com/）、国家职业资格工作（http://www.osta.org.com/）和中国人力资源网（http://www.hr.com.cn/）等了解相关职业信息。

（3）撰写工作世界说明书。

通过小组讨论，了解与自己专业相关的职业。

活动步骤：请各小组同学用头脑风暴法列举出与自己专业相关的尽可能多的职业，并将所有联想到的职业都记录下来；根据以下提纲，撰写工作世界说明书。

提纲内容：

① 基本条件。

包括需要具备的教育背景（专业、学历）、年龄、职业技能证书、工作经验（有哪些经验的优先）等。

② 技能要求。

a. 专业知识技能：职业需要掌握的专业知识、工具的掌握水平。

b. 可迁移技能：职业需要具备的通用能力，比如沟通、表达、写作、团队协作等能力。

c. 自我管理技能：职业重点需要具备的品质特征，比如情绪管理、细心、亲和力、热情等品质。

③ 岗位职责。

④ 职业所在行业调研。

a. 所在行业的发展现状、未来趋势。

b. 国家相关政策。

c. 龙头企业、目标地区的行业发展水平等。

⑤ 该职业的工作环境。

a. 该职业从事的主要工作内容。

b. 该职业的组织环境。

c. 该职业的空间环境。

⑥ 该职业工作者待遇及发展空间。

a. 该职业工作者的薪酬（等级）。

b. 该职业工作者的职业发展路径。

第三节　职业生涯决策

一、职业生涯决策的概念与内容

（一）职业生涯决策的概念

决策指为了达到一定的目标，从两个或两个以上的可行方案中选择一个合理方案的分析判断过程。决策，就是作出决定！"起床"还是"睡懒觉"？"打游戏"还是"认真听课"？似乎这也不是多么难决定的事，但是，生活中处处是决策。"我们的选择决定了我们"——萨特如是说。通常，一件事情对你越重要，决策也就越困难。管理学家赫伯特·西蒙（Herbent Simon）指出：决策是管理的心脏；管理是由系列决策组成的；管理就是决策。

职业生涯决策，是通过自我认知、外部工作世界探索等复杂的过程，仔细考虑各种可能的职业前景后做出抉择，以期实现价值最大化的过程。职业决策的目的是选择最优的职业发展方向，这就要求人们在不断的认知过程中判断和筛选，确定自己的职业目标，并根据职业目标设计出较佳行动方案，供决策使用，并对出现的结果进行评估及调整。

（二）职业生涯决策的内容

一个完整的职业生涯决策应包括职业定位、职业目标制定和职业生涯规划设计三个方面的内容。

首先，职业定位能在一定程度上体现个体在社会分工中所处的层次，并从职业环境的发展趋势和职业环境的影响因素等多方面了解和认识职业发展状况。需要对个人的职业能力进行精确评估，确定发展方向，最终完成职业定位。其次，职业目标制定一定要考虑可行性，如果目标太过宏大，难以实现，使规划最终沦为一纸空文。同时，职业目标的制定应该分阶段完成，必须结合自己的个性特征，考虑实施的可能性等因素。我们首先要根据个人的专业、兴趣、性格、能力和价值观以及社会的发展趋势确定自己的长期目标，然后再把人生长期目标进行分化，根据个人的经历和所处的组织环境制定相应的中期目标和短期目标。最后，在职业生涯规划设计方案的实施过程中，因个人价值观、环境因素和社会经济等的影响，需根据实际情况进行相应的方案调整。贯穿于整个职业生涯的过程中，根据阶段性目标的可行性和达成度分析对职业决策进行评估，检验方案和计划的制定是否合理。职业生涯决策是一个过程，而不是结果，整个生涯发展过程都会不断面临生涯决策问题。

二、职业生涯决策原则

总体来说，职业生涯决策的原则可包括下面五个方面的内容：

（1）一致性原则：设定职业目标需与个人意愿高度一致，尊崇自己的兴趣爱好和意愿，体现自己的价值观，实施方案也应该与规划设计方案相一致。

（2）实际性原则：在自我认知的基础上，针对个人特点结合社会经济环境等因素，从实际出发,确立未来发展方向。

(3) 清晰性原则:各阶段目标清晰明了,实施方案步骤和方法明确实用。

(4) 连贯性原则:方案实施出现问题或目标发生改变时,应重新结合个人和外在环境因素,设立新的目标,设计新的实施方案,使得职业生涯规划兼顾整个生命历程。

(5) 可评估原则:列出具体措施和日程,明确职业生涯规划的时限和评估标准。

三、职业生涯决策风格和决策者类型

职业生涯决策的类型由个体的职业决策风格决定,面对决策时,有些人反应迅速,但作出决定后又常常反悔,属于冲动/直觉型风格;有些人比较犹豫,迟迟下不了决心,属于逃避/犹豫型;有些人喜欢参考别人的选择,喜欢随大流,属于依赖/被动型;而有些人则比较理智,会全面冷静地分析相关信息才作出最后的决定,属于理性/逻辑型。根据决策风格,职业生涯决策者类型可分为理智型、直觉型、回避型、自发型和依赖型五个类型。

同学们可以通过"桃园摘桃"的小游戏来判断自己属于哪种类型决策者。

"桃园摘桃"
游戏规则

四、职业生涯决策模型

(一) 5W 分析法——What 归纳法

在职业生涯决策的过程中,最常用的是美国政治学家哈罗德·拉斯韦尔(Harold Dwight Lasswell)提出的 5W 分析法,依次回答 Who am I?（我是谁）,What do I want?（我想要什么）,What can I do?（我能做什么?）,What can support me?（我可以做什么?）,What is my career goal?（我的职业目标是什么?）,详见图 1-4。

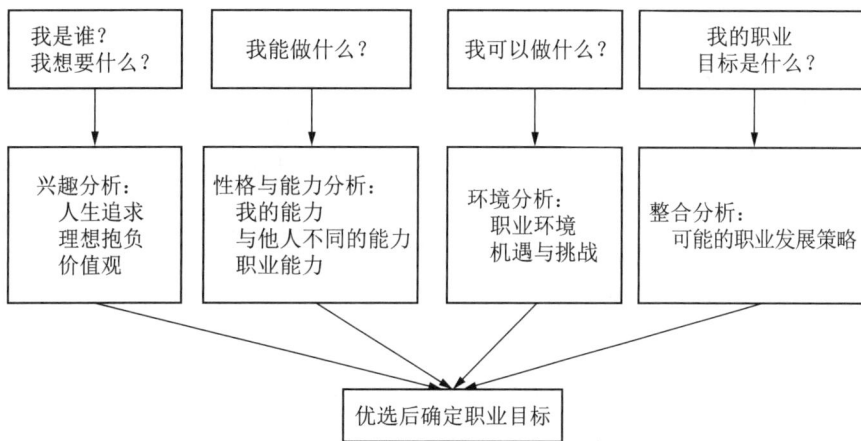

图 1-4　5W 生涯决策框架

可以从以下五个方面加以理解:

(1) 兴趣分析:从事热爱的工作,这样的人才是最幸福和最快乐的人,他们最容易在事业上取得最大的成功。明确个人在某一阶段的兴趣爱好,大体便可确定其职业发展方向。

（2）性格与能力分析：充分挖掘个人的性格特征、特长；充分挖掘和分析自身潜在能力，从而使得目标范围更加清晰，可进一步缩小目标范围。

（3）环境分析：职业的发展应该与环境相适宜，应充分考虑政治、经济、文化等环境的许可。

（4）整合分析：即确定职业目标。整合可能的职业发展策略，根据上述分析，找到适合自己的职业目标。

具体的做法可参考如下步骤：先取出五张白纸，一支铅笔，一块橡皮。在每张纸的最上边分别写上上述五个 What 的问题。对每个问题进行仔细的思考，写下答案，并对所写的答案进行排序。然后把前四张纸和第五张纸一字排开，然后认真比较第一至第四张纸上的答案，将内容相同或相近的答案用一条横线连起来，你会得到几条连线。而不与其他连线相交的，又处于最上面的线，就是你最应该去做的事情，你的职业生涯就应该以此为方向。你要在此方向上以三年为周期，提出近期、中期与远期的目标，并进一步对目标进行分解，并总结经验教训、修正方案，最终付诸行动。

（二）SWOT 分析

SWOT 法在市场营销和管理中较为常见，通过分析自身的优势（S，strengths）、劣势（W，weaknesses）、机会（O，opportunities）和威胁（T，threats），可以同时从内部（即个人条件，包括 S 和 W）和外部条件（包括 O 和 T）的优劣势中直接找出对自己有利的、可用的因素，以及对自己不利的，需要避免的因素，从而快速发现机会和优势的契合点，进一步明确未来的发展方向（图 1-5）[1]。

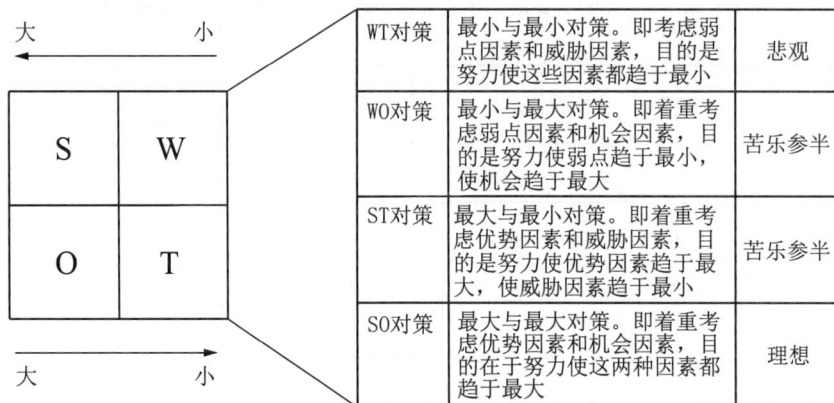

WT对策	最小与最小对策。即考虑弱点因素和威胁因素，目的是努力使这些因素都趋于最小	悲观	
WO对策	最小与最大对策。即着重考虑弱点因素和机会因素，目的是努力使弱点趋于最小，使机会趋于最大	苦乐参半	
ST对策	最大与最小对策。即着重考虑优势因素和威胁因素，目的是努力使优势因素趋于最大，使威胁因素趋于最小	苦乐参半	
SO对策	最大与最大对策。即着重考虑优势因素和机会因素，目的在于努力使这两种因素都趋于最大	理想	

图 1-5 SWOT 分析示意图

SWOT 职业规划自我分析方法过程是：①评估自己的优势和劣势；②找出自己的职业机会和威胁；③提纲式列出自己五年内的职业目标；④提纲式列出自己五年的职业行动计划。如果想要更科学地做出职业决策，则需要给 SWOT 矩阵中每个维度的每一项因素配以权重，并根据权重进行定量分析。

---

① 涂雯雯,魏超.大学生职业生涯规划[M].北京:人民邮电出版社,2019.

（三）CASVE 循环模型

在进行重大决策时,为了减少风险,尽可能充分考虑到决策所涉及的多方面因素,我们推荐使用"CASVE 循环模型",它由沟通(C,communication),分析(A,analysis),综合(S,synthesis),评估(V,valuation)和执行(E,execution)五个步骤组成(图 1-6)。

（1）沟通:包括内部和外部的信息交流,通过交流使个体意识到理想和现实存在的巨大差距。只有意识到问题所在,产生相关的需求,才会有后续的诸多步骤。比如说,很多大一的新生都会潜意识认为找工作是大三、大四的事情,职业生涯规划意识淡薄,未曾意识到找工作不是一朝一夕的事情。沟通过后意识到差距,有了职业生涯规划的需求,才能开始职业决策的第一步骤。

（2）分析:通过思考、观察和研究,对兴趣、性格、能力和价值观等自我认知,以及各种环境认知(如工作世界)进行分析,从而更好地理解现存状态和理想状态的差距,促使职业生涯规划的目标和设计的方案更合乎实际,更具有操作性和长远性。

（3）综合:根据分析阶段所得出的信息,先把选择范围扩展开来,通常我们建议先扩展个人的职业前景清单(10 个以上),进一步收集信息,然后再逐步缩小清单,最终确定 3~5 个最可能的选项。

（4）评估:对综合阶段得出的 3~5 个职业进行具体的评估,获得该职业的可能性、这个选择对自身及他人的影响及满意度评价等,然后对评估结果进行排序(可选用后续的"决策平衡单"练习)。

（5）执行:根据最终的选择制定计划,并采取行动。需要注意的是,决策是一个循环的过程,在行动之后,还需要对自己的决定及其结果进行评估,由此实现 CASVE循环。

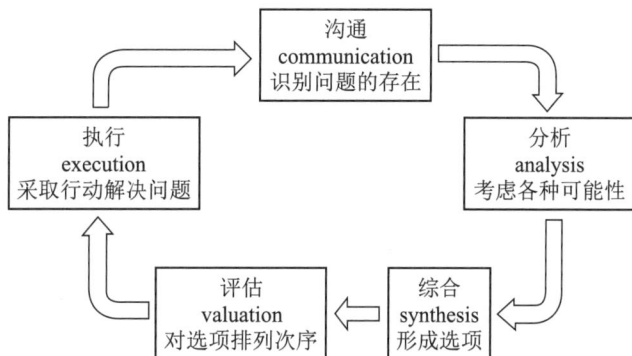

图 1-6 CASVE 循环模型

（四）决策平衡单

在决策过程中,对多种选择进行评估排序时,权重尤其重要。决策平衡单(decision-making balance sheet)经常被应用于问题解决和职业咨询中,用以协助咨询者系统地分析每一个可能的选项,判断分别执行各选项的利弊得失,然后依据其在利弊得失上的

"决策平衡单"使用具体步骤

加权计分排定各个选项的优先顺序,以执行最优先或偏好的选项。主体框架为:

自我物质方面的得失(utilitarian gains or losses for self)。

他人物质方面的得失(utilitarian gains or losses for significant others)。

自我赞许与否(self-approval or disapproval)。

社会赞许与否(social approval or disapproval)。

在使用时,可以按照上述四个类别列出个人所有的重要价值观并按其重要程度赋予权重,并将它们作为评判的标准,逐项对所有的选择进行加权计分,最后按总分排序。

需要注意的是,使用决策平衡单的过程,不仅仅是为了得到一个结果,在填写各方面内容时,需要仔细思索并反复推敲,是认可和排除的过程,这个过程其实是整理思维的过程,注重该过程的实践,能帮助个人完成更好的决策。

五、职业生涯决策过程及影响因素

(一) Tiedeman 决策过程

蒂德曼(Tiedeman)将整个职业决策过程分为两个阶段、七个步骤。

第一,预期阶段(anticipation),主要任务是做出职业决策。该阶段可分为四个步骤:

(1) 试探(exploration),考虑不同选择方向及可能目标;

(2) 具体化(crystallization),经过对各种选择方向或目标的优缺点的斟酌,目标逐渐清楚;

(3) 选择(choice),选定一个能解除目前困扰的目标;

(4) 明确化(clarification),审视、修正与调整准备要行动的目标。

第二,实践与适应阶段(implementation and adjustment),是对前一阶段决策的实践和检验。包括三个步骤:

(1) 入门(introduction),开始执行自己的选择,也是新经验的开始,在新的环境中,争取他人的接纳;

(2) 转化(reformation),调整步伐与心态,专心一致,肯定在新环境中的角色,全力以赴;

(3) 整合(integration),个人的信念与集体的信念达到平衡与妥协。

(二) Gelatt 决策系统

盖拉特(Gelatt)特别强调资料的重要性,他将个人处理资料的策略分成三个系统:

(1) 预测系统:预测不同的选择可能会造成的结果,以及估算出每个行动可能造成该结果的概率,以作为该采取哪个行动方案的参考;

(2) 价值系统:个人对于各种可能的行动的喜好程度;

(3) 决策系统:评判各种行动方案的标准,其选择的取向分为:①期望取向:选择可能达成自己最想要的结果的方案;②安全取向:选择最安全、最保险的方案;③逃避取向:避免选择可能造成最不好结果的方案;④综合取向:选择需要而又最可能成功、不会产生坏结果的方案。

1962 年盖拉特提出了职业生涯决策的五个步骤：

(1) 个体意识到做决策的需要，并确定决策的目的或目标；

(2) 收集与目的或目标有关的信息，同时调查所有可能的方案；

(3) 对收集到的信息进行预测，估计可能的选择结果以及结果出现的概率；

(4) 根据价值系统，评价结果是否满足需要；

(5) 根据可能的结果及结果的价值，按照一定的标准作出决策。

决策有两种，即终极性决策或调查性决策。终极性决策指与目的或目标一致或相关的决策；调查性决策是指还需要进一步考察的决策。调查性决策最后成为终极性决策。他认为，预测系统和价值系统的内容比决策标准更容易观察到，而且远不如决策标准复杂，所以，提高信息服务将会增加作出好决策的可能性。

(三) 职业生涯决策的影响因素

社会学习理论(social learning theory)是由班杜拉(Bandura)于 20 世纪 70 年代提出，它以经典行为主义、强化理论和认知信息加工理论为基础。约翰·克朗伯兹(John Krumboltz)将社会学习理论引入生涯辅导领域。他认为，个人的社会成熟度在很大程度上依赖于对他人行为的学习和模仿，并由此决定他们的职业导向。影响生涯决策的因素包括遗传因素、环境因素、学习经验和工作有关的四个方面。

(1) 遗传因素，包括种族、性别、外表特征、智力、动作协调能力等。个人由于遗传的一些特质，在某种程度上决定了个人的职业表现或影响到个人所获得的经验。

(2) 环境因素，通常指在个人控制之外，人类活动(如社会、文化、政治、经济、家庭、教育)，或自然力量(如自然资源的分布或自然灾害)对职业决策的影响。

(3) 学习经验。克朗伯兹认为，每个人有独特的学习经验，这对于个人的生涯决策具有重要的影响。他提出了两种类型的学习经验：①工具式学习经验。个人为了得到好的结果，在特定的环境中采取一定的行为，其后果对个人会有重要的影响作用。克朗伯兹认为，生涯规划和职业所需的技能，可以通过工具式学习经验而获得。②联结式学习经验。个人通过观察真实和虚构的模型，通过对人、事之间的比较，去学习对外部刺激做出反应。某些环境刺激会引起个人情绪上积极或消极的反应。如果原来属于中性的刺激与使个人产生积极或消极情绪反应的刺激同时出现，这种伴随在一起的联结关系就会使中性的刺激也具有积极或消极的情绪作用。

(4) 与工作有关的技能，包括解决问题的技能、工作习惯、心理状态、情绪反应和认知的历程等。

克朗伯兹认为，在个人发展的历程中，上述四种因素相互作用，从而形成了个人对自我和世界的推论。一般的个人兴趣、性格、能力和价值观等实际上都是学习的结果，个人学习经验的不足或不当，可能会导致错误的推论、单一的比较标准、夸大式的灾难情绪等种种问题，从而有碍于职业生涯的正常发展。因此，克朗伯兹特别强调丰富而适当的学习经验的重要性。

第四节　职业生涯管理

进入 21 世纪以来,职业生涯管理对于组织和个人的作用日益被重视。了解和掌握个人职业生涯管理对于即将步入职场的大学生尤为重要。大学生无论是在学校里还是在未来将要接触的职场生活中,都要对自己的职业生涯进行管理。虽然我们已经制订了自己的职业生涯规划,但是这份规划是基于当前这个时间点的。随着学业生涯和职业生涯的不断发展,许多提前规划好的东西可能需要进行相应的修改和调整,这就涉及如何管理自己的职业生涯的问题。

一、职业生涯管理的意义

（一）利于职业目标实现

职业生涯管理可以帮助个人进行自我分析,通过这些分析,可以确定符合自己兴趣和特质的生涯线路,正确设定自己的职业发展目标和制定行动计划。通过职业生涯管理,尤其是在有了既定的职业发展目标过后,个人能够对照职业目标认识自己的优缺点,并努力改正缺点,提升工作能力,实现职业目标。

（二）利于协调工作与生活

良好的职业计划和职业管理可以帮助个人从更高的层次看待工作中的各种问题和选择,将各个分离的事件联系起来,服务于职业目标,使职业生活更加充实和富有成效。通过职业生涯管理更能协调好职业追求同个人家庭生活的平衡,避免顾此失彼,两面为难的困境。

（三）利于实现自我价值

有的人最初的工作目的可能是养活自己,随着职业生涯的开展和对其的管理,可能最初的价值追求会慢慢提升,开始追求财富、地位、名望,到最后,就是追求更高层次的自我价值的实现。

（四）实现用人单位与员工的双赢

进行职业生涯规划与管理能够使员工对自我的优势、兴趣、能力以及职业前景有较为全面和充分的认识;如果生涯规划与用人单位提供的发展通道相契合,就更容易实现职业目标,提升职业竞争力。用人单位则通过职业生涯管理了解员工发展愿望、动机与职业兴趣,在组织设计中结合员工特点,充分实现人岗匹配,最大程度提高员工工作效能与忠诚度,降低因人员流失造成的损失。

因此,我们可以总结得出,一个成功的职业生涯规划,是需要我们不时地根据情况调整修改,并为之不断注入生命力的。职业生涯规划的后续管理需要用人单位和个人的共同配合,两者缺一不可。用人单位和个人共同对职业生涯规划进行后续管理,能使用人单位和个人共同发展。

二、职业生涯发展阶段与主要任务

职业生涯发展阶段可以分为职业准备期、职业探索期、职业选择期、职业进入期、职业适应期、职业稳定期和职业衰退期七个阶段,每个阶段承担的角色及主要任务都不同,具体如表1-2所示。

职业生涯
阶段管理

表 1-2 职业生涯发展的阶段与任务

职业生涯 发展阶段	角 色	主要任务	重大心理议题
职业准备期	大学低年级	以学习专业知识为主,发展、发现个人的价值、兴趣和能力,为从事某一职业打下知识储备基础	适应大学生活,有意识地培养,提升职业素养
职业探索期	大学中、高年级	分析自己在环境中的优势、劣势,对自己的发展方向进行明确的定位和规划,并为未来的发展做好知识与实践的准备	理性地进行个人分析,把握自己的发展方向
职业选择期	面临毕业的学生	在充分做好自我分析和环境分析的基础上,选择适合的职业,设定人生目标	承担个人选择的责任
职业进入期	工作的第1年	在新的环境中调节自己,建立初步的人际关系,掌握工作方法与工作流程,积累工作经验	学会独立,正面面对组织和外部环境所带来的考验,克服不安感
职业适应期	工作的前8年	学会做事,成为岗位中的行家里手;学会共事,学会与人相处,树立个人形象,创造良好的工作氛围;学会求知;学会生存;学会如何被同事、环境所接受	根据新的知识和组织所需要的能力,根据自己的发展潜能,重新评估自己的职业生涯规划,接受个人成败,勇于承担个人责任,建立稳定的生活形态
职业稳定期	职业生涯中时间最长,劳动效果最好,发展和成就事业最宝贵的时期	根据形势的变化和自身条件不断修订事业的目标,攀向新的高度	学会为别人承担责任,从别人的成就中感到满足,培养下一代,关切组织的利益,平衡工作和家庭的关系
职业衰退期	作为退休人员,享受事业的收获与人生退休时光	适应生活标准与节奏的变化,找出表现个人天分与兴趣的新途径	对个人发展的新途径保持开放

三、大学生学业管理

如何能从就业大军中脱颖而出,吸引用人单位的注意,成了每位大学生都要思考的问题。这里就涉及就业竞争力。简单来说,就业竞争力就是能全面满足社会和用人单位对人才需求的能力。对于尚未走出校园的大学生群体来说,提升就业竞争力最关键的就在于对自己的学业进行有效管理,在学业管理过程中夯实自己的专业知识、各项技能,打造自己的就业核心竞争力。

（一）大学生学业管理的方法

1. SMART 管理方法

SMART 管理方法是面向工作目标制定的具体效率管理模型。SMART 是 5 个单词的首字母，分别代表了目标管理的五大原则，也被称为目标管理的五个维度。

S 为 specific（具体的），指管理工作中目标的制定要有具体内容作为支撑，不能空洞、笼统。

M 为 measurable（可测量的），指管理工作中目标的制定一定要考虑到是否可测量，各项具体指标是否可量化。

A 为 attainable（可实现的），指管理工作中目标的制定要结合现实工作情况，不能制定过高或过低的工作目标。

R 为 realistic（现实的），指管理工作中目标的制定要有现实工作产出作为依据，不能是脱离实际的数据。

T 为 time based（时间限制），指管理工作中目标的制定要注意时间的限制，既不能过于松懈也不能过于紧张。

运用 SMART 管理方法进行学业管理和制定学业目标的时候，上述五个原则缺一不可。

2. 定向与定位法

就大学生职业生涯规划而言，首要考虑的问题就是确定职业目标，但对于没有工作经验的在校大学生，确定一个非常明确的职业目标，显然不现实。那么我们怎么来确定自己的职业目标呢，可以使用先定向再定位的职业目标确定方法。该方法不仅解决了大学生综合素质和能力的培养问题，也解决了专业技能的准备问题，是一项行之有效的大学生学业管理方法。

先定向，就是根据现在所学的专业，来确定自己未来的职业方向，你需要答复一个简单的问题：你对自己的专业有兴趣吗？你毕业后会选择专业对口的单位就业吗？如果你的答复是肯定的，就可以基本确定你的职业方向了。例如，你学的是法律专业，又很喜欢法律专业，你就需要了解法律专业对口的职业（即专业所对应的职业群）。法律专业对应职业有：公务员，律师，教师，法律研究人员，企业法律参谋，法制专栏媒体记者，公司法务职员等。如果你的答案是否定的，那你就必须找到自己有兴趣的专业，你可以通过转专业，或通过辅修、选修专业课程，或者通过跨专业考研来调整和确定自己的职业方向。例如，一位化学专业的同学，对本专业没有什么兴趣，对工商管理兴趣比较大，大二他就选修了工商管理的主要课程，大三他决定报考工商管理硕士。

如果你定了向，接下来就可以考虑定位的问题了。你需要对已确定方向的职业群进行更深入的探索，定向的时候需要尽可能扩大自己的职业选择面，而定位的时候需要逐步缩小职业的选择范围。相对于定向而言，定位的选择更难。因为定位不仅需要了解职业的要求，而且需要通过提前参加招聘会、兼职和实习等方式进行社会实践和工作体验，感受意向职业是否适合你自己，是否与个人的主观想象一致。

在定位的过程中，还需要注意一个非常重要的问题，定位的目标不宜过于具体，应该有一个选择的范围。如果你从小就梦想成为一名检察官,学的也是法律专业,你也争取到了在检察院实习的机会,你发现检察官非常适合你,可是,检察官职业在社会上比较饱和,求职竞争非常激烈;如果你仅锁定这一个目标,那么,毕业时如果你考公务员失败,将对你的择业带来很大的风险。所以,定位的职业不宜仅限于个别职业,可以有几个职业供自己选择。

大学生在定向和定位的过程中,不能完全以个人的兴趣进行职业决策,还必须考虑行业岗位需求与国家战略需求,清晰职业方向。所以,在一、二年级开始定向,在三、四年级定位。如果经过对职业的探索后你仍然不能定位,但定向是必须的,没有方向,你就不知道在大学期间如何努力和准备。

(二)大学期间的学业规划

职业生涯管理在大学期间的任务就是根据目标职业要求,制订并落实大学期间的学业规划。好的学业规划为我们提供了完成学业的清晰路径,使自己对学业的实现过程有了清晰透彻的认识,进而更有信心、勇气自我完善。

1. 大学一年级:适应大学生活,树立正确的学业观

进入大学后,我们究竟应该干什么?大学阶段是最后一个可以让人充分、自由学习的时期。参加工作后,从完成学习任务变成了完成工作任务,主要精力放在工作和生活上,这个阶段再考虑学习,要么有精力没时间,要么有时间没精力。很多大学新生却把主要精力都放在各种各样的兴趣上,而逐渐忽略了学习。高中阶段学习时间高度密集,是被动型管理,大学阶段学习则是自主管理,很多人在这两个阶段的交接中,容易产生松懈、浮躁心理,致使学习动力不足。所以,首先摆在新生面前的问题就是怎样进入主动学习的角色,尽快制订学习计划。无论是为以后工作的打算还是能力的提升,这个规划都将成为个人努力奋斗的标尺。

观念是行动的先导,要完成好大学学业首先必须树立正确的学业观。所谓学业观就是对所学专业、课业的态度和认识,它在很大程度上影响着大学生的学习、生活乃至人生前景。因此,绝不可以因为学的东西暂时没有发挥作用,或者自己不喜欢这个专业而不去学习。同学们要根据社会需要、社会发展趋势和个人的兴趣、特长及所学专业等确立自己大学期间努力的目标,然后根据制订的规划,及早付诸行动。

2. 大学二年级:确定目标,增强学习的主动性

当代大学生在对待学业问题上存在着种种误区:或将学业含义理解过窄,或对学业生活预期过高,或是学业角色定位不准,导致学业不精甚至荒废学业。为此,我们应正确处理以下四种关系:

一是正确处理学业与专业的关系。珍重自己的学业,努力培养自己的专业兴趣,把自己的爱好和国家的需要及社会发展的要求有机地统一起来,掌握专业知识、专业技能,培养自己的专业能力。

二是正确处理学业与职业的关系。在学习期间就应自觉地学好职业知识,培养职业技能,锻炼职业能力,以期在将来的从业竞争中立于不败之地。

三是正确处理学业与事业的关系。通过职业规划,将自己现在的学业、将来的职业和未来的事业联系起来。在学习的过程中,充分认识所学专业在国家建设和社会发展

中的意义、作用和发展前景,立志献身其中,在工作中充分实现自己的人生价值。

四是正确处理学业与就业的关系。就业与学业存在着密切的关系,就业是学业的导向,学业决定了就业。以就业为学业的导向,有利于大学生学业目标的调整、学习方式的改变、学习外延的拓展,以及综合素质的提高。与此同时,就业也构成了衡量学业成就的重要标志。想要就好业,必须具备强烈的事业心、广博精深的专业知识、较强的沟通协调能力、良好的心理素质和强健的体魄及创新精神,这些都应当在完成大学学业过程中获取或形成。

3.大学三年级:严格要求自己,增强自我管理能力

不知不觉,已经到了大学三年级,早已褪去了大一的青涩懵懂,度过了大二的忙碌奔波,现在的感觉或许是面对抉择的恐慌,或许是一无是处的惆怅,或许是身份转变的兴奋,或许是对未来的迷茫,或许是勇往直前的信心满满。大三是一个分水岭,此时此刻,毕业的脚步正向你走近,学业过半,经过两年的沉淀和努力,你是否还记得刚进入大学时许下的铮铮誓言,在这个收获的季节里,梳理自己一路走来的点点滴滴,从初心中找到差距。大学三年级,要根据自己的目标,修订自己的学业规划,及时作出调整与修正,并严格要求自己,增强自我约束力和自我管理能力。

4.大学四年级:自我定位,积极向上和自我完善

随着学业规划的每一个具体目标的实现,我们就会越来越有成就感,我们的思想方式及心态就会向更积极向上的方向转变。同学们要不断地了解自己、发掘自己的特点,找出自己感兴趣的领域,明确切入社会的起点。其中,最重要的是明确自我人生目标,即自我定位。大学四年,学业规划确立实施的过程是一个有弹性的、动态的规划过程,是一个认识自身优势与弱势、机会与挑战的过程;是一个自我定位、规划人生的过程;是一个回答自己"能干什么""社会可以提供给我什么机会""我选择干什么"等问题的过程;进而使理想具有可操作性,为进入社会提供明确方向并做好准备。大学生学业生涯周期管理样表如表1-3所示。

表1-3 大学生学业生涯周期管理样表

阶 段	学业任务	自我管理重心	他人建议(老师、学姐、学长)	周期管理评估
大学一年级(试探期)	1. 2. ……	1. 2. ……	1. 经验: 2. 教训:	
大学二年级(定向期)	1. 2. ……	1. 2. ……	1. 经验: 2. 教训:	
大学三年级(冲刺期)	1. 2. ……	1. 2. ……	1. 经验: 2. 教训:	
大学四年级(分化期)	1. 2. ……	1. 2. ……	1. 经验: 2. 教训:	

项目实训

项目一:撰写职业生涯规划书

1. 完成时间:一周。

2. 学习任务:请同学们结合自己的专业和兴趣制订合理、真实、可行性强、创意新颖的职业生涯规划书。

3. 成果形式:职业生涯规划书。

4. 项目要求:

(1) 要求内容完整、结构合理、逻辑清晰、简明扼要、版面美观大方。

(2) 从"自我认知、职业认知、职业规划设计"三大步骤来撰写。要求以社会实践活动为依据,适当运用测评工具,客观且深入认识自我,结合当前社会需求,确定职业目标,制定合理、真实、可行性强、创意新颖的职业生涯规划书。并充分体现课程思政要求的各方面能力和素质。

(3) 规划内容以大学期间和毕业后3至5年为主。字数不超过3 000字。

5. 项目内容:

(1) 客观认识自我,准确职业定位(知己)。

(2) 职业认知,评估职业机会(知彼)。

(3) 择优选择职业目标,制订行动计划。

(4) 与时俱进,评估调整。

项目二:自导自演情景剧《成长的天空》

1. 完成时间:30分钟。

2. 学习任务:以初入职场的应届毕业生为主角,以新入职的大学生从刚走出校园面试时的"青涩"、面试考核时遇到的"挫折"、与同事积极训练的"奋斗"、获得能力提升后的"历练"、获得大家赞赏的"成功"等锻炼发展过程为主题设计剧本。展示初入职场的大学生努力学习、培训、成长以及工作日常状态。

3. 成果形式:分小组自导自演职场情景剧。

第二章　提升职业素质

学习目标

1. 掌握职业素质与能力提升的基础知识和常用方法。
2. 掌握探索行业、职业与工作岗位的科学方法。
3. 掌握目标职业的岗位素质要求。

案例导读

张定宇，获得了"人民英雄"国家荣誉称号，"感动中国 2020 年度人物"等荣誉，但是对他来说，他只是一名医生。

2020 年初在"疫情风暴眼"武汉时任武汉金银潭医院院长的他，不顾自己渐冻症的身躯，依然率领医院的医疗工作者，奋战在疫情的第一线，带领医院职工救治了 2 800 余名患者。履新湖北省卫健委副主任后，他的目光和脚步依然未远离基层一线，他把大量精力投入到湖北"323"攻坚行动中，走访湖北多个县乡。调研医疗卫生工作时他说，中国在新冠肺炎防治过程中掌握了有益经验，后续若能运用到结核病等疾病防治工作中，将有助于加强疾病防治，织就更加完善的公共卫生体系。来北京履职前张定宇做了一个决定，同意捐献遗体用于渐冻症研究。他的想法很简单："我是一个渐冻症患者，捐赠遗体有助于医学工作者开展渐冻症研究。"其实张定宇确诊渐冻症之初也曾恐惧过，如今，他淡定从容"人一出生就是奔着死亡去的，我不过更早看到生命的尽头，生命的意义在于体验这个过程，踏实做事才能看到沿路的风景"。

他用自己的实际行动向世人证明什么才是医务工作者应该做的。他一边用脚在地上画弧走路，一边用生命画出圆满的人生。

思考题：

通过了解张定宇的故事，你认为他具备哪些职业素质？

第一节　职业素质概述

一、素质与职业素质的概念

（一）素质的概念

《辞海》对素质一词的定义,有以下三个方面:第一,人的生理上生来具有的特点;第二,事物本来具有的性质;第三,完成某种活动所必需的基本条件。素质一词本是生理学概念,也就是说,个体生理的、心理的成熟水平的不同决定着个体素质的差异,因此,对人的素质的理解要以人的身心组织结构及其质量水平为前提。而人的素质一旦形成就具有内在的相对稳定的特征。所以,素质是以人的先天禀赋为基础,在后天环境和教育影响下形成并发展起来的内在的、相对稳定的身心组织结构及其质量水平。在高等教育领域中素质应是第三个定义:即大学生从事社会实践活动所具备的能力。

（二）职业素质的概念

职业素质是指从业者在一定的生理和心理条件基础上,通过教育培训、职业实践、自我修炼等途径形成和发展起来的,在职业活动中起决定性作用的、内在的、相对稳定的综合性品质。职业素质是从业者对社会职业了解程度与适应能力的一种综合体现,其内涵主要体现在职业知识结构、职业能力、自我概念、个性特质和动机等方面。从业者受教育程度、实践经验、社会环境、工作经历及自身的基本情况等都会对职业素质产生一定的影响。而具有良好的职业素质对于大学生就业具有重要的意义,一般情况下,职业素质越高的人越容易获得就业的机会,越容易在职业生涯中得到良好发展。

二、职业素质模型

（一）冰山模型

职业素质模型是从组织战略发展的需要出发,以强化竞争力,提高业绩为目标的一种独特的人力资源管理的思维方式、工作方法和操作流程。是用来描述某一特定任务角色所需要具备的不同素质要素的组合。目前,最具有代表性的职业素质理论模型是冰山模型(图 2-1)。

麦可利兰认为,我们可以把人的素质形象地描述为漂浮在海面上的冰山,容易观测分析和评价的外在表现属于海平面以上的浅层次部分,包括基本知识和基本能力。而难以观测了解和评价的内在素质属于海平面以下的深层次部分,包括社会角色、自我概念、个性特质、动机等。研究表明,真正能够把优秀人员与一般人员区分开的是深层次的部分。因此,麦可利兰把不能区分优秀者与一般者的知识与能力部分,称为基准性素质(threshold competencies),也就是从事某项工作起码应该具备的素质;而把能够区分优秀者与一般者的素质称为鉴别性素质(differentiation competencies)。不同的职位,

基准性素质
包括基本知识、基础能力；
易于了解和测量，容易通过培训
来改变和发展

鉴别性素质
包括自我概念、个性特质和
动机等，难以直观测量量化，形
成时间长较难改变

图 2-1　冰山模型示意图

所需要的能力素质模型是不一样的。职业规划需要我们根据不同职业的能力素质模型
选择合适的职业目标，找到自己的优势并放大，并根据素质模型的要求去发展相应的技
巧和知识。

（二）洋葱模型

洋葱模型是由冰山模型演变而来的。美国学者理查德·博亚特兹（Richard Boy-
atzis）对麦克利兰的素质理论进行了深入和广泛的研究，提出了洋葱模型。相比于冰山
模型，洋葱模型更强调各项能力素质之间的层次关系，其核心能力素质是动机，由内往
外依次是自我形象、价值观、社会角色和态度、能力、知识。越核心的能力素质越难观测
和改变，但对个人的影响越大；越外层的能力素质越容易衡量和测算。比较来看，冰山
模型的"水上部分"就相当于洋葱模型的最外层，冰山模型的"水下部分"与洋葱模型的
核心层，在本质上是一样的，两者均强调核心素质。

三、大学生职业素质培养路径

（一）将职业素质教育贯穿大学教育的全过程

大学生职业素质教育须针对不同年级的特点，有计划、分层次地贯穿大学四年教育
的全过程，实现其连续性和全程性。大一重点进行职业生涯发展与规划的教育，提前规
划学业，科学安排大学的学习生活。在对本人兴趣、性格、能力、价值观进行自我探索结
合对工作世界探索的基础上，通过职业生涯决策明确未来职业方向设立生涯发展目标，
制定目标实现步骤。大二重点进行创新创业教育，依托学校的创新创业教育课程，使学
生树立科学的创新创业观，让学生初步掌握创新创业基本理论，培养学生的创新创业精
神、创新创业意识和创新创业能力。不断增强自身创业就业竞争能力和创新创业基本
素质，并合理进行个人职业发展规划，为完成从学生到社会人的角色转换做就业、创业
准备，为成为适应创新型国家建设需要的创新人才做准备。大三重点进行职业素质提

升,对未来可能从事的目标职业的岗位胜任力进行分析,明确岗位能力素质要求,对照分析自己目前能力素质缺乏的部分,提高个人职业技能和综合素质。大四重点进行就业指导,从职业能力和求职心理两方面着手,主要从就业政策和就业形势分析、招聘信息收集及分析、简历制作、面试技巧、求职权益维护等方面进行指导,增强大学生职业能力和社会适应能力。四个阶段只有相互贯通、有机连接,才能形成较为完善的大学生职业素质提升体系。

(二) 在职业素质提升的过程中渗透思想政治教育

在职业素质提升的过程中渗透思想政治教育的内容,重点进行职业道德教育。职业道德是指职业人员在从事各种职业活动的过程中,思想和行为所应遵循的道德要求和行为规范,是社会特定职业范围内的特殊道德要求,是社会道德体系的有机组成部分[①]。如教师的职业道德规范是热爱教育,甘为人梯;医务工作者的道德规范是救死扶伤,实行革命的人道主义;科技工作人员的职业道德规范是追求真理,献身科技。职业道德是实现行业职责的思想保证,大学生只有在校期间提前了解职业道德的内涵,培养高尚的职业精神,才能在未来的工作中践行职业道德,成为"合格职业人"。

(三) 采取多样化方式提升大学生职业素质

1. 构建完善的课程体系

将大学生职业生涯发展与规划、创新创业教育、职业素质提升及就业指导内容纳入教学计划,构建完善的职业发展教育课程体系。

2. 丰富校园文化活动

结合不同阶段的职业发展需要,组织大学生积极参加职业测评、创新创业大赛、大学生模拟求职大赛、职业生涯规划大赛、生涯体验周、就业体验周等活动,充分利用学校资源提升大学生个人职业能力素质。

3. 加强产学研用协同发展

充分体现专业教育、思政教育、创新创业教育的有机融合,加强多学科交叉、专创融合,实现产学研用协同创新、产教融合;充分利用各类社会资源,建设创新创业生态,高校与企业、创投机构等外部机构合作,结合专业学习到实地参观用人单位;通过促进"互联网+"大学生创新创业大赛和国创项目成果转化(技术转让、知识产权申请,项目实现盈利),参加社会实践活动,在提高专业认知的同时加强职业认知,不断树立职业精神和提升职业能力以提高职业素质。

4. 依托三级辅导体系

依托高等学校构建的职业指导教师、专业教师和辅导员三级辅导体系,让学生获得个性化职业发展指导,使学生的个人生涯困惑、求职困惑、创业困惑在第一时间得到面对面的咨询和指导。

---

① 李海波.职业道德[M].南宁:广西人民出版社,2014.

第二节 构建知识结构

知识是能力和素质的载体,没有丰富的知识,就不可能有强的能力和高的素质。能力和素质反过来为个体学习知识提供条件。具有宽厚的知识储备和良好的知识结构对于大学生提高综合素质、就业、创业乃至人生发展都至关重要。

一、知识的概念、分类与作用

(一)知识的概念

知识是一个广义的概念,国内外学者对于知识的定义大多是从哲学角度提出的,目前还没有一个公认的定义,现有的研究从不同的视角对知识有不同的定义。美国的韦氏词典将知识定义为:通过实践、研究、联系、调查等活动获得的认识,是对科学、艺术或技术的理解,包括了人类获得的关于真理和原理的认识总和。我国的汉语词典将知识定义为"人们在改造世界的实践中获得的认识和经验的综合"。从上述定义中可以看出,知识不仅仅是简单的公式、定理和书本现成的答案,在现代社会知识已突破了认识和经验的范畴,进入了实践、创造的领域。正因为如此,知识才能成为经济社会发展的基础。我们不仅要通过知识认识世界,也要用知识创造未来。

(二)知识的分类

从不同的研究目的和研究视角出发,知识有不同的分类,从知识的内容角度看,知识分为纯粹理性、实践理性和技艺。从知识的来源角度看,知识分为直接经验、间接经验和内省经验。从知识的属性角度看,知识分为显性知识和隐性知识。显性知识是指以专利、发明创造、文件、规章制度、设计图、报告等形式存在的知识。而隐性知识则是指工作诀窍、经验、视点、形象、价值体系等,这种知识往往是只可意会不可言传的。

经济合作与发展组织(OECD)将知识分为四种类型:知道是什么的知识(Know-what),指关于叙述事实方面的知识;知道为什么的知识(Know-why),指自然规律和原理方面的推理性知识;知道怎么做的知识(Know-how),指技能和能力方面的技术性知识;知道是谁的知识(Know-who),指知道何人具有何种知识和能力的知识,涉及社会关系等方面,这是目前最具权威性和流行性的一种知识分类。按现代认知心理学的理解,知识可以分为陈述性知识和程序性知识。陈述性知识也称为描述性知识,是指描述客观事物的特点及关系的知识。陈述性知识又可根据其复杂程度分为符号表征、概念和命题三种形式。符号表征是指代表一定事物的符号,如英语单词的词形、数学中的数字、物理公式中的符号、化学元素符号等。概念是对某一事物本质特征的反映。命题是对事物之间关系的陈述,是最复杂的陈述性知识。陈述性知识用来解决自然和社会中"是什么"和"为什么"的问题。程序性知识也称为操作性知识或技能是一套关于办事的操作步骤和过程的知识。这类知识主要用来解决"做什么"和"如何做"的问题。

（三）知识的作用

知识能够在人们认识世界、改造世界的过程中转化为物质力量，对社会发展产生深刻的影响。当今时代是一个知识爆炸的时代，知识对于个人、社会、国家都发挥着越来越重要的作用。

1. 知识是解决问题的工具

美国教育家杜威曾说过"知识的作用是要使一个经验能自由地用于其他经验。"[①]如果一种"知识"不能使我们先前的经验作用于我们之后的经验，或者说知识不能帮助我们解决现实问题，那么这种"知识"便是毫无价值可言的。就像杜威所说，一种合乎理想的完备的知识，就代表一个相互联系的网络。所以要将知识与生活联系起来，使学习到的知识可以运用到实际生活中去，有效解决经验中遇到的问题。

2. 知识是提升职业素质的基石

决定职场竞争成败的武器就是知识、职业素质和就业能力，而最基本的决定因素仍是知识积累的程度。因此，就业竞争本质上是知识积累的竞争。我们需要用知识来武装自己，让我们在更宽广的声阈聆听世界。

3. 知识是宝贵的财富

人类社会的财富来源于一代代积累的知识和思想，我们通过一点点累积，已经从机械时代到了智能时代，正是这些技术的进步，才使得生产效率提高，社会飞速发展。总之，人类社会的发展，科学技术的进步，都离不开知识。大学生就业以及今后的职业发展同样离不开知识，知识资产是一个人一生中永远不会丢失的财富。

二、建立合理的知识结构

（一）知识结构的概念

知识结构是指一个人的知识构成状况与结合方式，也就是外在的知识体系经过主体的输入、加工、储存，在头脑中内化形成的智力因素联系起来的多要素、多系列、多层次的动态综合体。[②]相对于知识的无限增长趋势，个人所掌握的知识是极其有限的，而合理的知识结构是知识的数量、质量和构成方式的有机统一，构建合理的知识结构对于弥补人的知识局限就显得尤为重要。大学生建立知识结构需要根据社会发展和职业的具体要求，将自己学到的知识科学组合，形成合理的结构以满足实际需要，最大限度地发挥知识的整体效能，适应社会对人才的需求。合理的知识结构是既有牢固的专业知识，又有广博的知识面。合理的知识结构主要包括以下三个方面。

1. 基础性知识

基础知识是指最基础、最常用的知识，是通用知识、专业知识的基石。只有基于扎实的基础知识，才能更好地掌握和运用通用知识和专业知识。在高等教育中，基础知识主要是指通识教育中属于公共必修的思想政治理论知识、法律知识、道德知识、大学语

---

① 潘华靖.杜威知识观及其现实意义[C]//潘洪建,徐继存.当代教育评论2016(第4辑).镇江:江苏大学出版社,2016:38-41.

② 叶俊,符合人全面发展的知识结构的塑造[J].哲学进展,2020,9(4):175-179.

文、高等数学、体育、外语以及计算机知识等。在事业单位笔试科目中,也是必考部分。通用知识通常是指那些具有广泛应用价值的知识领域,如物理、化学等自然科学领域。大学教育应该要注重扩大学生的基础知识面,使学生对各个基础领域都有所涉及,这样有利于提高学生的综合能力。

2. 专业学科知识

专业学科知识是指根据专业分类而设置的知识体系,它是形成专业能力的基础。专业基础课、专业课(包括专业主干课或专业核心课程)就是专业知识的主体,专业知识也是大学生赖以生存的关键资本,为学生选择就业或创业方向提供了依据。

3. 交叉复合知识

当今社会的重大特征是学科交叉,知识融合,技术集成,所以,社会更需要复合型人才,而复合知识是支撑复合型人才的基础,它是包含人文社科知识、自然科学知识、学科专业知识、管理知识、实践知识等相互交融渗透的体系。大学生在学习过程中不仅要掌握专业知识,也要学会将各学科领域知识融会贯通,从而更从容地面对社会竞争。

(二)知识结构的基本模型

知识结构不存在固定的绝对的模型,由于每个人的自身条件及发展路径存在不同,大学生需要根据自身特点确定适合自己的最优知识结构。当今学术界对人才的知识结构主要提出了三种模型:

1. 宝塔型知识结构

宝塔型知识结构底部到顶部依次为基础知识、专业基础知识、专业知识、学科知识和学科前沿知识。这种知识结构的特点是强调基本理论、基础知识的宽厚扎实,专业知识的精深,所具备的知识集中于主攻的学科知识方向或从事的职业目标,有利于迅速接通学科前沿和从事纯理论与应用科学的研究。现今中国高校大多培养这种知识结构的人才。

2. 蜘蛛网型知识结构

蜘蛛网型知识结构是以所学的专业方向为中心点,把其他与专业接近的、有相互作用的知识作为网络的各个节点相互联合而形成蜘蛛网状连接。这种结构最突出的特点是能够实现知识广度和深度的有机统一,这种知识结构适应性强,能够在较大空间发挥作用。这种人才非常受企业的青睐,具有这种知识结构的大学生,在就业中就能以自身知识结构的弹性应对各种问题,是当前社会最迫切需要的人才。

3. 幕帘型知识结构

幕帘型知识结构是指一个具体的社会组织对其组织成员在知识结构上有一个总的要求,据其在组织中所处的层次,在知识结构上存在一定差异。以一个企业为例,企业对其成员的整体知识结构要求是具有财会、安全、商业、保险、管理等知识,但是,对企业中处于不同层次的个体来说,要求掌握上述知识的比例存在差异,从而组成各自不同的知识结构。这种知识结构强调个体知识结构与组织整体知识结构的有机结合。它对于求职者的启示是,在求职择业的过程中,不但要注意所选职业类型在整体上对求职者的知识结构的要求,同时还要了解所选职业岗位在社会组织中的位置及具体层次,以此来调整自己的知识结构,增强就业后的适应性。

三、现代职业对求职者知识结构的要求

随着时代的发展,用人单位社会化程度不断提高。为在激烈竞争中求得生存和发展,就必须有合理的人力资源配置。就知识结构而言,一方面对知识结构的多样性要求越来越多,从业者不仅要具有广博宽厚的基础知识和扎实精深的专业知识,同时还要具有丰富的社会知识,包括语言知识、心理知识、法律知识、人际交往知识、公关礼仪知识等。另一方面,对知识结构实用性要求也越来越强,需要将知识融入实践,在实践中训练技能培养能力,并对自己的知识结构不断优化调整、组合,使其更趋于合理。

例如:在国家机关担任公务员、事业单位机关工作的人员,要掌握与本职岗位有密切关系的业务知识,有关法律、经济、行政、管理等基础知识;对社会科学工作者的知识结构的要求是应该有一个比较完善的知识结构体系。无论研究什么学科,都应该具有三个层次的知识结构,一是具有本学科的专业知识。二是要有相关学科知识,以经济学为例:就要包括哲学、政治学、法学、历史学、数学和有关的技术科学,这些都是相关学科。三是具有一般知识,不一定要求过多,但是必要的知识应该具备,如:语法修辞知识、逻辑学知识等。专业知识是从事科学研究的基础,相关知识是专业知识的必要延伸,一般知识决定一个人的知识面。专业知识不牢固,似懂非懂搞研究工作是不行的;相关知识不够,会限制专业知识的引申和发挥,一般知识太少,难以开阔思路,启迪创造思维。

第三节　培养职业能力

根据麦可利兰冰山模型理论,基准性素质(threshold competencies)包括知识和能力,基于职业能力是人们从事其职业的多种能力的综合,本节重点介绍如何培养职业能力。

一、职业能力的概念

职业能力可以定义为,个体将知识、技能和态度在特定的职业活动或情境中进行类化迁移与整合,所形成的能完成一定职业任务的能力。职业能力是一个人有效完成特定职业活动所必需的各种能力特征的总和,既包括人们获得教育、培训之前的能力倾向,也包括个人在社会生活中积累的职业经验和通过教育、培训获得的学历与技能等[1]。职业能力的评价要突破传统以测验结果来衡量的做法,着重考察个体能否在一定情境下有目的地、系统地思考和解决问题。

大学生在校学习期间很有必要努力提升胜任目标岗位所需要具备的职业能力,有针对性地加强培养、日积月累,以便将来能更好更快地适应职业的需要,最终实现自己的职业理想。

二、职业能力的构成

职业能力是多种能力的综合,需要根据具体岗位和职业需求进行发展,主要分为以

---

① 邓长真.基层统计人员职业能力提升研究[D].山东财经大学,2023.

下五种。

（一）动手操作能力

动手操作能力在许多行业中都是不可或缺的，如制造业、建筑业、实验室研究和手工艺等，它能帮助个人在具体的工作场景中更好地应对挑战和完成任务。动手操作能力，需要熟练掌握工具和设备，能够快速、准确地完成各种动作和操作，能够进行机械装配、调试和维护工作。大学生有一定的知识积累，若缺少必要的动手操作能力，就无法适应相应岗位所需要的实际应用能力，也会被用人单位拒之门外，因此，提升动手操作能力对于职业发展非常重要。

（二）人际交往能力

人际交往能力在职业发展中扮演着重要的角色，它是在与同事、客户、上级和下属等相关人员进行有效沟通和合作时所需的一种技能。无论是协调团队工作、处理客户关系还是与领导者沟通，具备良好的人际交往能力能够提升工作效果。良好的人际交往能力，有助于大学生在工作中与他人合作，处理和解决冲突和分歧，通过协商达成共识，实现最终的工作目标。因此，积极发展和提升人际交往能力对于成功的职业生涯至关重要。

（三）社会适应能力

大学生毕业后参加工作，需要完成自己从学校到社会的角色过渡，要适应并应对工作环境中的变化和挑战，在工作场合中能够与不同背景、层级和角色的人进行交流和互动，能够识别和尊重不同文化价值观和习俗，理解并妥善处理跨文化交流中的差异。通过提升大学生社会适应能力，使其能够更好地面对职业生涯中的不确定性和变化，并取得更好的成果。因此，发展和提升社会适应能力是大学生在职业发展中不可忽视的重要方面。

（四）创新能力

创新能力是民族不断进步和社会持续发展的不竭动力，在大学生的职业能力构成中占据着重要位置。当代大学生面临着一个知识和技术快速更新、事物快速变化发展、竞争日益激烈的社会，大学生需要调动自身的智力、思维和想象力，提出新的方法和解决方案。在学习的过程中，大学生应着重培养自己的创新能力，打破思维定式，敢于尝试，将理论知识应用于实际，利用创新思维解决问题。创新能力在大学生的职业发展中起着重要的作用。它不仅能够为大学生创造更多的就业机会，也有助于他们在工作中获得更高的职位和更广阔的发展空间。因此，大学生应该努力培养创新能力，通过不断学习、思考和实践，为未来的职业发展奠定坚实的基础。

（五）组织管理能力

组织管理能力需要在工作中有效地组织、规划和协调资源，以实现个人和团队的目标。其包括领导能力、沟通能力、决策能力、团队管理能力等。大学生毕业后在将来的工作中都会不同程度地运用到组织管理能力,具备这些能力的人可以更好地应对挑战,有效管理资源,推动个人和团队的发展。此外,这些能力也为个人提供了更广阔的职业机会,使他们能够在组织中扮演重要的角色,担任领导职务,并具备独立决策的权威。因此,发展和提升组织管理能力对于大学生的职业生涯规划和发展具有重要意义。通过学习和实践,不断培养和完善这些能力,可以提高自己的职业竞争力,这也是近几年来,在毕业生就业过程中,用人单位比较看重的。

三、职业能力培养

大学生在大学毕业时应具备工作岗位所要求的基本职业能力,所以在大学期间应注重职业能力的自我培养。

(一) 找到培养途径

1. 积累知识

知识是能力的基础,勤奋是成功的钥匙。离开知识的积累,能力就成了"无源之水",而知识的积累要靠勤奋学习来实现。善于学习是培养能力的基础,大学生在校期间,既要掌握书本上的知识和技能,也要掌握学习的方法,学会学习,同时养成自学的习惯,树立终身学习的意识。

2. 勤于实践

实践是培养和提高能力的重要途径,是检验学生是否学到知识的标准。因此大学生在校期间,既要主动积极参加各种科学研究活动,又要勇于参与一些社会实践活动,如:社会调查活动、各种公益活动、科技服务活动等。

3. 发展兴趣

兴趣包括直接兴趣和间接兴趣。直接兴趣是事物本身引起的兴趣。间接兴趣是对能给个体带来愉快或益处结果的活动发生的兴趣,人的意志在其中起着积极的促进作用。大学生应该重点培养对学习的间接兴趣,以提高自身能力。

4. 克服挫折

经常保持乐观的情绪,在学习、生活和工作中有效地控制和调节情绪,提高克服挫折的能力,正视挫折,战胜或适应挫折。遇到挫折的时候要冷静分析原因,充分发挥主观能动性,想办法战胜它。如果主客观差距太大,即使经过努力,也无法战胜,就接受它,适应它或者另辟路径,要多经受挫折的磨炼。

(二) 分析目标职业能力要求

1. 专业分析

以数学与应用数学为例,该专业需要掌握数学科学的基本理论与基本方法,具备运用数学知识、使用计算机解决实际问题的能力,接受科学研究的初步训练;能在科技、教育和经济部门从事研究、教学工作或在生产经营及管理部门从事实际应用、开发研究和管理工作。

2. 专业能力分析

(1) 具有扎实的数学基础,受到比较严格的科学思维训练,初步掌握数学科学的思想方法；

（2）具有运用数学知识去解决实际问题，特别是建立数学模型的初步能力；

（3）能熟练使用计算机（包括常用语言、工具及一些数学软件），具有编写简单应用程序的能力；

（4）有较强的语言表达能力，掌握资料查询、文献检索及运用现代信息技术获取相关信息的基本方法，具有一定的科学研究和教学能力。

（三）制定职业能力提升计划

根据目标职业能力要求明确学习目标，制订合理的专业学习计划，通过专业学习达到预期的结果。也就是从专业基本理论、基本知识和基本技能三个方面达到的本专业职业能力要求的水平，在专业能力的实际应用中达到要求。

第四节　培养鉴别性素质

随着社会竞争的日益激烈和就业形势越来越严峻，社会和用人单位对人才高标准定位，能够区分优秀者与一般者的鉴别性素质（differentiation competencies）显得尤为重要。这也对大学生综合素质提出了更高的要求，尤其是大学生的鉴别性素质。其内容包括社会角色、自我概念、个性特质和动机。相对于知识和能力而言，鉴别性素质不容易被观察和测量，也难以改变和评价。这部分素质很难通过后天的职业培训形成，是与个人价值观一并形成的。它是区分绩效优异者与平庸者的关键因素，职位越高，鉴别性素质的作用比例就越大。

一、社会角色

（一）社会角色的概念

社会角色（social role）是在社会系统中与一定社会位置相关联的符合社会要求的一套个人行为模式，也可以理解为个体在社会群体中被赋予的身份及该身份应发挥的功能。换言之，每个角色都代表着一系列有关行为的社会标准，这些标准决定了个体在社会中应有的责任与行为。例如，一位教师，应该为人师表，处处以老师的规范约束自己的行为。每个人在社会生活中都在扮演自己应该扮演的角色，这里不仅意味着占有特定社会位置的人所完成的行为，同时也意味着社会、他人对占有这个位置的人所持有的期望。

社会角色主要包括了三种含义：社会角色是一套社会行为模式；社会角色是由人的社会地位和身份所决定，而非自定的；社会角色是符合社会期望（社会规范、责任、义务等）的。

（二）社会角色的类型

1. 根据角色存在形态分类

（1）理想角色，也叫期望角色，是指社会或团体对某一特定社会角色所设定的理想规范和公认的行为模式。理想角色总是尽善尽美的,它是一种"应该如何"的观点。

(2)领悟角色,是指个体对其所扮演的社会角色的行为模式的理解。理想角色是领悟角色的基础,但是,由于个体所处的环境不同、认识水平不同、价值观念不同、思想方法不同等因素,不同的人对同一个角色的规范、行为模式的理解是不完全相同的。

(3)实践角色,是指个体根据他自己对角色的理解而在执行角色规范的过程中所表现出来的实际行为。领悟角色是实践角色的前提和基础。

2. 根据角色扮演者获得角色的方式分类

(1)先赋角色,指个人与生俱来或在成长过程中自然获得的角色,它通常建立在遗传、血缘等先天的或生物的基础之上。

(2)自致角色,又称成就角色,指个人通过自己的努力和活动而获得的角色。自致角色体现了个人的自主选择性。

3. 根据角色扮演者受角色规范的制约程度分类

(1)规定性角色,也称正式角色,是指角色扮演者的行为方式和规范都有明确的规定,角色不能按照自己的理解自行其是。他们在正式场合下的言谈举止、责任、权利、义务以及办事的程序都有明确的规定,应该做什么和不应该做什么都必须按照规定办。

(2)开放性角色,也称非正式角色,是指个人可以根据自己对地位和社会期望的理解,自由地履行角色行为。

4. 根据角色和角色之间的权力和地位关系分类

支配角色、受支配角色是德国社会学家达伦多夫(Dahrendorf)关于冲突理论中的两个基本概念。他认为,只要人们聚在一起组成一个群体或社会,并在其中发生互动,则必然有一部分人拥有支配力,而另一部分人则被支配。具有支配他人的权力的就是支配角色,而受他人支配的即是受支配角色[①]。

5. 根据角色扮演者的最终意图分类

(1)功利性角色,是指该角色行为是计算成本、讲究报酬、注重实际效益的。这种角色的价值在于利益的获得,在于行为的经济效果。生产行为和商业行为就属于此类。

(2)表现性角色,是指该角色行为是不计报酬的,或虽有报酬,但不是从获得报酬出发而采取行为。表现性角色,其目的不是报酬的获得,而是个人表现的满足。

6. 根据角色是否符合一定的社会期待分类

(1)正式角色:符合一定的社会期待的角色。

(2)非正式角色:偏离或违反一定的社会期待的角色,或出现新的社会地位而发展的一种新的角色,但这类新角色在一定时间内还未被社会接受和承认。

(三)社会角色与职业生涯发展的关系

生涯建构的过程被视为个体将自我概念融入社会角色的一系列尝试,个体会根据内在的自我概念系统,对承载着不同要求和期望的角色进行协调与整合,使各个层面的生涯角色成为一个有机的整体。当个体认为自己所要追求的角色无法获得时,会主动

---

① 喻安伦.社会角色理论磋探[J].理论月刊,1998(12):40-41.

地进行自我调节,以解决自我概念与环境中现有的机会之间的冲突,使两者重获和谐的关系。因此对生涯发展的关注点应在于个体对各种变化的适应情况,如从学校进入工作世界、组建家庭、改变工作与职业等事件带来的社会角色的变化。这是一个积极能动的过程,是在适应—不适应—适应、平衡—不平衡—平衡的循环中不断进行内外的调整,以实现个体与环境动态的协调,进而追求成长与发展的过程。

二、自我概念

自我概念是一个有机的认知系统,包括职业态度和职业形象,贯穿于整个职业生涯,并把个体表现出来的各种特定习惯、能力、思想、观点等组织起来。

(一) 职业态度

职业态度是指个人对所从事职业的看法及在行为举止方面反应的倾向。一般情况下,态度的选择与确立,与个人对职业的价值认识,即职业观与情感维系程度有关。职业态度是构成职业行为倾向的稳定的心理因素,其形成与发展是人们对有关职业知识的吸收,职业需要的满足,所属群体的期待,以及职业实践获得的体验等因素综合的结果。其易受主观方面因素如心境、健康状况,以及客观环境因素如工作条件、人际关系、管理措施等直接影响而发生变化。肯定的、积极的职业态度,促进人们去钻研技术,掌握技能,提高职业活动的忍耐力和工作效率。

职业态度培养主要有以下四个方面:

第一,广泛吸纳,从多渠道吸纳真实、可靠的职业(专业)信息,如静态的资料学习。包括从网站、书籍、行业报告、杂志文章等获取信息;开展生涯人物访谈,通过与多个目标职业的从业者交流,获得其他途径无法得到的内部信息,更好地了解从业者在职业历程中的个人感受。

第二,强化社会化学习能力,主动积极参加多种与职业探索有关的实践。社会化学习是一种学习方式,是个体通过与环境中的其他个体或群体进行相互作用来获得行为、有关事件之间的关系的认识,以及进行某种活动的知识经验。社会化学习强调个人认知和外界环境相互作用的影响,促使个体以开放的态度探索超越自身固有范围的信息。即立足社会的现实需求,通过专业实习、社会调查和社会实践等方式探索职业世界的工作环境、工作对象、收入水平、工作压力、行业特点以及发展空间,加深对职业的了解,把握社会的需求和社会发展对人才的要求。

第三,充分发展个人兴趣爱好、业余活动,通过拓展自己丰富的生活经历、实践经历,提高职业胜任的"软技能"。

第四,遵循"实践—认识—再实践—再认识"这一基本认知规律。在职业探索过程中,既有探索,又有学习,逐步实现从实践到认识,到再实践、再认识的过程。对实践进行总结反思,不断提高职业胜任力。

(二) 职业形象

职业形象是一个人的仪表姿态、学识修养、个性心理和语言风格、行为举止等诸多因素的总和,这个形象在与人交往中表达着其个人所具有的品质。良好的职业形象正是内在美与外在美的完美统一,体现在以下四个方面。

1.职业意识

职业意识是职业人对职业活动的认识、评价、情感和态度等心理成分的综合反映,是支配和调控全部职业行为和职业活动的调节器。职业意识的树立,首先是确立自己的职业生涯目标,并围绕目标去努力实现;其次是要提高个人角色意识,包括创新意识、竞争意识、协作意识和奉献意识等方面。

2.职业道德

职业道德是同人们的职业活动紧密联系的符合职业特点所要求的道德准则、道德情操与道德品质的总和,包括对事业的敬重,对客户的忠实,对社会的奉献等。职业道德是人们在从事职业过程中形成的一种内在、非强制性约束机制。它既是对人们在职业活动中行为的要求,同时又是职业对社会所负的道德责任与义务。它主要包括爱岗敬业、诚实守信、服务群众、奉献社会等,是事业成功的保证。

3.职业技能

职业技能是指在职业环境中合理、有效地运用专业知识,体现职业价值观、道德与态度的各种能力。职业技能分为动作技能和心智技能,一般来说,完成任何工作都需要这两种技能,只是有不同工作对这两种技能要求的差异。

4.职业气质

职业气质是从事某种职业的群体普遍的、外在显现的、独特的风格气度,以及影响职业活动选择及结果的个人气质特点。它是个性的生理基础,直接影响着一个人的性格、兴趣、能力和活动效果,能够影响一个人在职场上的发展。关于职业气质的构成要素,目前还没有明确的说明,但是有学者从不同行业的角度进行说明。职业气质既包括个人外在形象、谈吐、性格,还包括生活理想、道德情操、学识修养和人格力量这些高层次素质所综合反映出来的心理品质。

(三)自我概念与职业生涯发展的关系

积极的职业态度可以提高工作效率,同时也可以让自己的职业能力得到提高。而职业形象是专业能力、就业人格与个性兼容度的集中外显。职业技能是职业形象的技术基础,职业气质是职业形象的心理基调,职业意识、职业道德是职业形象的"调节阀"。因此,良好的职业形象是个人就业能力与职业要求有效契合的结果。在充满激烈挑战的职业领域中,良好的职业态度和职业形象,有助于增强大学生的职业竞争力,是影响大学生求职的关键,也是决定大学生职业发展的重要因素,是大学生进入职场前需要做的重要准备工作。

三、个性特质

(一)个性特质的概念

我们把一个人在不同的情境下均表现出的一些特点,称为个性特质,如害羞、进取心、顺从、懒惰、忠诚、畏缩等。这些特质越稳定,在不同的情境下出现的频率越高,越有利于描述和预测个体的行为。

（二）个性特质的探索及评价

为了便于分析和确定人的个性，心理学家们试图从形形色色的特质中概括出共同的特质，加以鉴别归类。早期的一项研究鉴别出 17 593 种特质，但在预测行为时要考虑如此众多的特质，显然是不可能的。1973 年，雷蒙德·伯纳德·卡特尔（Raymond Bernard Cattell）从大量调查中分离出 171 个特质，并在此基础上概括出 16 种个性特质，这 16 种特质是：乐群性、聪慧性、情绪稳定性、恃强性、兴奋性、有恒性、敢为性、敏感性、怀疑性、幻想性、世故性、忧虑性、激进性、独立性、自律性、紧张性。卡特尔认为在每个人身上都具备这 16 种特质，只是在不同人身上的表现有程度上的差异。

瑞士心理分析家卡尔·古斯塔夫·荣格（Carl Gustav Jung）根据个体心理活动倾向于外部还是倾向于内部，把人的个性分为内向（倾）型和外向（倾）型。属于外向型的人心理活动倾向于外部：活泼开朗、感情易外露、待人接物决断快、独立性强但比较轻率、缺乏自我分析和自我批评精神、不拘小节、善社交、反应快。属于内向型的人心理活动倾向于内部：感情深沉、待人接物谨慎小心、处理事情缺乏决断力，但一旦下决心常能锲而不舍，能进行自我分析与自我批评、自律、不善社交、反应慢。在此基础上，心理学家刘易斯·麦迪逊·特曼（Lewis Madison Terman）把个性划分为 4 个类型，如表 2-1 所示：

表 2-1　麦迪逊的个性分类

项目	高　忧　虑	低　忧　虑
外向	紧张、激动、情绪不稳定、爱社交、依赖	镇静、有信心、信任人、适应、热情、爱社交、依赖
内向	紧张、激动、情绪不稳定、冷淡、害羞	镇静、有信心、信任人、适应、温和、冷淡、害羞

个性特质的评价是评价员工是否具备某一岗位所要求的个性特质，或者说是"主题特征"。进行个性特质评价首先要建立企业内部各种岗位的素质模型。例如，开发岗位要求任职者具备创新、成就追求、重团队协作、善沟通、会学习等方面的个性特质；中试岗位要求任职者具备爱挑毛病、穷根问底、影响需求高于亲和需求[①]、影响冲动强于避免讨厌的冲动等方面的个性特质；销售岗位要求任职者具备主动性、敏感性、能把握商机、对别人施加影响、能经受挫折、不怕被拒绝、善于沟通交流等个性特质。以上所说的不同素质要求也就形成了不同岗位的素质模型，在这个基础上，就可以建立相应的测评体系，用于测定大学生是否具备某一岗位所要求的个性特质。

（三）个性特质与职业生涯发展关系

个体差异是普遍存在的，每个人都有自己独特的个性特质，而某种个性特质与某些特定的职业相关联。每一种职业由于其工作性质、环境、条件、方式的不同，对工作者的知识、能力、技能、个性等有不同的要求。如果个性适宜于某种职业，那么个体就容易感

---

① 亲和需求是指建立良好人际关系的需求，也就是希望别人喜爱和接纳自己的一种愿望。麦克利兰的需求理论将人的高级需求分为成就需求、权力需求和亲和需求三种。

到乐趣和内在满足,最有可能充分发挥自己的才能创造出良好的工作绩效。如果个体选择与其个性类型相斥的职业,该环境或职业无法提供个体的能力与兴趣所需的机会与奖励,那么工作者可能会很难适应,甚至无法胜任工作。现在有许多年轻人也都把自己的个性与工作要求不符作为跳槽的原因。大学生的个性对于其职业生涯规划有着很大的影响,个性与职业两者相辅相成,需要很好地配合。

四、动机

佐尔坦·德尔涅伊(Zoltan Dornyei)认为"动机"是决定个体行为方向及程度的要素,应包含"为什么(why)""怎样维持该行为(how long)""如何(how hard)获得动机"这三方面的内容。但是很多研究往往只关注"为什么(why)"这一方面的内容。近年来动机研究中认知论视角逐渐受到瞩目,并成为动机研究的主流。认知论视角的引入使旧有的以解决"为什么(why)"为主的动机研究获得深入,为"怎样维持该行为(how long)""如何(how hard)获得动机"获得了更多的解决问题的渠道。

动机理论
演化

职业动机是个体对自己所从事职业的一种心理倾向,是直接引起、推动并维持人的职业活动以实现一定职业目标的心理过程。可在一种或以一种为主的多种职业需要的基础上产生。由于激发因素不同而存在不同的职业动机:产生于个体对工资、福利待遇、工作环境、安全条件等物质方面的需要;产生于个体对成就感、荣誉感、事业心、人际交往等精神方面的需要;由长者、权威、领导、群体等外部影响而引起;由个体对职业活动本身感兴趣,即由求知、求新、求奇等内部因素而引起等。从业者要想在职业中脱颖而出,就需要不断探索自己的职业动机。

项 目 实 训

....

项目一:生涯人物访谈

1. 完成时间:一天。

2. 学习任务:完成生涯人物访谈并撰写个人"素质提升计划"。

3. 成果形式:个人素质提升计划。

4. 访谈提纲:

(1)访谈时间:30分钟左右。

(2)访谈方式:当面采访/线上采访。

(3)被访谈人:基本情况。

(4)访谈内容:

① 职业方面:

问题1:您的工作性质、工作任务或内容是什么?

问题2:从事该工作所需的教育或经验是什么?

问题3:从事该职业应该具备什么样的职业资格、技巧和职业素质?

问题4:您的工作环境、工作时间或生活形态是怎样的?

问题5:您所在岗位的薪酬和福利如何?

问题6:当前您所从事职业的前景如何?

② 生涯方面:

问题1:能否介绍一下您的生涯发展历程?

问题2:能否分享您的工作经验和心得?

问题3:您在求职过程中遇到过怎样的困难,以及您是如何解决的?

问题4:您认为获得成功需要具备哪些条件?

问题5:您对大学生未来的生涯规划有什么建议?

5.总结:

结合被访谈人物的回答及整个访谈过程,从自我定位、职业定位、职业要求、职业发展四个方面进行总结和反思。对未来可能从事的目标职业的岗位进行分析,明确岗位能力素质要求,对照分析自己目前能力素质缺乏的部分。

项目二:探索自己的职业技能

1.完成时间:30分钟。

2.学习任务:

(1)学生以小组为单位,讨论并尽可能全面地整理出你所掌握的职业技能,再从中分别挑选出你感觉比较精通的和你希望在工作中应用的职业技能,最后排列出对你来说最重要的五项职业技能:

在学校课程中学到的:如英语、地理;

在工作(包括兼职和暑期工作)中学到的:如电脑制图;

从课外培训、辅导班、研讨班学到的:如绘画;

从专业会议中学到的:如心理学在现代生活中的应用;

从志愿者工作中学到的:如小动物饲养;

从爱好、娱乐休闲、社团活动、家庭中学到的:如摄影、缝纫;

通过阅读、看电视(视频)、听音频等方式学到的:如钢琴演奏,PPT制作;

(2)在小组中每人轮流说出一样自己具备而别人还没有说过的职业技能。在盘点了自己现有的职业技能以后,把你的思绪转向未来,想想有哪些职业技能你目前还不具备但希望自己拥有。可以通过一些什么样的途径来获得这些技能。

3.成果形式:讨论。

项目三:"大学生职业规划大赛"作品分析

1.完成时间:两天。

2.学习任务:收集5篇"大学生职业规划大赛"规划书,分析规划书撰写的要素、基本内容、应注意的问题以及展示要点。

3.成果形式:填写表2-2。

表 2-2 项目成果

编号	项目名称	优势	劣势
1			
2			
3			
4			
5			

第二篇

创新创业基础

第三章　开启创新创业

学习目标

1. 了解创新与创新精神的含义。
2. 掌握创新的本质与特征。
3. 理解创新与创业的关系、创新创业对大学生职业发展的意义。
4. 掌握创新能力的要素、培养途径;具备一定的创新意识和创新精神。

案例导读

摩拜单车的创业历程

胡玮炜毕业于浙江大学城市学院新闻系,大学毕业后,胡玮炜成为一名汽车记者,专门报道汽车类新闻。她先后换了几个工作单位,但始终没有更换行业,一干就是 10 年,因为当一名优秀的记者是她最初的梦想。她在职场的第一个转折点发生于 2013 年,当时她去美国参加一个消费类电子展,这次经历大大开阔了她的眼界,使她意识到高新科技对汽车行业的未来会有深远影响。于是,从美国回来后,胡玮炜向自己的老板建议增开一个"汽车与科技"的新栏目,但是遭到老板反对。后来由于胡玮炜与老板的工作理念有了很大冲突,2014 年她辞职了,开始自己创业。一开始,她的创业项目并不是摩拜单车,而是极客汽车。这是一家汽车新媒体公司,专门报道汽车类新闻资讯。为了更深入地报道相关新闻,胡玮炜经常会把一些有关车类的创业团队引荐给汽车行业投资人。2014 年 11 月,胡玮炜带着陈腾蛟创业团队去见投资人——李斌。陈腾蛟当时想做一款智能电单车,但是李斌对这个项目不感兴趣。李斌建议做共享单车项目。虽然陈腾蛟觉得这个建议很好,但是他担心共享自行车在运营管理方面有诸多困难,而且盈利能力偏差。于是,胡玮炜成了摩拜单车的创始人,而提这个建议的人李斌,成了她的天使投资人。

一开始项目遭遇的质疑很多,他们找到了国内最强的自行车生产企业,发现他们已经不太愿意创新了。他们还是从 2015 年 1 月开始做这件事,在 2017 年美国企业 SXSW 科技展上,摩拜单车亮相会场,只花了一年半时间。而之前,胡玮炜已完成了摩拜单车 D 轮融资,到 2017 年 1 月底,摩拜单车的估值已经超过 100 亿元! 2018 年摩拜单车被美团收购,2019 年 1 月 23 日时任美团联合创始人、高级副总裁王慧文发布内部信,宣布摩拜全面接入美团 App,胡玮炜等创始人全部退出。

(资料来源:杨威.女记者逆袭做摩拜单车两年创办估值百亿公司.楚天金报[EB/OL].http://news.cnhubei.com/xw/jj/201702/t3785722.shtml;赵俊亚.大学生创新创业教育[M].北京:清华大学出版社,2019.)

思考题:

1. 成功的创业者应该具备哪些素质和条件?

2. 创业和创新有什么样的关系?

第一节 走 近 创 新

一、创新的概念、本质与特征

(一) 创新的概念

创新是一个涉及所有人类活动领域的概念,学术界对创新至今没有形成公认的定义。随着时间的推移和社会与文化的变迁,创新的含义被赋予了不同的诠释。创新一词在中国有着悠久的历史渊源,回顾历史可见创新有三层含义:一是抛开旧的,创造新的;二是在现有基础上改进、更新;三是创造性、新意。

熊彼特在《经济发展理论》一书中,第一次从经济学角度系统地提出了创新理论。熊彼特提出,创新是指把一种新的生产要素和生产条件的"新结合"引入生产体系。它包括四种情况:引入一种新产品,引入一种新的生产方法,开辟一个新的市场,获得原材料或半成品的一种新的供应来源。熊彼特的创新概念包含的范围很广,如涉及技术性变化的创新及非技术性变化的组织创新。之后又在其他著作里加以应用和发展。1942年,"创新理论"体系最终完成。

后来,创新的定义开始被大量专家学者研究,延伸到社会生活等各个领域,创新的内涵得以不断深化,外延也更加丰富。

综上所述,创新是指创造一种新的理念或新的技术等,是主体有计划、有目的地开展创造性实践活动,是对自身认知及客观世界的不断探索的过程。结合当下,创新是指在现有的资源条件和社会环境中提出一种从未有过的新思路与新思维,或者说在原有的某种事物和方法的前提下进行改进与更新,创造出新的事物。"全面建设社会主义现代化强国,实现第二个百年奋斗目标,必须走自主创新之路。"这句话出自2022 年 8 月 17 日习近平总书记在辽宁沈阳新松机器人自动化股份有限公司考察时的讲话。

(二) 创新的本质与特征

1. 创新的本质

创新的本质是突破,即突破旧的思维定式,旧的常规戒律。创新活动的核心是"新",它或者是产品的结构、性能和外部特征的变革,或者是造型设计、内容的表现形式和手段的创造,或者是内容的丰富和完善。创新一定是有所创造,且这种创造是崭新的、从未有过的。这种创造可能是思想方法上的创新或是具体事物的创新。创新意味着人类的认识能力和实践能力的更新,是人类主观能动性的表现。

2. 创新的特征

一是创造性。创造性是创新的首要特征。创新与创造密不可分,创新就是对新事物的创造或在旧事物的基础上进行创造性活动,将其转化为新事物,能够体现出事物创造性才能称为创新。

二是超越性。任何的创新,都是一种超越,只有不断地超越,才会发展进步。创新本质上就是为了超越旧事物,产生新事物。具备超越性的新元素,才能称为创新的事物或理论。

三是时代性。创新是一个相对的概念,其价值与时间、空间有关。新故相推,日生不滞,现实世界中充满矛盾和变化,新事物在时代的变化中不断涌现,以取代旧事物。因此创新必须在所处的时代背景下具有领先性,不能超出所在的时代,否则不具有参考价值。

四是普遍性。创新存在于人类活动的一切领域,并且贯穿于人类活动的各个阶段。同时,创新能力是人人都具有的一种能力,所有人都可以进行创新活动,人人具有创新的潜能。

3. 大数据时代的创新

(1) 互联网背景下的跨界创新。

互联网时代的到来,科技创新背景下,"互联网+"已经潜移默化地改造以及影响了原有的多个传统行业。互联网背景下的跨界创新主要是指不同领域的两个企业为了同一个目标组合在一起进行战略性的合作,取长补短,构成一个新的产品或服务。以互联网为背景的跨界合作模式,把不相干的事情联系在一起,这本身是一种创新;把不相干的事物,联系在一起,并创造出新的事物,这就是发明。

(2) 人工智能背景下的创新。

中国经济 40 多年的高速增长过多地依赖于传统粗放型的生产模式。随着人口红利的消退与人们对绿水青山的向往,中国经济迫切需要从高速增长向高质量发展转变。随着人工智能的不断发展和国家创新体系的逐渐完善,中国经济增长模式正由要素驱动向创新驱动转变,这也是解决经济持续增长、加速经济增长模式转型的关键。

自 2014 年"大众创业,万众创新"提出以来,中国创新创业活力节节攀升,《2021 年中国中小微企业融资发展报告》指出,至 2020 年全国各类市场主体有 13 840.7 万户,小微企业占比达到 96.8%。与此同时,2020 年我国发明专利、实用新型专利、外观设计专利授权量分别达到 53 万件、237.7 万件与 73.2 万件,俨然成为事实上的发明大国。但与此相对应的是中小企业平均存活年限只有两年半,2020 年发明专利产业化率仅为 34.7%,这意味着规模庞大的中小企业与专利数量并未发挥出应有的效应,因此促进创新创业质量提升就显得尤为重要。研究显示,作为新一轮科技革命的人工智能将会深刻改变创新创业质量。

二、创新的类型

（一）根据参照对象划分

1. 首次创新

首次创新是指相对于其他人来说，你是第一，是"首创"。首次创新是最艰难的，因为在现实生活中没有任何借鉴，而能给人类社会发展带来质的飞跃的，往往是这些首次创新，如世界上第一架飞机、第一台计算机，爱因斯坦发现相对论。

2. 继承创新

继承创新是指在我们生活中这种事物已经存在，但是通过努力可以使它更加完善或者具有之前所没有的功能。如苹果手机，在苹果手机出现之前，已经有手机了，但苹果手机凭借自己独特的功能优势，为用户提供了前所未有的体验，从而引领了一场智能手机的革命。

（二）根据属性划分

1. 知识创新

知识创新是指通过科学研究，包括基础研究和应用研究，获得新的基础科学和技术科学知识的过程。知识创新的目的是追求新发现，探索新规律，创立新学说，创造新方法。知识创新是技术创新的基础，是新技术和新发明的源泉，是促进科技进步和经济增长的革命性力量。知识创新为人类认识世界、改造世界提供新理论和新方法，为人类文明进步和社会发展提供不竭动力。

2. 技术创新

技术创新是指生产技术的创新，包括开发新技术，或者将已有的技术进行应用创新。技术是产业之源，一个国家或者地区的经济发展水平和社会进步程度取决于技术水平。同样，一个企业的竞争能力也表现在技术创新能力上。知识创新与技术创新作为人类创新活动的主要方面，知识创新是技术创新的基础，技术创新是知识创新的应用与发展。例如，沃尔玛 1985 年启用 Hughes Network Systems 六频道人造卫星，每一家分店都与阿肯色 Bentonville 总部相连，分店的销售业绩、顾客的停留时间、购买行为模式等信息统统汇集到总部。老板 Sam Walton 通过录像带可以同时对所有员工讲话和做培训。沃尔玛还是世界上第一家试用条形码即通用产品码技术的折扣零售商，经试用收银员效率提高了 50%，故所有沃尔玛分店改用了条形码系统。

3. 管理创新

管理创新就是对现有管理构成要素进行新的组合或分解，是在现有管理基础上的发明或创造，也可以理解为组织形成创造性思想并将其转换为有用的产品、服务或作业方法的过程。管理创新包括行政管理创新、企业管理创新、事业管理创新、团体管理创新和个人管理创新。

4. 方法创新

方法是指人们在探索、利用或改造世界的实践中积累的观察问题、分析问题或解决问题的途径、程序或诀窍等。虽然人类已有的方法和未来的方法的种类是无穷无尽的，但是它们的本质却是相同或相似的。方法创新就是对现有方法构成要素进行新的组合或分解，是在现有方法基础上的进步或发展、发明或创造。方法创新是永无止境的，方法创新的种类也是无穷无尽的。

三、创新与创业的关系

创新是创业的本质与源泉。创业者只有在创业的过程中保持持续不断的创新思维和创新意识，才可能产生新的富有创意的想法和方案，最终获得创业的成功。创新为创业成功提供了可能性和必要准备；没有创新，创业就会像无源之水，无本之木。

创新是创业者实现创业的核心要素。创业者只有通过不断创新，才能使所开拓的事业获得发展并保持持久的生命力。创新研发实力是创业的根本支撑。战略创新会给企业带来出乎意料的财富和市场，文化创新会使商品的价格不菲，技术创新会提高商品的竞争力，商业模式创新则能更好地促进商品的稳定销售，从而赢得广阔市场。

创业是创新的载体和表现形式。只有通过创业实践活动的检验，创新成果的意义才能体现。创业是将创新的思想或成果转化为现实生产力的一种社会活动。创新的价值要通过创业才能体现出来。也就是说，创业可以推动新发明、新产品或者新服务的不断涌现，创造新的市场需求，从而进一步推动和深化各方面的创新。创业是船，创新是帆，做好这两项，才能使企业成功靠岸。

虽然创业与创新是两个不同的概念，但是这两个范畴之间却存在本质上的一致性：内涵上的相互包容和实践过程中的互动发展。第一个提出了创新概念的熊彼特认为，创新是生产要素和生产条件的一种从未有过的新组合，这种新组合能够使原来的成本曲线不断更新，由此会产生超额利润或潜在的超额利润。创新活动的这些本质内涵体现着它与创业活动性质上的一致性和关联性。创新是创业的基础，而创业推动着创新。

案例 3-1

栈式工业设备——智联革命的引领者

"如何说服工业级互联网芯片企业使用你们的产品？""你们的产品很多，是不是不够聚焦？"面对评委的犀利提问，武通达都会向前迈出一大步去回答，肢体语言透露着他的自信，最终他荣获第六届中国国际"互联网＋"大学生创新创业大赛总决赛亚军。大概在 2015 年，AI 芯片才刚刚起步，我那时候更多的注意力还是跟随我的导师探索技术上的深度。然而创业是一件探索技术和应用结合的事情，可那时候我还不够敏感。但如何把研究成果落地却是武通达一直思考的问题。

作为黑龙江大庆人，武通达注意到，我国传统油田的生产流程在很长一段时间内存在着设备管理困难、过于依赖人工、无法进行预测性维护等难题。这些问题不但导致企业运转效率低下，也使得运转成本异常高昂，大量国有资产被浪费。基于这些思考，武通达联想到了 AI 芯片与工业的结合。借助导师刘勇攀教授以及一众志同道合的清华战友之力，湃方科技成立了，目标就是用 AI 技术赋能我国传统工业智能化升级。"我们通过现场做故障预测实验，并以无人工参与、高准确度的异常预警和故障诊断效果，获得了客户的高度认可。"武通达感慨，创业初期真的是挺不容易的，好在湃方科技挺过来了。目前,湃方科技已成长为一家拥有70多位优秀人才、众多合作伙伴、完成了数千万元天使轮和A轮融资的高科技企业。未来,湃方科技将持续深耕设备管理赛道,争做全栈式工业设备智联革命的引领者。

（资料来源:徐德锋,陈群,江一山.大学生创新创业实践与案例[M].武汉:华中科技大学出版社,2021.）

思考题:

湃方科技的成功说明了什么?

第二节　走向创业

一、创业的概念

《现代汉语成语辞典》对"创业"有如下解释:所谓"创"一般是指创建、创新、创意;"业"是指学业、专业、就业、事业、家业、企业等。《辞海》对"创业"的定义是:"创业,创立基业。"从"创业"这个概念的用法来看,主要强调三个方面:一是强调开端和初创的艰辛和困难;二是突出过程的开拓和创新;三是侧重于在前人的基础上有新的成就和贡献。哈佛大学教授霍华德·史蒂文森(Howard Stevenson)对创业的定义是:一个突破现有资源束缚(挑战),寻求机会(机遇)并实现价值的过程。蒂蒙斯认为:创业是一种思考、品行素质,杰出才干的行为方式,需要在方法上全盘考虑并拥有和谐的领导能力。很多研究者在创业定义的归纳总结中都存在着不同的角度和范畴,总的来说创业有狭义和广义之分。广义的创业是指社会生活各个领域里的人们为开创新的事业所从事的社会实践活动。狭义的创业是一个经济学的范畴,是指主体以创造价值和就业机会为目的,通过组建一定的企业组织形式,为社会提供产品服务的经济活动。创业的本质是一种以创造价值、成就事业为目的的实践。创业可以使创业者实现自己心中的梦想和自我价值。

通过上述分析,我们给创业下这样一个定义:创业是指利用或借用相应的平台或载体,将其发现的信息、资源、机会或掌握的技术,以一定的方式转化、创造成更多的财富、价值,并实现某种追求或目标的过程,是以创业者的智力为核心来创造价值的活动集合。在发展中国家,成功的小企业是创造就业机会、增加收入和减少贫困的主要动力。

二、创业精神概述

(一) 创业精神的概念

经济学家约瑟夫·阿洛伊斯·熊彼特(Joseph Alois Schumpeter)专门研究了创业者创新和求进步的积极性所导致的变化。熊彼特将创业精神看作是一股"创造性的破坏"力量。创业者采用的"新组合"力量使旧产业遭到淘汰。原有的经营方式也被新的、更好的方式所摧毁。今天的大多数经济学家都认为,创业精神是在各类社会中刺激经济增长和创造就业机会的一个必要因素。创业精神是在创业者的主观世界中,那些具有开创性的思想、观念、个性、意志、作风和品质等。创业精神有三个层面的内涵:哲学层次的创业思想和创业观念,是人们对于创业的理性认识;心理学层次的创业个性和创业意志,是人们创业的心理基础;行为学层次的创业作风和创业品质,是人们创业的行为模式。

(二) 创业精神的特征

创业精神的本质仍着重于一种创新活动的行为过程,而非企业家的个性特征。创业精神的主要含义为创新,也就是创业者通过创新的手段,将资源更有效地利用,为市场创造出新的价值。创业精神对创业实践有重要意义,它是创业理想产生的原动力,是创业成功的重要保证。虽然创业常常是以开创新公司的方式产生,但创业精神不一定只存在于新企业。一些成熟的组织,只要创新活动仍然旺盛,该组织依然具备创业精神。

创业精神类似一种能够持续创新成长的生命力,一般可区分为个体的创业精神与组织的创业精神。所谓个体的创业精神,指的是以个人力量,在个人愿景引导下,从事创新活动,并进而创造一个新企业;而组织的创业精神则指在已存在的一个组织内部,以群体力量追求共同愿景,从事组织创新活动,进而创造组织的新面貌。

因此,创业精神具有以下几方面特征:

(1) 高度的综合性。创业精神是由多种精神特质综合作用而成的,诸如创新精神、拼搏精神、进取精神、合作精神等都是形成创业精神的特质。

(2) 三维整体性。无论是创业精神的产生、形成和内化,还是创业精神的外显、展现和外化,都是由哲学层次的创业思想和创业观念,心理学层次的创业个性和创业意志,行为学层次的创业作风和创业品质三个层面所构成的整体,缺少其中任何一个层面,都无法构成创业精神。

(3) 超越历史的先进性。创业精神本身必然具有超越历史的先进性,想前人之不敢想、做前人之不敢做。

(4) 鲜明的时代特征。不同时代的人们面对着不同的物质生活和精神生活条件,创业精神的物质基础和精神基础也就各不相同,创业精神的具体内涵也就不同。

(三) 创业精神的五大要素

我们经常听那些有名的企业家说起:在他们还没有运作百万元规模的公司之前,在街边售卖饮料、在车库里生产些小物品,他们逐步培养起自己的经商技能。不过企业家到底有哪些与众不同之处呢? 是什么令他们能够充满自信地积极面对失败挫折,先人一步达成自己的目标?

1. **激情** (passion)

没有人能比美团的创始人王兴更理解"激情"一词的含义。王兴的激情从他对创建公司的强烈欲望中可窥一斑,他学成后归国创业,接连创立校内网、饭否网,是大众眼中的连环创业者,于 2010 年 3 月上线新项目美团网,在团购大战中脱颖而出,稳居行业前三。

2. **积极性** (positivity)

东方甄选是新东方在危难之际的一次成功求生。俞敏洪提到自己和新东方多次从绝望中找希望。随着直播带货业务步上正轨,东方甄选将彻底完成转型,完全褪去前身新东方在线这家教育机构的影子。值得一提的是,除了重押直播带货业务,俞敏洪也在努力寻找新的发展机会。尤其针对文旅赛道,俞敏洪下足了功夫。北京新东方文旅有限公司由俞敏洪担任法定代表人、董事长。自此,东方甄选正式踏上了文旅创业路。

3. 适应性(adaptability)

具备适应能力是企业家最重要的特质之一。每个成功的企业家都乐于改进、提升或按照客户意愿定制服务,持续满足客户所需。大疆创办人汪滔不仅对变化及时反应,还引领发展方向。目前,我国民用无人机市场规模大约占六成,已略超军用市场。尤其在近些年,大疆把这种消费级无人机的售价做得越来越亲民,把成本控制做到极致,操作愈发简单智能,续航时间不断延长,在开拓市场先机的同时持续深化了产品竞争力。凭着这些优势,大疆持续占据着行业第一的地位。

4. 领导力(leadership)

好的领导人一定具有很强的个人魅力和感召力。庄辰超就是这样一个人,他在大学期间和同学创业做了一款搜索软件,成立公司,并成功找到百万融资,最后卖给Chinabyte。1999年,庄辰超和美国人戴福瑞做体育门户"鲨威体坛"。此后,在美国工作四年,设计并开发世界银行内部网系统。2003年,该系统被 Nielsen Norman Group 评为最佳内部网。2005年5月,创办去哪儿网。仅8年时间,去哪儿网成长为互联网旅游业的佼佼者。

5. 雄心壮志(ambition)

在小米公司的创始人雷军和字节跳动公司的创始人张一鸣的创业经历中,我们可以看到勇气、决心和执着的重要性。他们曾面临困难和挑战,但通过坚持不懈的努力和创新思维,最终取得了成功。作为大学生创业者,我们可以从他们的经历中学到创业的决心和精神。创业路上的困难和挫折都是正常的,但只要我们保持激情和专注,学习成功的案例并运用到实践中,就能不断成长和进步,最终取得属于自己的成功。

三、创业的意义

(一)创业是解决社会问题的有效途径之一

创业可以推动社会的进步与发展,好的创业项目能增加社会活力,是解决社会问题的有效途径之一。近年来,我国就业形势日益严峻,一些有想法、有魄力的大学生,利用自己的知识、技术、才能和资源,以自筹资金、技术入股、寻求合作等方式,创立新的社会经济单元。他们不是现有岗位的竞争者、填充者,而是为自己、为社会更多的人创造就业机会,成为为社会价值创造做出贡献的开拓者。目前,虽然自主创业成功的大学生比例还不高,但它代表一个方向,引领一个新的就业潮流。"鼓励和支持高校毕业生自主创业"是化解当前社会就业难的重要政策之一。

(二)创业是推动经济发展的原动力

创业的本质是以创新的方式解决问题,并提供服务或产品,满足人们的需求。它不仅能满足个人的经济需求,也能创造就业机会,推动社会经济的发展。创业者们通过不断创新促进科技产业的发展,冲击着传统的生产方式和产业结构,解决技术问题,使人类的生产、生活产生革命性的变化,对社会经济发展产生强大推动力。总的来说,创业是推动经济发展的重要原动力。它不仅能创造财富,也能推动社会的进步和发展。因此,我们应该积极鼓励和支持创业,让更多的人参与到创业的行列中来,为社会经济的发展注入更多的活力。

(三)创业是实现中国梦的必由之路

1999年《中共中央、国务院关于深化教育改革全面推进素质教育的决定》提出:"高等教育要重视培养大学生的创新能力、实践能力和创业精神"。要想实现中国梦就要坚定不移地实现经济转型与升级,而创业是促进经济转型与升级的重要途径。在实现中国梦的过程中,大学生一定要培养创新意识、提高创新能力、树立创业精神。

产业是一个民族的依托,创业是一个民族振兴的必由之路。中华人民共和国成立以来,特别是改革开放以来,在中国共产党的领导下,一大批高举振兴民族产业大旗的有志之士开始了新一轮的创业壮举,再一次证实了振兴中华民族的有效途径是创业,特别是高科技领域的创业。我国由创业实现民族强盛初有成果,拥有了华为、腾讯、网易等高科技公司,也拥有了海尔、格力、京东、春兰、TCL等知名品牌,同时拥有了任正非、张瑞敏、董明珠、倪润峰、李东生、马化腾、丁磊等一大批以振兴民族产业为己任的优秀创业人、企业家。正是在以他们为代表的各行各业的创业者的努力下,中国才成为"世界工厂",创造了令世人瞩目的经济发展奇迹。

(四)创业能够提高大学生的综合素质

21世纪,古老的中华民族渴望着伟大复兴。民族的复兴必定要先实现经济的腾飞,而创业者将是中国未来经济发展的主力军。创业实践活动还具有推动我国创新教育发展和加快培养创新型人才的功能。传统的以"文化教育、职业教育"为内容的教育观已经受到了严峻挑战,实现"文化教育、职业教育和创业教育"并举的教育观已经成为高等学校改革的必然趋势。通过创新创业教育与创业实践,大学生可以充分调动自己的主观能动性,自主学习,独立思考,并学会自我调节与控制。对于一个懂得如何管理自己的时间与财务,善于拓展人际关系,并能够主动调适工作心态,积极适应社会的大学生,其就业将不存在任何问题。

(五)能够培养大学生的创新精神

创新是一个民族的灵魂,青年大学生作为中国最具活力的群体,个人的发展与社会、国家的发展休戚相关。如果他们失去了创新的冲动和欲望,就削弱了社会持续发展的动力,那么中华民族最终将失去发展的动力。创新创业活动能够培养大学生勇于开拓创新的精神,把就业压力转化为创新创业动力。

创新创业就是要做前人没有做过的事情。创业是极具挑战性的社会活动,是对创业者自身智慧、能力、气魄、胆识的全方位考验。创业除了必须具备创新意识、创业能力等基本条件外,更需要具备创新精神、竞争意识、社会责任意识。在直接面向市场、面向社会,在为社会创造价值的同时,大学生才能清醒地认识到时代寄予的期望,在创业实践中锻炼创新精神。

四、创业的类型

(一)从创业动机划分

1.机会型创业

机会型创业的出发点并非谋生,而是抓住、利用市场机遇。它以新市场、大市场为目标,因此能创造出新的需求,或满足潜在的需求。机会型创业会带动新的产业发展,而不是加剧市场竞争。世界各国的创业活动以机会型创业为主,但中国的机会型创业数量较少。"互联网风口""电商风口""移动电商风口"是典型的机会型创业。

2.就业型创业

就业型创业的目的在于谋生,为了谋生而自觉地或被迫地走上创业之路。据清华大学的调查报告,这一类型的创业者占中国创业者总数的90%。这类创业大多属于尾随型和模仿性,并没有创造新的需求,而是在现有的市场上寻找创业机会。项目多集中在服务业、商业贸易,少量从事实业、加工业。这类创业企业一般规模不大,当然也有因为机遇而成长为大中型企业的,但数量极少。现在国内市场已经不像十多年前遍地都是创业机会。

(二)从创业项目性质划分

1.传统技能型创业

选择传统技能型创业将具有永恒的生命力,因为使用传统技术、工艺的创业项目,如独特的技艺或配方都会拥有市场优势。尤其是酿酒业、饮料业、中药业、工艺美术品业、服装与食品加工业、修理业等与人们日常生活紧密相关的行业中,独特的传统技能项目表现出了经久不衰的竞争力,许多现代技术都无法与之竞争。不仅中国如此,外国也如此。有不少传统的手工生产方式在发达国家至今尚保留着。

2.高新技术型创业

高新技术产业的发展对全球经济有着重要的推动作用。高新技术型创业知识密集度高,带有前沿性、研究开发性质。比尔·盖茨有这样一个观点:"每张书桌上会有电脑,每个家庭会有电脑",而"每台电脑都用微软产品"则是他的梦想。回顾比尔·盖茨的创业之路我们不难发现,将目光瞄准高新技术产业,并不断进行创新是他取得成功的法宝。技术上:从开发纸带 BASIC 语言到磁盘 BASIC 语言;随内存的扩大,开发带有扩展功能的 BASIC 软件;随 Intel 公司推出新 8086 微处理器,开发出 8086 BASIC 软件,确定了软件的技术优势。方法上:创造了软件专利转让的合同样板,成为以后不断兴起的软件贸易许可证的法律标准。把软件从电脑的销售搭配品发展为一种独立商品。

3.知识服务型创业

当今社会信息量越来越大,知识更新越来越快。为了满足人们节省精力,提高效率的需求,各类知识型咨询服务机构不断细化,如律师事务所、会计事务所、管理咨询公司、广告公司等。知识服务型创业是一种投资少、见效快的创业选择。例如,世界上著名的兰德咨询公司,四大会计师事务所:普华永道(PwC)、德勤(DTT)、毕马威(KPMG)、安永(EY)。

创业认知阶段

- 接受创业教育
  - 储备创业相关基础知识
  - 学习创新创业教育课程
  - 了解国家重点支持行业的发展前景及创业前景
  - 熟悉国家及各省大学生创业政策
- 参加创业训练
  - 创业培训、实训
  - 创业见习
  - 各类创新创业大赛
  - 发现需求能力
  - 整合资源能力
  - 市场拓展能力
  - 风险耐受能力
- 形成创业意愿
  - 对创业能力进行测评
  - 评估适合的创业方式
  - 进入大学生创新创业网，进一步明晰相关支持政策
  - 选择直接就业进入学长团队，积累经验增长能力择机创业

创业筹备阶段

- 选择创业项目
  - 自有项目
  - 公共创业服务机构项目库项目
  - 项目推介会项目
- 项目规划与组建团队
  - 市场调研
  - 商业模式
  - 盈利模式
  - 创业计划书
  - 组建创业团队
- 确定创业场地
  - 自有或租赁场地
  - 学校的创业平台
  - 各类创业孵化基地
- 筹集创业资金
  - 自有（众筹）资金
  - 小额担保贷款
  - 种子资金
  - 创业投资天使基金

公司成立阶段

- 公司名称核准
  - 拟定公司名称
  - 拟定产品名称
  - 拟定商标名称
  - 名称预先核准
- 公司登记注册
  - 领取营业执照
  - 刻制公章
  - 开立银行账户
- 准备启动运营
  - 定岗定责
  - 员工招聘
  - 员工培训
  - 市场推广计划
  - 企业规章制度
  - 其他相关准备

公司运营阶段

- 公司试运营
  - 关注大学生创新创业网等平台的相关信息
  - 发现解决经营管理方面问题，做好正式运营准备
- 公司正式运营
  - 税收减免优惠
  - 项目进一步孵化
  - 人事代理、档案保管，社会保险缴纳
- 运营动态评估
  - 与预期有差距
    - 创业导师给予子项目辅导帮助
    - 调整产品/项目模式，推动创业中心或工作站免费咨询援助
    - 法律援助中心或工作站免费咨询援助
  - 符合预期
    - 贷款期满再次申请小额担保贷款，第三轮风险融资
    - 借助社会推介、扩大产品与市场规模
    - 法律援助中心或工作站免费咨询援助
- 进入持续化发展轨道，创业成功

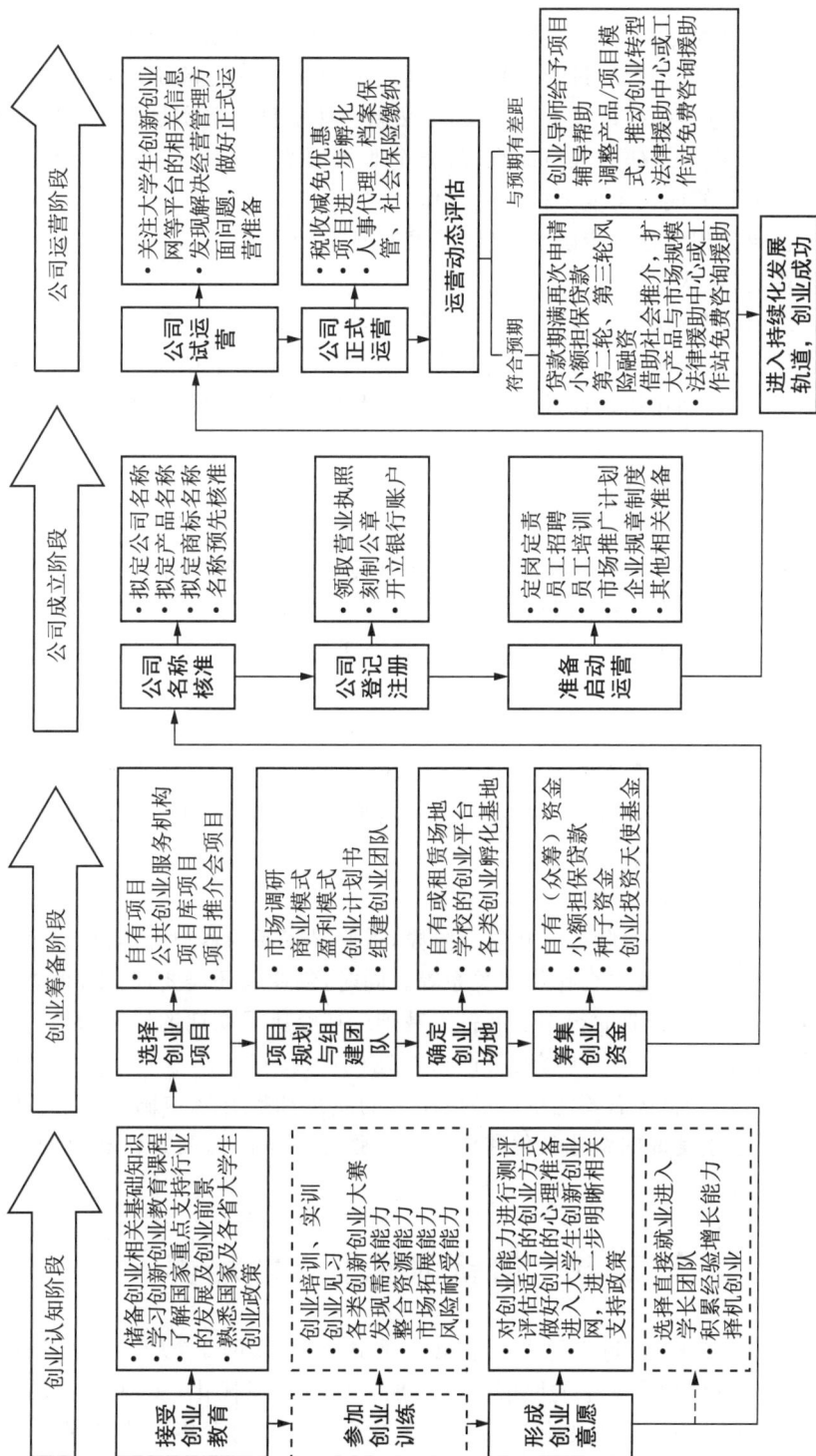

图 3-1 大学生创业过程示意图

五、创业过程

广义的创业过程通常包括一项有市场价值的商业机会从最初的构思到形成新创企业,以及新创企业的成长管理过程。狭义的创业过程往往只是指新企业的创建。在大多数研究中,创业过程常指广义上的含义,虽然新企业的创建确实是创业的过程中最为核心的一个部分,但对于研究人员而言,对新企业的创建并无多大兴趣,研究人员往往更注重从新创企业的成长角度分析创业过程。

大学生创业过程包括四个阶段,具体步骤如图 3-1 所示。

第一阶段:创业认知阶段

在创业之前,创业认知阶段是至关重要的。创业认知阶段包括接受创业教育、参加创业训练、形成创业意愿三个方面。这一阶段需要学生在大学期间学习储备创新创业相关基础知识,参加创业培训以及各类创新创业大赛,提升自己的创业能力并初步形成创业意愿。

第二阶段:创业筹备阶段

创业筹备阶段是创业过程中最关键的一步。在这个阶段,创业者需要对自己的创业想法进行充分的调研和分析,确定市场需求和竞争态势,选择创业项目。同时,创业者还需要制订详细的商业计划,明确目标和策略,并落实到实际行动中。此外,组建强大的团队、确定创业场地、筹集创业资金和寻找合适的其他资源等也是筹备阶段的重要任务。

第三阶段:公司成立阶段

创业者将商业计划付诸实施,包括公司名称核准、公司登记注册和准备启动运营等。在成立阶段,创业者需要建立有竞争力的品牌形象,并快速地开发出满足市场需求的产品或服务,继而准备启动运营。

第四阶段:公司运营阶段

公司成立后,进入运营阶段。在这个阶段,需要寻找新的客户群体、扩展市场份额、推出新产品或服务以及建立合作伙伴关系等。同时,创业者还需要加强管理能力,吸引和留住优秀的人才,为企业的长期发展打下基础。在经历了初期的快速增长后,企业进入巩固阶段。在这个阶段,企业需要巩固市场地位,保持稳定的盈利能力,并继续创新和适应市场的变化。企业需要注重产品或服务的质量和提升客户满意度,提高企业的竞争力。此外,建立良好的企业文化和价值观与强化组织内部的合作和协调也是巩固阶段的重要任务。

大学生
创业支持
政策

第三节　创新创业型人才培养

2017 年 8 月 15 日,习近平总书记给第三届中国"互联网＋"大学生创新创业大赛"青年红色筑梦之旅"的大学生的回信说:"实现社会主义现代化,实现中华民族伟大复兴,需要一批又一批德才兼备的有为人才为之奋斗。祖国的青年一代有理想、有追求、有担当,实现中华民族伟大复兴就有源源不断的青春力量。希望你们扎根中国大地了解国情民情,在创新创业中增长智慧才干,在艰苦奋斗中锤炼意志品质,在亿万人民为实现中国梦而进行的伟大奋斗中实现人生价值,用青春书写无愧于时代、无愧于历史的华彩篇章。"

目前,席卷全球的信息技术产业革命,使人类社会整体上处于全球化时代。全球化的准确名称应该是"经济全球化",因为这种全球化的本质是生产要素的跨国界自由流动,追求的最终目的是经济效益的最大化。为实现此目的,就要以发展各个领域里的创新创业为手段,最终取得极大经济效益。所以,一个民族、一个国家的创新能力关乎国运的兴衰。任何国家要改变其经济、科技落后的状态,从根本上讲,必须提高全民族的科学文化素质和创新意识,培养和造就大批有创新精神和创造能力的人才。因此,顺应时代要求,培养具有创新精神和创新能力的人才,大力提高民族的创新素质,就成为一项重大而迫切的任务。

一、培养创新精神

(一)创新精神的概念

创新精神是指综合运用已有的知识、条件、信息、技能、途径和方法,提出新方法、新观点的思维能力和进行发明创造、改革、革新的意志、信心、勇气和智慧。创新精神是一种勇于抛弃旧思想旧事物、创立新思想新事物的精神。创新精神是一个国家和民族发展的不竭动力。

创新精神是科学精神的一个方面,与其他方面的科学精神不是矛盾的,而是统一的。创新精神以敢于摒弃旧事物旧思想、创立新事物新思想为特征;同时,创新精神又要以遵循客观规律为前提,只有当创新精神符合客观需要和客观规律时,才能顺利地转化为创新成果,成为促进自然和社会发展的动力。创新精神提倡新颖、独特,同时又要受到一定的道德观、价值观、审美观的制约。

(二)创新精神的要素

创新精神作为一个系统概念,属于科学精神和科学思想范畴,是进行创新活动必须具备的一些心理特征,大致包含以下要素。

1.开拓精神

开拓精神是指我们在创新创业过程中遇事要不畏艰难险阻,勇往直前,敢于坚持自己的梦想。在人生的尝试中,我们可能会遇到许许多多的困难和挫折,但是千万不要放弃,只有拥有无所畏惧的勇气并战胜一切苦难的人才有可能取得成功。

2.批判精神

批判精神是创新精神的第一要素。就其本质来说,创新是批判的、革命的,所以,创新要善于吸取旧事物、旧观念中的合理因素,在继承的基础上提出自己的新创意、新思想。在创新过程中可能会遇到很多困难和阻力,如传统观念、公认的权威及舆论的压力等都会束缚我们的思想,历史上许多科学家对旧知识的扬弃,对谬误的否定,无不是从怀疑开始的。例如,伽利略始于对亚里士多德"物体依本身的轻重而下落有快有慢"的结论的怀疑,发现了自由落体规律。怀疑是发自内在的创造潜能,它激发人们去钻研、去探索。我们不要总认为课本是专家教授们写的,不可能有误。专家教授们专业知识渊博精深,但是,事物是在不断地变化的,而且老师也不是万能的,不一定没有缺陷和疏漏。对待我们所学习或研究的事物,我们应做到不要迷信任何权威,应大胆地怀疑,这是我们创新的出发点。

3. 好奇心

好奇心是指喜欢追求新奇事物,表现出对未知或尚未有结论的事物的追求、兴趣和积极探寻的心理倾向。华裔物理学家丁肇中指出,好奇心是科学研究的原动力。好奇心是包含着强烈的求知欲和追根究底的探索精神,谁想在茫茫学海获取成功,就必须有强烈的好奇心。在好奇心的驱使下,人们往往能够发现通常不易察觉的现象和问题,更好地探究事物的本质。正像爱因斯坦说的那样:"我没有特别的天赋,只有强烈的好奇心。"能提出问题说明在思考问题。在学习过程中,自己如果提不出问题,那才是最大的问题。

4. 逻辑思维

逻辑通常指思维的规律和规则,是对思维过程的抽象。创新都必须遵循事物本身的规律,只有我们的思想具有一定的逻辑性,把握思维的规律,才能透过现象抓住事物的本质。

5. 独立思考

创新创业活动本身是一项独特的探索活动,活动涉及的问题往往是前人从未涉及的领域,得到的成果也是从前没有的,具有很大的独特性和唯一性。只有独立思考,才能产生新思想、新发现、新成果。但独立思考,并不是不倾听别人的意见、固执己见,而是要团结合作、相互交流,这是当代创新活动必不可少的方式。创新精神提倡大胆质疑,而质疑要有事实和思考的根据,特别要遵循科学规律,并不是虚无主义地怀疑一切。

二、培育创新意识

(一) 重视知识积累

创新并非无源之水,丰富的知识储备和渊博的知识体系是大学生形成创新意识的基础。创新意识培育必须以扎实的知识作为支撑,进而形成合理的知识结构。大学生在日常学习中不仅要注重学习专业知识,也要扩展自己的知识面,做到专博相济、博闻强识、兼收并蓄、博采众长。

(二) 运用创新思维

创新思维是创新意识核心要素。大学生要提高对创新思维的认识并不断破除思维障碍,在日常的学习生活中运用创新思维解决问题,提升自己的创新意识。创新思维的培养在第四章介绍。

(三) 树立改革创新责任感

以社会主义核心价值观塑造的改革创新精神是驱动大学生创新的精神动力,同时也是大学生创新意识发展的主流方向。大学生应以改革创新为己任,增强自己的创新意识,积极投入创新实践活动中,感受时代对创新型人才的召唤。

首先,要紧扣改革创新的主旋律。改革创新精神是中华民族源远流长的优秀思想品格,是中国特色社会主义的伟大实践所形成的精神宝库,为大学生创新意识培育提供不竭的动力源泉。以改革创新精神为创新导向,大学生应学会在历史的长河中汲取创新智慧,要把握时代的脉搏,紧跟时代的步伐,了解国内外创新发展形势,不畏艰难,锐意创新。

其次,树立改革创新责任感。大学生应根据改革创新时代精神的要求,肩负起实现中华民族伟大复兴的历史使命。实践反复向我们证明,核心技术要不来、买不来、讨不来,必须要加强自主创新能力,这是新时代大学生的责任与担当。在市场经济浪潮中,在西方思潮的冲击下,将自己的创新目标定位在为国家谋改革创新的高度上,而不是急于求成,为功名利禄。

在创新理论学习和实践探索中树立改革创新责任感,根据其指引在创新实践时坚守本心,潜心研究;在获得创新成果时抵御诱惑,牢记责任与使命,不为外界所诱惑。努力使自己成为具有家国情怀的创新型人才,为祖国发展贡献青春力量。

三、提升创新能力

(一)创新能力的概念

习近平总书记强调:"创新能力决定国家和民族的前途命运。"

拉里·基利(Larry Keeley)将创新能力定义为一种制度性能力,创新能力能够使企业持续、可靠、重复地进行创新。这意味着创新能力不是单纯依靠运气或某位员工的天赋,而是需要一个和谐的组织组合。创新能力是在技术和各种实践活动中不断提供具有经济价值、社会价值、生态价值的新思想、新理论、新方法和新发明的能力。创新能力是创业者发掘机会、将机会转化成市场概念的能力,是创业者必备的素质能力。创新能力已经成为这个时代最突出的核心能力。知识经济时代,人们在职场的竞争不再以体力为主,而主要依靠智慧的竞争,创新能力正是最重要的一种智慧。创新能力是民族进步的灵魂、经济竞争的核心;当今社会的竞争,与其说是人才的竞争,不如说是人的创新能力的竞争。

(二)创新能力的要素

一个人创新能力的强弱,主要受其所掌握的专业知识与技能和创新智力因素两方面的影响。

1. 专业知识与技能

专业知识与技能是创新能力的基础,每个人所具有的不同领域的专业知识和技能形成了不同领域的创新能力。所以只有深入了解某一行,才有可能创造出有价值的成果。知识越丰富,技能越精湛,创新的可能性就越大,所以我们必须积累自己的专业知识与技能,为创新奠定基础。

2. 创新智力因素

创新智力因素是创新活动能否展开及顺利进行的重要保证。在我们掌握专业知识与技能的同时,还必须具备敏锐的观察力和灵活多变的创新思维,这样才能够进行创新。否则,就是读"死"书,生搬硬套,很难有新发现。因此,创新智力因素决定了创新目标能否实现以及创新能力的大小。一般来说,它主要包括敏锐的观察力、丰富的想象力、创新思维等方面。

（1）敏锐的观察力。我们从外界获取的信息,大多是通过对身边的事物进行观察获得的。拥有敏锐的观察力,才能更好地发现事物中存在的问题,并为探究问题、解决问题做好准备。学会观察并在观察中思考,找到事物内在的联系,才能顺利发挥自己的创新潜能去解决问题。

（2）丰富的想象力。想象是人对头脑中已有的表象进行加工改造,创造出新形象的心理过程。想象力是创新能力中最为活跃的因素之一。只有拥有丰富的想象力,才能打开自己的思维,突破现有条件的限制,实现更多的创新成果。爱因斯坦说过:想象力比知识更重要,因为知识是有限的,想象力则能概括世界上的一切。

（3）创新思维。创新思维是创新能力的核心,一切创新活动都是在思维引导下进行的。创新思维不同于一般思维,它要求我们跳出传统思维定式,巧妙运用各种新颖的思维方式解决看似不可能解决的问题。

（三）培养创新能力

培养创新能力需要从以下三个方面入手:

一是要注意发现和总结前人创新失败的教训。前人的经验和教训是我们创新工作的基础,也只有如此,创新工作才可以少走弯路。通过借鉴前人的经验,我们可以站在巨人的肩膀上看待问题、考虑问题和解决问题。

二是要学会借鉴和组合。借用别人的"经验"和"成果"而自己却不努力是不行的。借鉴的可以是思路,也可以是方法,更可以是产品。

三是要养成思考的习惯,而且要持之以恒。只有这样,创新才能在不知不觉中出现,单纯的为创新而创新,创新成功的可能性不会很大。

四、加强创新实践

创新根植于创新知识,践行于创新实践。只有将创新意识与创新实践相结合,躬行实践,才能获得创新成果。在此过程中,他们的观察力、想象力、创新思维和创造力都会得到很好的发展。

第一,提升发现问题能力。创新始于问题,发现问题是大学生开展创新实践活动的关键一步。大学生应通过广泛的阅读和对前沿课题的密切追踪,借助学术沙龙和创新小组研讨会等形式定期开展创新想法分享活动,锻炼自己深入思考的能力。通过"第二课堂""大学生创新创业训练计划"、大学生创新创业大赛、"青年红色筑梦之旅"等大学生创新创业活动,将生产、学习、研究和实践有机结合起来,充分调动大学生的创新创业积极性,感受创新的乐趣,养成创新思维。

第二,加强团队合作能力。创新实践活动往往是由团队共同完成的,团队中的成员担任不同的角色,发挥不同的职能。在创新实践中,大学生应该有意加强自己的团队合作能力,积极主动地与他人沟通,成员之间相互学习、共同发展,激发团队动能,有利于创新实践的成功。在团队合作中,尽力发挥每个成员的优势、克服劣势,使团队能够在合作中更高效地完成创新任务,从而提升整体的创新能力。

第三,提高抗挫折能力。创,始也,创新通常意味着开辟一方新的天地。大学生在创新实践的过程中难免遇到自己的创新能力与创新任务不匹配的情况,而遭受挫折打击。首先,要正确认识挫折。一方面,挫折具有普遍性。在创新实践中每个人都会走一些弯路,挫折是人在认识世界、改造世界时会必然发生的。另一方面,挫折具有两面性,既有积极性也有消极性。大学生要以辩证思维看待挫折,客观分析失败的原因。发挥挫折的积极作用,加强学习,提高自己的创新实践能力。其次,锻炼自己的顽强意志。在挫折与失败中总结教训,学会反思,不为挫折所打倒。在创新实践遇到挫折时,能够进行自我调控与自我激励,不轻言放弃,提高抗挫折能力,化挑战为机遇,让挫折成为迈向创新成功的基石。

五、通过提升创业能力促进职业生涯发展规划

创业的最佳年龄一般在 25 岁到 30 岁,这段时期是创新思维最为活跃、精力最充沛、创造欲最旺盛的高峰期。因此,大学期间是创新创业能力培养的最佳时期。通过对大学生进行创新能力的培养,提高大学生创业能力,助力职业生涯发展规划,走出校门后可以更好地适应瞬息万变的社会。

(一) 通过创新创业学习与实践帮助大学生合理规划职业生涯

创新创业教育是职业生涯规划的实践教学。通过创新创业实践的磨砺与学习,引导学生主动进行职业探索,对未来岗位进行准确的选择,帮助大学生确立合理的人生目标,降低就业初期的机会成本,使学生认识创业能力提升对个人职业生涯发展的积极作用,加强大学生对社会角色的正确认识,增进大学生对社会生活的认知程度,提前做好心理准备,毕业后尽快进入社会角色,将角色适应阶段的时间缩到最短,顺利完成大学生活向社会生活的转型。

(二) 通过创新创业学习与实践转变大学生创业就业观念

通过创新创业学习与实践使大学生对创业就业环境有一个客观的认识,了解当前就业市场的需求状况,结合市场需求特点选择创新创业及就业方向。这样,大学生才不会盲目跟风、随波逐流。树立正确的创业就业观念,勇于创新创业,为自我价值实现创造更多的机会。

通过创新创业学习与实践,能够提高大学生的竞争意识。面对当前激烈的就业环境,创新创业学习与实践能够不断提升大学生的心理素质,在面对困难时敢于拼搏、不退缩。通过创新创业学习与实践,大学生同时充当"管理人"和"技术人"的双重角色。有能力面对生活和工作中的各种问题及突发状况。

在我国经济新常态时期,社会就业竞争越来越激烈,通过创业课程学习或是参与创业竞赛和实践活动,有助于唤起大学生的主人翁意识,通过创业实现主动式就业,树立起为自己的事业打工的心态,进而确定对自己负责的职业发展目标,使大学生的就业质量和就业满意度得以有效提升。

通过创新创业学习与实践,大学生对自身能力有一个正确的认知,能够对自身能力有一个客观的评价,正视自己的不足并及时作出改正,根据自己的实际状况进行创新创

业及就业活动,充分发挥自身的优势。

(三)通过创新创业学习与实践提高大学生的核心就业能力

目前,我国就业市场上存在两难的困境:一方面大学生找不到满意的工作,大学生就业难的呼声越来越高;另一方面用人单位找不到合适的人才,需要想方设法吸引高素质人才。这种困境出现的主要原因在于大学生的就业能力与社会岗位需求不对称。大学生的核心就业能力包括社会责任感、沟通能力、专业能力和创新能力等,而这些能力是大学生通过创业学习和参与创业实践可以有效提升的。通过对大学生创新精神、创新意识和创业能力的培养,开发和提高他们就业与创业的核心素质和能力,帮助大学生以创业者的素质和心态去就业,将会大大提高大学生的就业竞争力。

(四)通过创新创业学习与实践拓宽大学生的就业途径

如今较多大学生将自己职业发展目标集中于稳定的工作岗位,使得公务员考试和事业单位考试成为我国热门的考试。在这样的氛围中,我国高校对大学生的培养强调学生专业知识的把握和专业能力的培养,忽略了对大学生创新精神和创业意识的塑造。通过创业知识学习和参与创业活动,在全面提高大学生核心素质和能力的基础上,鼓励和扶持有创业意向的大学生去创业,通过创业"创造新的就业岗位",不仅拓宽了自身的职业发展路径,也为更多的大学生提供了就业岗位。

归纳起来,创新创业的学习和实践不只是教大学生如何创新创业,如何才能实现创业成功,更重要的是培养大学生的创新创业能力素质和创新创业品质,使大学生能够树立正确的职业发展目标,端正创业就业的心态,并以此为基础积累相应的知识和能力。

案例 3-2

印萌——用科技赋能文印行业

广东印萌科技有限公司于 2015 年 5 月成立,团队早于 2013 年已创立,核心团队成员来自腾讯、阿里、YY、理光等知名企业。公司目前拥有多项发明专利,曾获得 2019 年中国商业向善奖、中国新华文印产业博览会金奖、2020 年第六届中国国际"互联网+"大学生创新创业大赛国赛金奖。

印萌团队拥有七年的高校文印行业经验,曾在广东开设了 21 家高校连锁文印店。深知每一个店主的焦虑,在经营过程中,发现了很多行业痛点:图文店人力成本较高、人为失误损耗居高、店铺财务不明晰、高峰期打印人流量堵塞导致用户打印体验差等。硬币的另一面,则是实实在在的文印需求:考试题集、毕业论文、签证材料、工作简历……彼时,印萌团队也相当困惑:这些问题如何解决?

印萌依托团队中的多名技术专家、30 多名研发人员,聚焦于如何解决行业痛点。印萌推出了国内首创通过物联网技术,实现所有文印店的打印机在线化,印萌系统适配了所有主流软件和 2326 款打印机参数适配,用户可以通过印萌实现手机、电脑及远程打印,并能与百度网盘互通,大大提升了打印体验。同时,印萌在提高打印效率、节省打印成本、机器自动化等方面进行优化创新。

由于先发优势,印萌已逐步完成传统文印店各项数据及用户的深度积累,在此基础上,印萌将逐步打通行业上下游资源,为商家提供更具性价比的供应链资源。据团队透露,印萌的营收主要源于企业主广告费用,由于其用户聚集于高校大学生,广告主能够有效实现精准投放和营销,如智联招聘、华图教育等都是重要的合作伙伴。印萌的发展也得到了资本的认可,获得来自丰泰资本、易聚资本、柠檬网联的数千万元融资。团队表示,融资将用于团队的进一步升级,目前技术投入占比70%以上,未来也将围绕着技术、产品、服务等进行投入。

(资料来源:罗赣权.创新与创业[M].北京:中国人民大学出版社,2017.)

思考题:

印萌的成功体现了创新创业型人才的塑造要注意哪些方面?

项目实训

项目一:创新创业比赛观摩

1. 完成时间:一星期。

2. 学习任务:学生以小组为单位,网络登录:大学生创业服务网、KAB教育服务网、创青春大赛平台、创业邦等网站,查询最新的大学生创新创业赛事信息,积极了解最新的创新创业赛事详情和进度,收集和观看不少于20个创新创业比赛的创业计划书和比赛视频。

3. 成果形式:心得体会。

项目二:创业校友访谈会

1. 完成时间:三小时。

2. 学习任务:学生以小组为单位,到社会或学校的众创空间、创业孵化器、创业科技园、创客咖啡等场所,组织一次创业校友访谈会,通过深入访谈,了解创业校友的创业历程和对创新创业的看法,对大学生进行创业活动的建议。注意做好记录,形成材料后,进行班级集体分享。

3. 成果形式:访谈记录。

项目三:讨论党的二十大以来创新、创业对国家、社会、集体、个人的重要性

1. 完成时间:两学时。

2. 学习任务:结合党的二十大以来创新、创业对国家、社会、个人的重要性,你如何看待大学生创业的利弊。注意做好记录,形成材料后,进行班级集体分享。

3. 成果形式:讨论。

第四章　开发创新思维

学习目标

1. 掌握思维与创新思维的概念。
2. 理解创新思维的本质和特征、创新思维的理论和类型。
3. 掌握常用创新思维工具和创新思维训练方式。
4. 具备一定的创新思维。

案例导读

华为 Mate60 系列手机研制的创新思维

2023 年 9 月 25 日,华为 Mate60 系列手机正式上市销售。在以美国为首的西方国家对华为实施芯片技术封锁的情况下,华为通过技术创新,在手机上实现了类似于先进制程的性能表现。这一成就的背后,是华为对芯片设计和制造工艺的深入研究与创新。通过优化芯片的架构设计,提高晶体管的布局效率,以及改进能源管理系统,华为成功地在手机上实现了高效能和低功耗的平衡。

华为 Mate60 Pro 作为其旗舰手机系列的最新成员,还搭载了一项令人瞩目的技术:卫星通话。传统的全球通信网络主要依赖于陆地基础设施,但在偏远地区、山区、海上等,网络覆盖不完善甚至无法覆盖。华为 Mate60 Pro 可以通过直接连接位于 3.6 万公里高度的天通高轨通信卫星,实现卫星电话的拨打和接听功能,为用户在无地面网络覆盖区域提供了更强大的通信能力。更重要的是,华为 Mate60 Pro 支持的卫星通话技术可以让用户自由编辑卫星消息,选择多条位置信息生成轨迹地图。解决户外探险、航海航空等领域用户备受困扰的定位与导航难题。

思考题:

1. 华为 mate60 系列手机的创新点有哪些?
2. 华为 mate60 系列手机研制的创新思维对突破创新思维障碍有哪些启示?

第一节　创新思维概述

一、创新思维的概念

思维是人脑的机能,是人类认知的高级阶段,是人的大脑对客观世界的间接和概况的能动反映。创新思维是指以新颖、独创的方法解决问题的思维过程,通过这种思维能突破常规思维的界限,以超常规甚至反常规的方法、视角去思考问题,提出与众不同的解决方案,从而产生新颖的、独到的、有社会意义的思维成果①。创新思维是在一般思维的基础上发展起来的,它是后天培养与训练的结果。

二、创新思维的本质和特征

(一)创新思维的本质

创新思维的本质是多层次的。从功能层面看,创新思维的本质在于出新,在于创造以往思维中所没有的新成果;从结构层面看,创新思维的本质在于主体根据解决问题的需要,通过调整与顺应,使自己的思维突破和超越原有的思维结构;从机制层面看,创新思维的本质就在于逻辑与非逻辑这两个方面的统一。这是创新思维深层次的奥秘,也是创新思维最深刻的本质,所以创新思维的本质是一个系统。

(二)创新思维的特征

创新思维具有流畅性、变通性、独特性的特点,它们是创造力的三个因素。

1. 流畅性

流畅性指针对刺激能很流畅地作出反应的能力。思维的流畅性就是思维的速度,个体在短时间内表达较多的概念,枚举较多的解决问题方案,探索较多的可能性。例如,在短时间内写出包含"木"的所有的汉字,每个人写出的个数的不同,这就是流畅性的区别。

2. 变通性

变通性即灵活性,是指随机应变的能力。即能克服人们头脑中某种自己设置的僵化的思维框架,按照某一新的方向来思索问题,看待一个问题能根据客观情况变化而变化。如:如果第二次龟兔赛跑兔子又输了,原因可能是方向相反,还可能是前面有条河等。

3. 独特性

独特性是指对刺激作出不寻常的反应,具有新奇的成分和别出心裁地解决问题的思路。答案可以有个体差异,各不相同。独特性是发散思维的最高目标。

三、创新思维的理论

创新思维是创新实践和创造力发挥的前提。随着各行业的发展和变革,创新思维逐渐成为必不可少的条件。萃智理论(TRIZ)是由苏联发明家阿奇舒勒(Altshuller)在

---

① 肖静.大学生创新创业教程[M].2版.北京:人民邮电出版社,2019.

1946 年创立的,阿奇舒勒也被尊称为 TRIZ 之父。TRIZ 作为一种发明创新的科学方法,它将人们思考问题、解决问题的过程科学化,让创意更系统化和多元化,让创新更具有深度和技术含量,为问题的创造性解决提供正确的探索方向。

(一) TRIZ 概述

TRIZ 是俄文"发明问题解决理论"的英语标音首字母缩写,英文翻译为：theory of inventive problem solving,是基于知识的、面向人的解决发明问题的系统性方法学或方法论,是一个系统非常庞大且实用的发明家式解决问题理论,最终指向产品的实际成功产出。阿奇舒勒研究发现一切技术问题在解决过程中都有一定的模式可循,可对大量好的专利进行分析并将其解决问题的模式抽取出来,为人们进行学习并获得创新发明的能力提供参考[1]。

(二) 现代 TRIZ 的核心思想

现代 TRIZ 的核心思想主要体现在三个方面[2]。

第一,具有客观的进化规律和进化模式。无论它是一个简单的产品还是一个复杂的技术系统,它们的发展都是遵循着客观规律演变而来的,是一个学习规律、掌握规律、应用规律的过程。

第二,在进化过程中遇到的各种技术难题、冲突和各种矛盾,得到解决的过程是不断推动这种进化过程的动力。

第三,技术系统最理想的发展状态应该是用最少的资源去实现尽量多的功能。

(三) TRIZ 的特点和优势

相对于传统的创新方法,比如试错法、头脑风暴法等,TRIZ 具有鲜明的特点和优势。它成功地揭示了创造发明的内在规律和原理,着力于澄清和强调系统中存在的矛盾。其目标是完全解决矛盾,获得最终的理想解,而不是采取折中或者妥协的做法,而且它是基于技术的发展演化规律研究整个设计与开发过程,而不再是随机的行为。

实践证明,运用 TRIZ,可大大加快人们创造发明的进程而且能得到高质量的创新产品。它能够帮助我们系统地分析问题,快速发现问题本质或者矛盾;它能够准确确定问题探索方向,不会错过各种可能;而且它能够帮助我们突破思维障碍,打破思维定式,以新的视觉分析问题,进行逻辑性和非逻辑性的系统思维,还能根据技术进化规律预测未来发展趋势,帮助我们开发富有竞争力的新产品。

四、创新思维的类型

(一) 发散思维与聚合思维

1. 发散思维

发散思维又称多向思维、辐射思维、放射思维、扩散思维,指大脑在思维时呈现的一

---

① 张辉.基于 TRIZ 的新产品管理创新研究[J].河北工业大学学报,2012,41(4):110-114.

② 张金磊.TRIZ 理论在分析化学教学改革中的应用[J].山东化工,2017,46(6):136-137.

种扩散状态的思维模式,是对某一问题或事物的思考过程中,用一个中央关键词或想法以辐射线形连接所有的代表字词、想法、任务或其他关联项目,并且从这种扩散的思考中求得常规的和非常规的多种设想的思维。每一种进入大脑的资料,不论是感觉、记忆或是想法(包括文字、数字、符码、香气、食物、线条、颜色、意象、节奏、音符等)都可以成为一个思考中心,并由此中心向外发散出成千上万的关节点。每一个关节点代表与中心主题的一个连结,而每一个连结又可以成为另一个中心主题,再向外发散出成千上万的关节点,呈现出放射性立体结构。表现为思维视野广阔,如"一题多解""一事多写""一物多用"等方式。发散思维是创造性思维最主要的特点,是测定创造力的主要标志之一①。

2.聚合思维

聚合思维又叫辐合思维、集中思维、求同思维,是思维者聚集与问题有关的信息,在思考和解答问题时,进行重新组织和推理,以求得正确答案的收敛式思维方式。加拿大作家罗杰·马丁(Roger Martin)的《整合思维》告诉我们:领导者制胜的法宝在于整合思维——即头脑中同时处理两种相互对立的观点,并从中得出汇集两方优势的解决方案的能力。

(二)联想思维与想象思维

1.联想思维

联想思维是指由某一事物联想到另一种事物而产生认识的心理过程,是一种由一事物的表象、语词、动作或特征联想到其他事物的表象、语词、动作或特征的思维活动。通俗地讲,联想一般是由于某人或者某事而引起的相关思考,人们常说的"由此及彼""由表及里""举一反三"等就是联想思维的体现。例如,我们著名的"味精大王"吴蕴初在为其出产的味精命名时,由味精是植物蛋白质制成的,是素的东西,联想到吃素的人;由吃素的人,联想到他们可能信佛;佛住在天上,为佛制作珍奇美味的厨师自然是最好的,于是他决定将味精取名为"天厨味精"。

联想思维可分为相关联想、相似联想、类比联想、对称联想和因果联想。

(1)相关联想。相关联想是由给定事物联想到经常与之同时出现或在某个方面有内在联系的事物的思维活动。例如,瓦特由于蒸汽推动汽盖运动而产生相关联想,发明了蒸汽机。

(2)相似联想。相似联想是从给定事物想到与之相似的事物(形状、功能、性质等方面)的思维活动。例如,从元宵可以联想到与之形状相似的乒乓球,从飞鸟可以联想到也有飞行能力的飞机,从香味可以联想到与之气味相似的花。相似联想能促使人们产生创造性的设想和成果。

(3)类比联想。这种联想是借助于对某一事物的认识,通过比较它与另一类事物的某些相似性达到对另一事物的推测理解。例如,古埃及人通过不断转动链条来运送水桶的方法灌溉田地。1783年,英国人埃文斯把这个方法运用到磨坊来传送谷粒。他根据类比完成了从运送液体(水)到传送固体(谷粒)的经验转移。

---

① 杨雪梅.大学生创新创业教程[M].北京:清华大学出版社,2017.

（4）对称联想。对称联想是由给定事物联想到在空间、时间、形状、特性等方面与之对称的事物的思维活动。物理学家开尔文了解到巴斯德已经证明了细菌可以在高温下被杀死，食物可以通过煮沸来保存，大胆运用对称联想考虑细菌是否在低温下也会停止活动。在这种思维的启发下，经过精心研究发明了"冷藏"工艺。

（5）因果联想。因果联想是指由事物的某种原因而联想到它的结果，或指由一个事物的因果关系联想到另一事物的因果关系的联想。如美国工程师斯波塞在做雷达起振实验时，发现口袋里的巧克力融化了，探究其原因，发现是雷达发射的微波造成的，找到因果关系后，他联想到用微波加热食品，于是发明了微波炉。

2. 想象思维

想象思维是指人脑对储存的形象进行加工、改造或者重组从而形成新形象的思维活动，是对形象思维的一种运用。萧伯纳认为，想象是一切创造的开始。爱因斯坦则声称，想象比知识更重要，因为知识是有限的，而想象则是无限的。事实上，对于大部分具有创造性的活动来说，想象力都是不可或缺的，并且往往起着至关重要的作用①。

想象思维可分为无意想象和有意想象，有意想象又包括再造想象、创造想象和幻想。

（1）无意想象。无意想象是指不受意识主体支配的想象。思维主体没有特定的目的性，可以让思维任意飞翔，达到自由的状态，如做梦。根据英国剑桥大学哈钦森教授的问卷调查结果，70％有贡献的学者回答：在他们的创造性活动中，梦境发挥了重要的启示作用。

（2）再造想象。再造想象是指根据语言、文字、图样的描述，在脑中形成相应的新形象的心理过程。演员根据剧本的剧情、对白及导演的启示，想象出该角色当时的心理状态，警察根据受害者的陈述想象出犯罪嫌疑人的长相特征等，这些都是再造想象。

（3）创造想象。创造想象是指完全不依据现成的描述和引导而独立地创造出新形象的思维过程。作家在大脑中构造新的典型人物形象就属于创造想象。鲁迅笔下的阿Q、祥林嫂和狂人等都是这样的艺术形象。

（4）幻想。幻想也叫憧憬性想象，它是对美好的未来、希望的事物、某种成功的向往，是创造想象的一种特殊形式。它由个人愿望或社会需要而引起，如科幻小说和科幻电影。

（三）纵向思维和横向思维

1. 纵向思维

纵向思维是与横向思维相对应的思维方式。纵向思维指在某个点上按照某种逻辑顺序，进行有序的、可预测性的、程式化的方向，层层递进地进行思考的一种思维方式。纵向思维通过借助某种轴线进行贯穿性和层层深入性思考，发现其在不同阶段上的特点及前后联系，从而把握事物及其本质。纵向思维的"轴线"可以是时间发展过程或不同阶段轴线，比如"过去—现在—将来""起初—发展—结果"；可以是空间不同层次轴

---

① 谭宏业.大学生创新与创业[M].长春:吉林大学出版社,2017.

线,比如"个体—群体—国家";可以是逻辑推理轴线,比如"是什么—为什么—怎么办""假设—推理—结论"①。

2. 横向思维

"横向思维"是"纵向思维"的对称,是以总体模式和问题要素之间关系为重点,使用非逻辑的方法,设法发现问题要素之间新的结合模式并以此为基础寻找问题的各种解决办法,特别是新办法。在这种思维形式中,理智控制着逻辑。海龟汤即为一种著名的横向思维游戏。

"海龟汤"
游戏规则

(四) 正向思维和逆向思维

1. 正向思维

正向思维,就是人们在创造性思维活动中,沿袭某些常规去分析问题,按事物发展的进程进行思考、推测,是一种从已知进到未知,通过已知来揭示事物本质的思维方法。这种方法一般只限于对一种事物的思考。坚持正向思维,应充分估计自己现有的工作、生活条件及自身所具备的能力,应了解事物发展的内在逻辑、环境条件、性能等。这是获得预见能力和保证预测正确的条件,也是正向思维的基本要求②。

2. 逆向思维

逆向思维,也称求异思维,是指打破正常思维习惯,让思维向对立面的方向发展,从事物反面或另一个角度去思考解决问题的方法。具体是指根据一种观念(概念、原理、思想)、方法及研究对象的特点,从结构、功能、状态、原理及方法等角度进行相反或否定的思考。中国传统文化中,"曹冲称象""司马光砸缸""孔明借箭"等都是经典的逆向思维案例。

哲学研究表明,任何事物都包括对立的两个方面,这两个方面又相互依存于一个统一体中。人们在认识事物的过程中,实际上是同时与其正反两个方面打交道,只不过由于日常生活中人们往往养成一种习惯性思维方式,即只看其中的一方面,而忽视另一方面。如果逆转一下正常的思路,从反面想问题,便能得出一些创新性的设想。

(五) 直觉思维与灵感思维

1. 直觉思维

直觉思维是指未经逐步分析而迅速地对解决问题的途径和答案做出合理反映的思维③,如猜测、预感、设想、顿悟。直觉思维是一种心理现象,它不仅在创造性思维活动的关键阶段起着极为重要的作用,还是人生命活动、延缓衰老的重要保证。直觉思维是完全可以有意识加以训练和培养的。

2. 灵感思维

人们在创造活动中,对要解决问题的难点和技术关键,长期苦思冥想,总找不到一

---

① 李贞.评事论理读懂时代:时事评论文写作的思维策略[J].中学语文,2022(1):50－53.
② 马传新.正向思维看人生[M].北京:中央广播电视大学出版社,2004.
③ 郑沂郧.当代大学生创造思维能力培养探析[J].现代商贸工业,2011,23(7):205－206.

个好的解决办法和满意的答案。有朝一日,受到某个事物、语言和信息的启示,恍然大悟、茅塞顿开,问题迎刃而解,这种现象称为产生灵感,也称顿悟。现代科学研究证明,产生灵感是大脑的一种特殊功能,是思维发展到高级阶段的产物,是人脑的一种高级感知能力。

(六)抽象思维和形象思维

1.抽象思维

抽象思维又称逻辑思维,是指人们在认识事物的过程中借助于概念、判断、推理等思维形式能动地反映客观现实的理性认识过程[①]。

抽象思维一般有经验型与理论型两种类型。

经验型是在实践活动的基础上,以实际经验为依据形成概念,进行判断和推理,如工人、农民运用生产经验解决生产中的问题,多属于这种类型。经验型的思维由于常常局限于狭隘的经验,因而其抽象水平较低。

理论型是以理论为依据,运用科学的概念、原理、定律、公式等进行判断和推理。科学家和理论工作者的思维多属于这种类型。

2.形象思维

形象思维是运用一定的形象来感知、把握和认识事物,通过具体、感性的形象来达到对事物本质规律的认识。形象思维是以直观形象和表象为支柱的思维过程。例如,作家塑造一个典型的文学人物形象,画家创作一幅图画,都要在头脑里先构思出这个人物或这幅图画的画面。在科学研究中,科学家除了使用抽象思维以外,也经常使用形象思维。在企业经营中,高度发达的形象思维,是企业家在激烈而又复杂的市场竞争中取胜不可缺少的重要条件。高层管理者离开了形象思维,他所得到信息就可能只是间接的、过时的甚至不确切的,因此也就难以做出正确的决策。

五、创新思维的过程

关于创新思维过程的研究理论五花八门,其中影响力较大、传播较广的是由英国心理学家格雷厄姆·华莱士(Graham Wallas)所提出的"四阶段论",即准备阶段、酝酿阶段、顿悟阶段和验证阶段[②]。

(一)准备阶段

创新思维是从发现问题、提出问题开始的。问题意识是创新思维的关键,提出问题后必须为着手解决问题做充分的准备。这种准备包括必要的事实和资料的收集,必需的知识和经验的储备,技术和设备的筹集以及其他条件的提供等。同时,必须对前人在同一问题上所积累的经验有所了解,对前人尚未解决该问题的原因作深入的分析,这样既可以避免重复前人的劳动,又可以使自己站在新的起点从事创造工作,还可以帮助自己从旧问题中发现新问题,从前人的经验中获得有益的启示。准备阶段常常要经历相

---

① 孟文静.逻辑思维界定研究分析[J].社会科学家,2007,(2):1-2.
② 肖静.大学生创新创业教程[M].2版.北京:人民邮电出版社,2019.

当长的时间。

（二）酝酿阶段

酝酿阶段要对前一阶段所获得的各种资料和事实进行消化吸收，从而明确问题的关键所在，并提出解决问题的各种假设和方案。此时，有些问题虽然经过反复思考、酝酿，仍未获得完美的解决，思维常常出现中断、想不下去的情况。这些问题仍会不时地出现在头脑中，甚至转化为潜意识，这样就为第三阶段（顿悟阶段）打下了基础。许多人在这一阶段常常表现为狂热和如痴如醉，令常人难以理解。这个阶段可能是短暂的，也可能是漫长的，有时甚至延续好多年。酝酿阶段，创新者的观念仿佛是处于冬眠当中，等待着复苏、醒悟。

（三）顿悟阶段

顿悟阶段也叫作豁朗阶段。经过酝酿阶段对问题的长期思考，创新观念可能突然出现，思考者大有豁然开朗的感觉，真是"山重水复疑无路，柳暗花明又一村"，这一心理现象就是灵感或灵感思维。灵感的来临，往往是突然的和不期而至的。德国数学家高斯为证明某个定理，被折磨了两年仍一无所得，可是有一天，正如他自己后来所说：像闪电一样，谜一下解开了。

（四）验证阶段

思路豁然贯通以后，所得到的解决问题的构想和方案还必须在理论上和实践上进行反复论证和试验，确定其可行性。经验证后，有时方案得到确认，有时方案需要改进，有时甚至完全被否定，还需再回到酝酿阶段。

第二节　创新思维训练

"不积跬步，无以至千里；不积小流，无以成江海"，创新思维训练贵在坚持。

一、常用创新思维训练方法

创新思维训练常用的方法有以下几种，在具体使用时要注意各种方法的优缺点和适用情境。

（一）奥斯本检核表法

1. 奥斯本检核表法的概念

亚历克斯·奥斯本（Alex Osborn）是美国创新技法和创新过程之父。在 1941 年出版的创新学专著《创造性想象》中，他提出了奥斯本检核表法。该检核表法原先仅供会议主持人引导发言用，在不断的实践中，人们发现检核表除了为主持人提供提问提纲，还能运用到创造性设想的启发和产生过程，从而演变为一项创新思维工具。

奥斯本检核表法是引导人们在创造过程中对照 9 个维度进行思考，看能否提出创造性构想的方法,以便启迪思路、开拓思维想象的空间,促进人们产生新设想、新方案的方法。它对人们的发散思维有很大的启发作用。

表 4-1 奥斯本检核表

序号	检核项目	检核内容
1	能否他用	现有的事物有无其他的用途;稍加改变有无其他用途
2	能否借用	能否引入其他的创造性设想;能否模仿别的东西;能否从其他领域、产品、方案中引入新的元素、材料、造型、原理、工艺、思路
3	能否改变	现有事物能否做些改变?如:颜色、声音、味道、式样、花色、音响、品种、意义、制造方法;改变后效果如何
4	能否扩大	现有事物可否扩大适用范围;能否增加使用功能;能否添加其他部件;延长它的使用寿命,增加长度、厚度、强度、频率、速度、数量、价值
5	能否缩小	现有事物能否体积变小、长度变短、重量变轻、厚度变薄以及拆分或省略某些部分(简单化)?能否浓缩化、省力化、方便化、短路化
6	能否替代	现有事物能否用其他材料、元件、结构、力、设备力、方法、符号、声音等代替
7	能否调整	现有事物能否变换排列顺序、时间、位置、速度、计划、型号;内部元件可否交换
8	能否颠倒	现有事物能否从上下、前后、里外、左右、正负、横竖、因果、主次等相反的角度颠倒过来使用
9	能否组合	能否进行材料组合、原料组合、形状组合、功能组合、目的组合、部件组合

2. 奥斯本检核表法的应用

第一步,明确问题。根据创新对象明确需要解决的问题。第二步,检核讨论。根据第一步明确的问题,参照检核表所列各方面的问题,逐个进行思考,强制性地核对讨论,写出新设想。第三步,筛选评估。将最有价值和创新性的设想筛选出来。

经典实例:手电筒

(1)能否他用-其他用途:信号灯、装饰灯;

(2)能否借用-增加功能:加大反光罩,增加灯泡亮度;

(3)能否改变-改一改:改灯罩、改小电珠和用彩色电珠等;

(4)能否扩大-延长使用寿命:使用节电、降压开关;

(5)能否缩小-缩小体积:减小电池体积,使用纽扣电池、锂电池,便携式手电筒;

(6)能否替代-代用:用发光二极管替代小电珠;

(7)能否调整-换型号:两节电池直排、横排、改变式样;

(8)能否颠倒-反过来想:不用干电池的手电筒,用可充电式手电筒;

(9)能否组合-与其他组合:带手电的收音机、带手电的手机等。

(二)头脑风暴法

头脑风暴(brain storming)一词最早出现在精神病理学上,是指精神病患者的精神错乱状态,逐渐演变为非受限的自由联想和讨论,试图利用新的和异想天开的点子来解决问题,或用于新创意、新设想的开发。头脑风暴法又称脑力激荡法、智力激励法、自由思考法、畅谈法等,由亚历克斯·奥斯本(Alex Osborn)于1938年首次提出[①]。头脑风暴法经不断地实践和发展,至今已形成了一个发明技法群,除了奥斯本智力激励法,还有三菱式智力激励法、默写式智力激励法、卡片式智力激励法等。(步骤见项目实训。)

头脑风暴法可用于在短时间内获得大量创意。可以激发更多的观点和可能的解,对所讨论问题通过客观、连续的分析,逐步筛选,最终找到可实行的方案。其应用广泛,大至政治和社会问题的解决及尖端科技的创新,中至企业的管理、发展决策、风险分析等,小至家庭或个人琐事,都可运用头脑风暴法加以解决。头脑风暴法由创意产生和创意分析组成;创意产生时可以充分运用团队成员的创造性,思维共振,进而打破群体思维;创意分析时则在维持批判精神的基础上进行群体决策,不但可以保证成员整体决策创造性,更可以提高决策质量。

(三)思维导图

思维导图又称脑图、心智地图、脑力激荡图、灵感触发图、概念地图、树状图、树枝图或思维地图。思维导图利用图像与文字,将各级主题的逻辑关系用层级图表现出来,用关键词、图像以及颜色等把各相关部分联系起来,是一种将思维形象化的方法。思维导图简单但却能很高效地提升逻辑思维和发散思维。

现在网络上有不少制作思维导图的软件,其中也有手机版的App,有兴趣的同学可以上网搜索使用,这些软件更加方便高效地帮助我们利用思维导图这一经典创新思维工具来实现创意的开发。绘制思维导图的步骤如下:

(1)确定主题:选择一个明确的主题或中心思想,作为思维导图的核心。

(2)绘制中心节点:在白纸或思维导图软件的中心位置,绘制一个大圆或方框作为中心节点,并写上主题。

(3)添加主要支点:从中心节点出发,画出几条主要的支线,每个支线代表一个相关的主要点。在每个支线末端,绘制小圆或方框,并写上主要点的关键词。

(4)添加次要支点:从主要支点出发,再次绘制分支线,代表相关的次要点。在次要支点末端,绘制小圆或方框,并写上次要点的关键词。

(5)细化支点:根据需要,可以继续细化支点,并添加更多的支线和节点,以详细展开每个主要点和次要点的相关内容。

(6)连接节点:通过连线将各个节点连接起来,形成一个完整的思维导图。连线可以用实线、虚线或箭头表示不同的逻辑关系。

(7)添加标签和符号:可以使用标签和符号来标记不同类型的节点,如加粗字体表示重要节点,颜色表示不同主题或分类等。

(8)调整布局:根据需求调整节点的位置和布局,使思维导图整体清晰有序。

通过思维导图,可以将复杂的思路和信息以图形化的方式呈现,帮助整理思维、提炼重点和拓展创意。

---

① 曹敏.大学生创业基础[M].2版.北京:高等教育出版社,2022.

（四）六顶思考帽法

六顶思考帽是"创新思维学之父"爱德华·德·博诺（Edward de Bono）博士开发的一种综合性思维训练模式，也是一种全面思考问题的模型。它提供了"平行思维"的工具，避免将时间浪费在互相争执上。运用六顶思考帽，能将混乱的思考变清晰，让团体无意义的争论变为集体创造智慧。

六顶思考帽，是指使用六种不同颜色的帽子代表六种不同的思维模式①。六顶思考帽的使用原则是：（1）六种思考帽种类可以自由选择；（2）六顶思考帽不是对思考者的分类，我们每个人要善于戴不同颜色的思考帽来考虑同一问题，即善于通过不同思维模式去看待同一问题，才能全面看问题；（3）每个思考者应该会用所有的帽子；（4）使用六顶帽子时，不要提到帽子的功能；（5）每种帽子都要有限定的时间，不能无限制地使用；（6）帽子可以单独使用，也可以系统进行使用、多次使用；（7）针对比较复杂的问题，我们可以系统地同时使用六顶思考帽：①没有绝对正确的使用顺序；②六顶思考帽在序列中可多次使用或不使用；③正确使用初始序列、中间序列、结尾序列；④充分使用简单的短序列（只使用三四种颜色的帽子）。

白色思考帽：白色是中立客观的。戴上白色思考帽的人关注的是客观的事实和数据，表达的观点和讨论的内容基于客观，不带个人情感。

绿色思考帽：绿色象征勃勃生机，寓意创造力和想象力。绿色思考帽具有创造性思考、头脑风暴、求异思维等功能。

黄色思考帽：黄色代表价值与肯定。戴上黄色思考帽的人从积极面去考虑问题，表达乐观的、积极向上的、具有建设性的看法。

黑色思考帽：黑色思考帽是一顶保持质疑的思考帽。戴上黑色思考帽的人需要从否定、怀疑、质疑的角度出发，合乎逻辑地进行批判，找到问题的错误或者漏洞。

红色思考帽：红色是情感的色彩。戴上红色思考帽的人可以表达自己情绪上的内容，提出主观的看法，表达自己的直觉、感受、预感等。

蓝色思考帽：蓝色思考帽负责控制和调节思维过程。戴上蓝色思考帽的人负责控制各种思考帽的使用顺序，规划和管理整个思考过程，并负责做出结论。

六顶思考帽法实施步骤：①陈述问题事实（白帽）；②提出如何解决问题的建议（绿帽）；③评估建议的优缺点：列举优点（黄帽）；列举缺点（黑帽）；④对各项选择方案进行直觉判断（红帽）；⑤总结陈述，得出方案（蓝帽）。

（五）世界咖啡法

朱尼特·布朗（Juanita Brown）教授 1995 年提出"世界咖啡"这一概念。世界咖啡法是指围绕一个相关问题有意图地建造一个实时的集体会议，通过将大家的思维和智慧集中起来解决问题、发现思考的共性的过程，亦被称为世界咖啡屋学习法。这个方法能促进对话，训练发散思维，它目的清晰、操作简单且有效。具体而言，世界咖啡法以团体动力学和生物系统学为基础，建立起团体间的对话，增强参与者对于关键问题的

---

① 谭宏业.大学生创新与创业[M].长春:吉林大学出版社,2017.

协作思考能力,并且实现了共享知识的增长以及更深层次的群体创造力。(步骤见项目实训。)

(六)列举型思维方法

列举型思维方法是在美国内布拉斯加大学教授罗伯特·克劳福特(Robert Craw-ford)创造的属性列举法基础上发展形成的,该方法运用了发散性思维来克服思维定势。列举法的要点是将研究对象按一定规律(如其特点、缺点、希望点)列举出来,逐一分析,找到改进方法,形成独有的、新的创意。

按照列举规律的不同,列举法又可分为属性列举法、缺点列举法、希望点列举法、成对列举法和综合列举法。如用缺点列举法进行创造发明的具体做法是:召开一次缺点列举会,会议由5~10人参加;会前先由主管部门针对某项事务,选举一个需要改革的主题,在会上发动参会者围绕这一主题尽量列举各种缺点,愈多愈好;另请人将提出的缺点逐一编号,记在一张张小卡片上,然后从中挑选出主要缺点,并围绕这些缺点制定出切实可行的革新方案。一次会议的时间大约在一两个小时,会议讨论的主题宜小不宜大,即使是大的主题,也要分成若干小题,分次解决,这样缺点就不会被遗漏。

其他常用的
创新思维
训练方法

二、如何突破思维障碍

思维障碍抑制我们的创新意识,使我们的创新能力难以得到进一步提高。突破创新思维障碍才能提高创新和创造能力。突破思维障碍的关键是突破思维定式和拓宽思维视角。

(一)突破思维定式

思维定式,也称惯性思维,是人们按照积累的思维活动经验教训和已有的思维规律,在头脑中形成了比较固定的、定型的思维路线、方式、程序及模式,遇到问题时,会自然而然地沿着固有思维模式进行思考[①]。思维定式是束缚创造性思维的枷锁。为了培养良好的创新思维,可以从突破书本定式、突破经验定式、突破视角定式及突破方向定式四方面入手。

1.突破书本定式

书本定式是指在思考问题时不顾实际情况,不加思考地盲目运用书本知识,以书本为纲的教条主义思维模式。书本知识是经过头脑思维加工后得到的一般性东西,但书本知识具有滞后性的弱点,导致知识与创新能力之间呈统一而对立的矛盾关系:统一表现在知识是创新能力的基础,知识越多,越能提高创新能力。对立表现在知识增多,创新能力不一定提高。因为在继承知识的基础上要有所突破和开拓,才能有所创新,创新的对象是运动的和发展变化的,因此在一定条件下,某些陈旧的知识会成为创新的障碍。创新是辩证否定思想的灵魂,学会一分为二地看问题,认识到世上不存在绝对正确或绝对错误的事物,善于质疑和反思,做到不唯上,不唯书,只唯实。

---

① 冯忠良,伍新春,姚梅林,等.教育心理学[M].3版.北京:人民教育出版社,2010.

2．突破经验定式

突破经验定式包括突破时空的狭隘性、突破经验的狭隘性、对偶然性问题应多加考虑。

（1）突破时空狭隘性。

任何经验总是在一定时空范围内产生的，且只适应于一定的时空范围。一旦超出该范围，我们就应该质疑这种经验是否仍然有效。世界是在发展变化的，成功与失败的因素也是在交替循环的，谁也不能保证过去的成功经验能适用于今天。在工作生活中，我们应该坚持从实际情况出发，认真分析研究所面临的客观现实；在客观环境容许的条件下，我们应该尽量去尝试各种方法。经验只是一种参考，不应成为障碍。

（2）突破经验狭隘性。

不管思维主体的经验多么丰富，也只是有限的经验。当面对自己从未经历过的事物或问题时，很难对其进行正确想象。如果仅凭已有的经验推断，所获得的结果大多是错误的。

（3）对偶然性问题应多加考虑。

对于问题：某位举重运动员有个弟弟，但是弟弟却说他没有哥哥，请问是怎么回事？心理学家测试了100名高中生和100名幼儿园的小朋友。结果出乎意料，高中生答题的思考时间和答错率都超过了幼儿园的小朋友。因为高中生有这样的"经验"：最常见的举重运动员是男性。但是幼儿园小朋友没有这种"经验"，因而不受经验束缚。个人经验仅抓住常见情况，忽略少见的偶然的情况。但是在每一个具体的现实环境中，总会出现大量平常很少见到的、偶然性的情况。如果我们仍用以往的经验来处理，就会不可避免地要产生偏差和失误。

3．突破视角定式

苏东坡《题西林壁》写道："不识庐山真面目，只缘身在此山中。"很多人反复受困于同一问题，认不清事物的真相和本质，很可能是由于单一思维视角导致的。突破视角定式要求我们跳出常规解法，变换思维角度，采取多元视角方式去思考问题解决之道，不只从自己视角出发解决问题更能获得成功。对待同一件事物切入角度不同，摆脱"一题一解"的定式思维，学会从不同角度观察问题，从一题多解走向多解归一。

4．突破方向定式

大脑思维一旦沿着一定的方向、按照一定的次序思考，久而久之就会形成习惯。人们在解决问题时，通常是按照"从问题到答案"的方向来寻找解决问题的方法，但是这很难激发出创新性思考。突破方向定式要求我们采取"从答案到问题"的逆向思考方式，先从抽象的方案入手，然后再思考该方案能解决什么问题。"邓克尔蜡烛问题实验（一盒图钉、一盒火柴及一根蜡烛，如何在不借助其他工具的情况下把蜡烛固定到墙上？）"能测试我们突破方向定式创新解决问题的能力。

（二）拓宽思维视角

1．定性思维视角：肯定—否定—待定

在思维事物时，为了表明对它的基本态度，我们总是给该事物下一个定性判断，这会导致我们也把该判断扩展到整个事物的各个方面。

思维的肯定视角是指思考一种具体事物或者观念时,首先设定它是正确的、好的、有益的、有价值的,之后沿着该视角寻找该事物或观念的优点和价值,即一切事物都是有积极意义的。

思维的否定视角与肯定视角相反,是指从反面和对立面思考一个事物,怀疑一切事物,即把事物或观念认定为错误的、坏的、有害的、无价值的等,并在否定视角下找寻事物或观念的错误、危害、失败、缺失等负面价值。

思维的待定视角是指不要轻易对事物下结论或作出定性判断。

2.历时思维视角:今日—往日—未来

思维的今日视角是指用今天的眼光来看待事物或观念,从而发现事物或观念所发生的变化。唐代刘希夷《代悲白头翁》"年年岁岁花相似,岁岁年年人不同",毛泽东主席《采桑子·重阳》"人生易老天难老,岁岁重阳。今又重阳,战地黄花分外香"和《浪淘沙·北戴河》"往事越千年,魏武挥鞭,东临碣石有遗篇。萧瑟秋风今又是,换了人间"都告诉我们"今时不同往日"。

思维的往日视角是指为了更好地思索事物或观念的当今,必须考察其起源、历史和以往的发展,把握其过去。唐太宗李世民曾说:"以铜为鉴,可以正衣冠,以人为鉴,可以知得失,以史为鉴,可以知兴替。"历史是迄今为止人类全部社会实践活动的总和,包含着人类全部的成功和失败、欢乐和痛苦、经验和教训。只有科学地总结历史经验教训,才能找到解决问题的根本方法。

思维的未来视角是指思考事物或观念的未来发展,预测其发展规律,并用预测结果来指导当今对待它们的态度。

3.主体思维视角:自我—非我—大我

我们观察和思考外界事物总是习惯以自我为中心,以"我的目的、我的需求、我的态度、我的价值观、我的情感偏好、我的审美情趣等"作为标尺去衡量事物,这就导致凡符合"自我"标尺的,我们便认为是对的、好的、有用的;凡违背该标尺的,我们便认为是错的、坏的、无用的。

非我视角指在思维过程中尽量摆脱"自我"的束缚,走出围城,从"非我"角度思考事物或观念,这很可能产生不同的设想。

大我视角是指摆脱个体"小我"的束缚,从群体乃至于整个人类的角度来思考问题,这会使我们视野更加开阔,能更深入理解当前事物。

4.比较思维视角:求同—求异—求合

比较思维视角要求我们要善于在生活中找到不同事物的相同点和相同事物的不同点,并且能发现生活中各事物的联系。从求同的视角发现事物的联系;从求异的视角发现事物的特色;求合视角要求既要求同,也要求异。

5.操作思维视角:无序—有序—超序

无序思维视角要求打破头脑中条条框框的束缚,进行"混沌式"的无序思考(如头脑风暴),这有助于刺激联想能力,产生更多新观点。

有序思维视角是一个逻辑论证的过程,即根据已知为真的判断,运用一定的推理形式,确定另一判断真实与否。

超序思维视角是从可行性和现实性方面看问题,对于符合逻辑的某种创新方案进行实施前的论证。

6.理性思维视角:情感—理智—理想

情感思维视角更多是从个人直觉去感知事物,但是感觉是比较片面的,大多数情况下,人是会被感觉欺骗的。

理智思维视角是在有明确思维方向、充分思维依据及逻辑推理基础上,对事物或问题进行观察、比较、分析、综合、抽象与概括。

理想思维视角是从希望未来更好或未来有可能实现目标的角度去思考或解决问题。

项目实训

项目一:世界咖啡法

1.完成时间:三小时。

2.学习任务:通过世界咖啡法游戏,学生树立创新思维意识,提高思维的创新能力,掌握创新思维的技术性方法。

3.成果形式:游戏。

4.规则及步骤:

(1)4~5个人围坐在类似"咖啡馆风格"的桌子旁,营造良好舒适的交流环境,大家围坐成一个谈话小组,并推选一名桌长。

(2)展开每次为时20~30分钟的渐进式谈话(进行3轮)。

(3)各小组分别同时进行。公布一个讨论的话题任务,开始进行第一轮组内发言,桌长将讨论中出现的重要的想法、意见记录在桌布或铺在桌子中间的纸上,并进行总结。此过程中不用争论和分辩,组员充分表达自己的想法。

(4)完成第一轮讨论后,桌长不动,其余人按比例换至其他桌,将主要的想法、主题或者问题带到新的讨论中。桌长可以简单介绍本桌在上一轮产生的主要想法、主题及问题,新来的桌友则将自己的想法与之碰撞、融合产生新的内容。

(5)第三次换桌讨论,大家的思想进一步碰撞、融合,内容进一步互相结合。

(6)回归原生团队,整理记录下来的想法,并进行补充完善,利用集体智慧找出最佳方案。

几轮讨论过程中,全体成员交叉分享各自的见解。在此过程中,相同的问题可以被确定下来,集体的智慧不断交融发展,对问题的思考不断深入,直至找出合理的解决方案。

项目二:头脑风暴法

1.完成时间:1小时左右。

2. 组织形式：

参加人数一般为 5～10 人，最好由不同专业或不同岗位者组成；设主持人一名，主持人只主持会议，对设想不作评论。设记录员 1～2 人，认真将与会者每一设想不论好坏都完整地记录下来。

3. 会议原则：

以谋取设想的数量为目标，越多越好。主张独立思考，不允许私下交谈，干扰别人思维。禁止批评和评论，自由发言，畅所欲言。

4. 实施步骤：

①确定课题：选择一个合适的议题，议题不能太大或者太小；②会前准备：会前要做好充分的准备，落实会议主持人、参与人及会议议题；③会前热身，使与会者逐步全身心投入，使大脑进入最佳启动状态；④主持人宣布议题后，即可启发鼓励大家提出设想；⑤加工处理：对设想进行评价和发散；⑥最终形成解决问题的方案。

项目三：发散思维训练

1. 完成时间：10 分钟。

2. 学习任务：通过思考并讨论以下两个问题的答案，训练学生的发散思维。

(1) 有个教徒在祈祷时来了烟瘾，他问在场的神父，祈祷时可不可以抽香烟。神父回答："不行"。另一个教徒也想抽烟，但他换了一种问法，结果得到了神父的许可，你知道他是怎么问的吗？

(2) 据说俄国大作家托尔斯泰设计了这样一道题：从前有个农夫，死后留下了一些牛，他在遗书中写道：妻子得全部牛的半数加半头；长子得剩下的牛的半数加半头，正好是妻子所得的一半；次子得还剩下的牛的半数加半头，正好是长子的一半；长女分给最后剩下的半数加半头，正好等于次子所得牛的一半。结果一头牛也没杀，也没剩下，问农夫总共留下多少头牛？

3. 成果形式：讨论。

4. 问题分析：

(1) 他这样问神父："在抽烟的时候可不可以祈祷？"神父回答："当然可以。"同样是抽烟和祈祷，祈祷时要求抽烟，那似乎意味着对耶稣的不尊重；而抽烟时要求祈祷则可以表示在休闲时也想着神的恩典，神父当然也就没有反对的理由了。

(2) 思考和解答这道题，如果先假设一些情况（如假设共有 20 头牛，或共有 30 头牛），然后再对它们逐一验证和排除，自然是可以的。但这样不免有些烦琐，要费很多的时间和精力，是一个较笨的方法。

解这道题最好是倒过来想，倒过来算：

长女既然得到的是最后剩下的牛的"半数"再加"半头"。结果 1 头都没杀，也没有剩下。那么，她必然得到的是 1 头。

次子：长女得到的牛是次子的一半，那么次子得到的牛就是长女的 2 倍，即 2 头。

长子：次子得到的牛是长子的一半，那么长子得到的牛就是次子的 2 倍，即 4 头。

妻子:长子得到的牛是妻子的一半,那么妻子得到的牛就是长子的 2 倍,即 8 头。

把 4 个人得到的牛的头数相加:1+2+4+8=15。可知农夫留下的牛是 15 头。

这两个案例都是反过来思考的一种思维方式。敢于"反其道而思之",让思维向对立面方向发展,从问题的相反面深入地进行探索,树立新思想,创立新形象。从结论往回推,倒过来思考,从求解回到已知条件,反过去想或许会使问题简单化。

第五章　创业者与创业团队

学习目标

1. 掌握创业者应该具备的素质和能力。
2. 了解企业家精神。
3. 理解蒂蒙斯创业过程模型。
4. 掌握创业团队的基本要素。

案例导读

小米创业团队

成就小米1代的,是那13个一起喝小米粥的人。陪着雷军一起喝小米粥的,除了孙鹏与刘新宇、李伟星等几名早期员工人,还有林斌、黎万强和黄江吉等几位联合创始人。

雷军总是踌躇满志地说:小米团队是小米成功的核心原因。雷军是小米科技公司的灵魂人物。他通过广泛的社会关系网物色和组建了小米科技公司的创业团队。核心创业团队成员在专业能力上形成了优势互补的格局,分工十分清晰明确。同时,团队成员具有不同的专业背景,整个团队具有多元化的因素,具有更加广泛的认知来源,包括价值观、经验和技能等。在实质性的工作任务中,多元化的创新及合理的冲突,大大提高了小米公司的战略决策质量。团队成员凭借过往出色的工作经历,在其专业领域积累了广泛的社会关系,这些社会关系能使得他们比普通创业者更容易识别和开发潜在的商业机会,能迅速地向外界传达企业信息,让外部资源所有者对新创企业做出正确评估,降低外部机构的信息识别成本和获取成本,为公司有效调动资源提供良好基础。如今,经过十多年的奋斗,小米带动了100多个行业的变革,影响了全球数亿人的生活,成就了一大批创业者,还改变了很多人的命运。

思考题:

1. 请分析这个团队的创始人具备哪些特质? 团队成员之间的合作如何?

2. 如果你要创建一个创业团队,你会如何选择合作伙伴? 你觉得一个成功的创业团队需要哪些关键的角色和技能?

第一节 创 业 者

一、蒂蒙斯创业过程模型

蒂蒙斯(Timmons)创业过程模型把创业视为一种高度动态的过程,并把机会、资源和创业团队看作是创业过程中最重要的驱动因素。蒂蒙斯认为商业机会是创业的核心要素。资源是创业过程不可或缺的支撑要素。而创业团队则是实现创业这个目标的关键组织要素。

在蒂蒙斯创业过程模型中,商机、资源和创业团队这三个创业核心要素构成一个倒立三角形,创业团队位于这个倒立三角形的底部。在创业初始阶段,商业机会较大,而资源较为稀缺。于是三角形向左边倾斜;随着新创企业的发展,可支配的资源不断增多,而商业机会则可能会变得相对有限,从而导致另一种不均衡。创业者必须不断寻求更大的商业机会,并合理使用和整合资源,以保证企业平衡发展。机会、资源和创业团队三者必须不断动态调整,以最终实现动态均衡。这就是新创企业的发展过程。蒂蒙斯创业过程十分强调三要素之间的动态性、连续性和互动性[①]。蒂蒙斯创业过程模型,如图 5-1 所示。

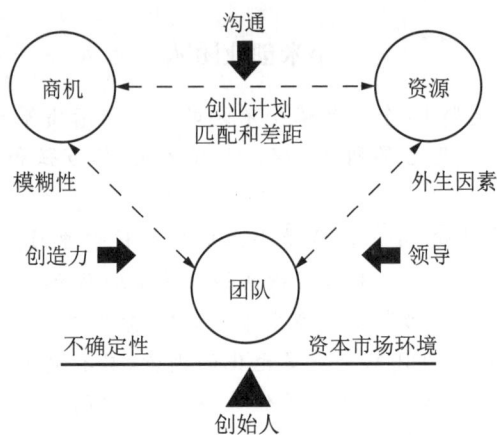

图 5-1 蒂蒙斯创业过程模型

蒂蒙斯认为创业者或创业团队必须具备善于学习,从容应对逆境的品质,具有高超的创造、领导和沟通能力,但更重要的是具有柔性和韧性,能够适应市场环境的变化。

二、创业者的概念

创业者一词的英文是 entrepreneur,法国学者萨伊(Say)在 1775 年首次对创业者进行了定义,他认为创业者在经济活动中充当着代理人的角色,目的是将经济资源从生

---

① 董保宝,葛宝山.经典创业模型回顾与比较[J].外国经济与管理,2008(3):19-28.

产率较低的区域转移到生产率较高区域。需要注意,创业者并不等于企业家,因为多数创业者并不可能完全具备企业家必备的人格和品质。

三、创业者应具备的特质

(一) 创业者特质的内涵和外延

创业者的素质和能力即为创业者的特质。

早期学者们多从创业者心理特征和性格特征角度进行认知,认为创业者的心理特征和性格特征是基于生理基础塑造和形成的稳定持久的特质。如奥尔波特(Allport)指出特质作为心理组织的基本单位构成了人格的基础,而创业者特质是创业者个人以其生理为基础而形成的一组稳定性格特征。伊万·罗伯特森(Ivan Robertson)等认为创业者特质是指个体在适应环境过程中所形成的独特行为和处事方式,是个人所具有的各项比较重要的和相对持久的心理特征的总和。在早期研究的基础上,一些学者除了从内在因素对创业者特质的内涵加以定义,也以创业者的能力表现为要旨进行提炼概括。创业者特质的内涵表现为创业者所具有的与众不同的且能够导致企业绩效的素质特征及能力水平。

外延就是指具有概念所反映属性的事物或对象。创业者特质的外延就是指这个概念所反映的事物对象范围。但由于市场环境和文化背景的不完全相同,对创业者特质的外延的划分并没有一个系统性和统一性的标准,且其划分标准总是随着经济和社会的发展不断变化。因此,对创业者特质外延的概括应当是一个系统的、细致的技术性识别过程。综合现有研究,可以将创业者特质的外延概括为个体特质和社会特质两大部分。其中个体特质包括心理特质(智力、态度、情感、意志等)、行为特质(知识、技能、行为表现);社会特质(先前经验、社会资本等)[1]。

(二) 创业者应具备的素质

1. 健康的身体素质

健康的体魄是创业者进行创业活动的先决条件。一切高质量的工作都是建立在个人身体健康的基础上,拥有健康的身体素质,才能体力充沛、思路敏捷。创业是艰苦的,需要大量投入时间、金钱和精力,没有一定的身体素质和坚强的意志作为支撑,必然力不从心、难以承受创业重任。

2. 强大的心理素质

心理素质是在创业过程中对创业者的心理和行为起调节作用的个性品质特征,包括自信、克制、坚忍、敢为等要素。自信是对自己能力和价值的信心和确信,是一种积极的、内在的情感状态,是将所渴望的事情变成现实的动力;克制就是能够控制好自己的情绪,自觉约束自身行为,适时调节自我心理状态;坚忍就是锲而不舍,坚持不懈;敢为就是敢于拼搏,能够承受风险。由于创业的过程是艰辛并充满诸多不确定性的,面对无数的不确定性和未知的风险,创业者只有具备强大的心理素质,才能面对解决诸多困

---

① 汪翔,张平.创业者特质概念研究综述[J].现代商贸工业,2014,26(13):71-72.

难,坚定不移、勇往直前。要具备强大的心理素质,关键在于要有坚强的意志和坚持不懈的毅力。

3. 崇高的职业道德

德才兼备是对创新型人才的基本要求。

崇高的职业道德是创业者立身处世的根基。创业者必须具备的两种职业道德是诚实守信和奉献社会。诚实守信是为人之本,从业之要。自主创业的大学生事业刚刚起步,更需要以良好的形象赢得社会的认可。如果一开始就给人以"骗子""吹牛""靠不住"等不良印象,那么,你很难真正开创事业。奉献社会是大学生人生境界高尚追求的体现。有助于引导大学生树立正确的世界观、人生观、价值观,培育大学生服务人民、奉献社会的高尚情操,使大学生负担起实现国家富强、民族振兴和人民幸福的历史责任,在奉献社会的同时实现自己的人生价值。

创业者能否在创业过程中遵守公正透明、不弄虚作假等职业规范是创业成功的有力保障。在创业活动的评价考核方面,简单地以创办企业的经营状况、盈利状况等作为考核的标准,认为只有盈利的创业活动才算成功,"利"字当头的创业导向将使创业者为达目的而铤而走险[①]。大学生要对自身所应具备的思想品质、对未来职业所应承担的社会责任和应该履行的社会义务有一个清晰、完整的认识,树立正确的创业价值观,将自己的创业行为进行规范,为创业活动的成功保驾护航。

4. 相关的知识素质

这里指的知识素质是指创业者从事经济活动所必需的知识储备及运用能力。包括获取知识的能力、对知识的接受、转化与应用。

创业者需要储备专业知识、管理知识、政治经济知识和其他知识。作为创业者对自己所从事领域的专业知识要深入学习,只有这样才能成为内行,不会在管理中出现外行指挥内行的"瞎指挥"现象;而管理知识是如何用正确的方法去做正确的事情;政治经济知识对创业者来说是十分重要的,不亚于专业知识的作用,帮助创业者了解国家政治经济发展形势,了解相关政策,有利于识别商机,抓住机会。其他知识的学习主要可以提升创业者的社交魅力,积累人脉资本。

创业者还需要储备经验,经验之所以对创业者具有重要意义,是因为经验是形成管理能力的中介,是知识升华为能力的催化剂。例如,一个受过管理教育的人,只有与创业实践相结合,才能形成创业管理能力。创业者的知识素质对新创企业的经营管理活动有重大的影响,创业者必须具有良好的知识素质才能胜任创业管理活动。但是这一点对于刚刚离开校园的大学生创业者来说是比较困难的,所以在大学期间培养和提高自身的创业素质和能力是必要的。

创业者需要持续学习,才能够进行持续创新以适应社会发展的要求。创业初期的产品也许还处于雏形阶段,从一项成果的试验成功到作为成熟的产品推向市场,是一个不断开发、摸索的过程,对于创业者本身来说也是一个学习的过程。而企业发展到一定阶段,技术产品的更新换代尤为迫切。初期的创业者,尤其是大学生创业者不可能自己

---

① 王华伟,蔡晓星."双创"背景下大学生创业人格培养问题透视与应对策略[J].山西煤炭管理干部学院学报,2016,29(2):103-105.

坐在宽敞的办公室里,高薪聘用一大批技术人员进行技术开发。创业者将在很长时期内同时充当"管理人"和"技术人"的双重角色,所以必须具备持续学习的能力并保持这种状态。

(三)创业者应具备的能力

创业者应具备的能力一般包括:创新能力、沟通能力、领导能力、专业能力、判断能力、应变能力。

1. 创新能力

创业要成功,需要不停地有"新点子","新点子"孵化出了"新事物","新事物"创造出了新价值、新利润。创业者需要创造新的服务、新的产品和新的方法来解决社会问题,这个能力的核心就是创造力或叫创新能力(创新能力的培养见第三章)。创新能力来源于创新思维,一个成功的创业者一定具有求异性、想象性、敏锐性等人格特质。创业者需要不断训练自己的创新思维,才能不断寻找新的商机和创意。(创新思维的培养见第四章)

2. 沟通能力

沟通能力。表现为对人际关系的感受、协调和处理能力,包括社会认知、社会情绪、社会技能等。良好的沟通能力是一个很重要的能力,这是许多大学生欠缺的能力,成为许多大学生创业的障碍,比如由于不喜欢供货商就放弃掉一个好货源,由于与合作者存在一点矛盾就散伙,由于与员工之间有点摩擦就开除员工,由于与一个客户难以沟通就轻易放弃等。

创业者要与市场监管部门、合作伙伴、员工、客户等多方进行沟通,要善于倾听和表达,建立良好的关系。要争取政府部门、工商以及税务部门的支持与理解,团结一切可以团结的力量,才能建立一个有利于自己创业的和谐环境。同时,要有能够协调下属各部门成员之间关系的能力。实际上,企业自身要想高效率地运作,很大程度上依赖于管理者和内部成员之间、成员和成员之间的有效沟通协作。在工作的过程当中,管理者和内部成员之间、成员和成员之间的复杂性不断增加,互相需要进行有效的交流沟通才能了解各自的想法,才能互相理解,并通过协作共同解决问题。

创业者面临的一个难题是如何跟上社会变革的速度,在最短时间内识别新的创业机会。这就要求创业者要与社会各行各业的人多接触,发掘新的机会、整合资源。所以,创业者应当注意建立和维护好自己的社会关系,这些社会资源(社会资本)将会在创业过程中发挥极其重要的作用。大学生创业者需要从进入大学开始,就有意识地提升自己的人际交往能力,除了多参加社会实践活动以外,要有意识地不断提高社交的质量。创业者需要深刻理解商业社会人际关系的核心原则是互利共赢,人际关系稳固的根基则是信誉,这是人际关系可持续发展的基本保障。

3. 领导能力

领导者不仅要懂得如何制定和执行战略;还要懂得运营能够让战略变成战术落地执行,能够有效地在领导活动中"运筹帷幄之中,决胜于千里之外"。领导者负责为团队提供指导,为团队制定长远目标,代表团队处理与外部的关系。如果领导者的能力不够,团队很难有出色的表现。相反,领导者如果具备全面的能力和高素质,团队就会大踏步地前进。

（1）战略思维能力。

战略思维能力是一个创业者的核心领导能力。它是指在企业战略规划和业务决策中，能够把握方向、把握全局、把握关键点，从而实现企业长期发展目标的思维能力。

具体来说，领导者需要具备以下几点战略思维能力：

① 了解市场趋势和企业竞争环境：了解企业所处的市场环境和竞争情况，把握行业发展趋势，及时调整企业的战略目标和方向。

② 制订有效的战略计划：根据公司的长期目标，制订有效的战略计划，并将其转化为实际的执行方案，实现公司战略目标。制订战略计划需要全面考虑各种因素，包括企业的核心竞争力、资源配置、市场营销、人才队伍等。

③ 具备跨部门协调能力：领导者需要在不同部门之间协调和沟通，将战略计划有效落实到每个部门和员工。只有通过有效的跨部门协作，才能实现企业战略目标。

④ 灵活应对变化：市场环境和企业经营环境都是不断变化的，领导者需要拥有灵活应变的能力，及时调整战略计划，以适应变化的市场环境和竞争情况。

（2）经营管理能力。

经营管理能力是一种较高层次的综合能力，是运筹性能力。它包括团队组建与管理能力、市场定位与开拓能力，企业文化设计与培育、应对突发事件能力等。可以说，经营管理能力是解决企业生存问题的第一要素。创业者必须能够统筹、协调、控制和整合各项资源，才能实现利益的最大化。其中团队组建能力十分重要，一个企业需要发散思维的"开拓者"、细致的"内管家"、活跃的"外交家"、战略的"设计师"、执行的"工程师"。创业者既需要能够把不同专长、不同个性的人凝聚在一起，更要能够让他们组成优势互补创业团队，协同合作。

（3）领导力和影响力。

领导力和影响力是创业者必备的能力，可以理解为一系列行为的组合，这些行为将会激励人们主动追随领导者，而不是简单地服从。在所有组织的各个层次中都体现着领导能力，这是事业有序经营的核心。

众所周知，一个成功的团队首先要有一个具备全面素质和能力的领导者，他是团队的核心，是团队的灵魂，他可以指引方向、凝聚人心和协调团队成员。创业企业初期的管理通常是不规范的，需要创业团队不计较个人得失，这就需要领袖人物来引领和激励大家共同前行，众志成城，克服创业过程中的种种困难。

大学生创业者需要在学校和工作中有意识地训练自己的领导能力，逐渐建立自己的影响力，也就是建立别人对你的信任，让别人愿意追随你，为构建创业团队打好基础。美国社会心理学家罗伯特·西奥迪尼（Robert Cialdini）在《影响力》中提出了建立影响力的六大核心原理：互惠、承诺、社会认同、喜好、权威和短缺。

4. 专业能力

创业者应具备的专业能力主要体现在三方面：新创企业中主要岗位的必备从业能力；与所办企业经营方向有关的新技术的能力；把环保、能源、质量、安全、经济、劳动等知识和法律、法规运用于本行业的能力。比尔·盖茨多次说道："把我们顶尖的 20 个人才挖走,那么我告诉你,微软会变成无足轻重的公司。"这足以证明专业能力在企业生存和发展中的作用。

5.判断能力

做出正确的决策,避免风险。能够分析和评估各种情况,具有较强的信息获取和处理能力,能敏锐地洞察环境变动中所产生的商机和挑战,形成有价值的创意。判断能力的获取要靠后天的历练。

6.应变能力

特别要随时了解同行业的经营状况及市场变化,了解竞争对手的情况,做到"知己知彼",以便适时调整创业中的竞争策略,能够灵活应对各种变化和挑战,调整策略和方向,拥有并保持竞争优势,保持稳定发展。

四、创业者的类型

(一)从创业的动机分类

1.被动型创业者

被动型创业者即生存型创业者,被动型创业是创业者为了生存,没有其他选择而无奈进行创业。他们创业从事的是技术壁垒低、不需要很高技能的行业。生存型创业受生活所迫,物质资源贫乏,从事低成本、低门槛、低风险、低利润的创业,往往无力用功。

2.主动型创业者

这类人就是喜欢创业,而且也具备自主创业的能力,他们有强大的创业激情和冲动,甚至把创业作为一种生活方式,不看重创业结果,属于主动式创业。小米公司的雷军就是这样的创业者,他曾不止一次表示过自己就是喜欢创业,把创业当作他的事业,他的一种生活方式。这类创业者清楚地了解自己的长处,也清楚自己的人生目标,因此他们毫不犹豫地选择了创业。这类创业者成功的可能性最大,因为他们有能力且有毅力。当然,这类人不会太多,那么退而求其次,有些创业者可能没有多少文化、多少经验,暂时也不明确自己的目标和长处,也缺乏创业的初始资源,但是他们有激情、有勇气、有胆魄,敢实践,能吃苦,再加一点创业的理性,他们同样有机会取得成功。主动型创业者又可以分为盲动型创业者和冷静型创业者。

(二)从创业者身份特点分类

1.管理型创业者

这类创业者是指那些综合能力较强的创业者,他们精通专业知识,而且对企业管理、运作、市场、财务等极为熟悉,能够通过各种有效的企业管理手段带动企业前进。这类创业者多为在行业内打拼多年或者有丰富实践经验的人,他们在离开原来企业之后,选择自己创业。管理型创业者自主创业就是把过去的经验、人脉、社会关系等无形资源变现为有形财富的一个过程。

2.市场型创业者

市场型创业者主要包括三部分成员。一是创业前在非国有企业从事管理或专业技术工作的人;二是个体户,个体户是中国最早进入市场、经历市场洗礼的人,称得上是中国市场经济最早的"弄潮儿";三是创业前在国有单位从事专业技术和供销工作的人[①]。这类创业者的一个重要特点就是注重市场,善于把握市场变化。在中国计划经济向市场经济转变的过程中,出现了一大批这类创业者。

3.科技型创业者

科技型创业者能将自身的科技能力或成果转化为生产要素,创办或合办企业以实现科技与市场有机结合,是创业者队伍中能力素质较高的复合型人才。科技型创业者多与高校和科研机构相关联,以高科技为依托创办企业。当今很多知名科技企业的前身就是原来的"校办企业"和科研机构创办的"所办企业",如清华同方等。

(三) 从扮演的角色分类

1.独立创业者

独立创业者是指自己出资、自己管理的创业者。独立创业充满挑战和机遇,可以充分发挥创业者的聪明才智和创新能力;可以按照个人意愿追求自身价值,实现创业的理想和抱负。但是,独立创业的难度和风险较大,可能面临缺乏管理经验,缺少资金、技术资源、社会资源、客户资源等困境。

2.主导创业者与跟随创业者

主导创业者与跟随创业者是相对的。在一个创业团队中,带领大家创业的人就是团队的领导者,即主导创业者,其他成员就是跟随创业者,也叫参与创业者。

五、企业家精神

企业家精神可以概括为创新、敏锐、冒险、学习、诚信、合作、敬业与执着。创业者需要为企业成长、经济发展和社会进步做出贡献,才能成为真正的企业家。中华人民共和国成立之后,我国企业家在党的领导下把实现人生理想、企业愿景与推动党和国家的改革开放事业紧密联系起来,凝聚、升华和淬炼了中国企业家的精神特质,形成了优秀的企业家精神。习近平总书记在2020年企业家座谈会上明确提出了"增强爱国情怀""勇于创新""诚信守法""承担社会责任""拓展国际视野"等五点希望,丰富和拓展了企业家精神的时代内涵。

(一) 企业家精神之根是爱国情怀

近年来,正是一批又一批企业家始终把企业发展同国家繁荣、民族兴盛、人民幸福紧密结合在一起,在当前应对中美博弈、俄乌冲突等国内外复杂背景之下,主动为国担当、为国分忧,创造企业的辉煌。他们积极推动本地经济的发展,创造就业机会,提高人民的生活水平。对于企业家来说,做好做强做大企业,首先就是要弘扬爱国主义精神,将个人事业追求、企业发展与党和国家事业结合起来,带领企业向前发展,努力为全面

---

① 朱斌,吕鹏.中国民营企业成长路径与机制[J].中国社会科学,2020(4):138-158+207.

建设社会主义现代化国家、全面推进中华民族伟大复兴贡献应有的力量。

（二）企业家精神之魂是勇于创新

创新是引领发展的第一动力,也是在瞬息变化、激烈竞争的环境中求得生存发展的制胜法宝。习近平总书记指出企业是创新的主体,是推动创新创造的主力军。企业家更要贯彻创新发展的理念,要坚持创新驱动发展,争做创新发展的推动者、先行者和示范者,重视技术研发和人力资本投入,勇于推动生产组织创新、技术创新、市场创新、管理创新、产品创新等,用创新精神为企业的高质量发展提供不竭的动力源泉。

（三）企业家精神之本是诚信守法

"诚者,天之道也;思诚者,人之道也。"人无信不立,业无信不兴。诚信是做人之本,诚信是企业长足发展的基石。社会主义市场经济是信用经济、法治经济。法治意识、契约精神、守约观念是现代经济活动的重要意识规范。新时代的广大企业家们规范自身行为,带动全社会道德素质和文明程度提升。努力成为守法的表率,做诚信经营的行动者,做公平竞争的践行者。

（四）企业家精神之基是社会责任

企业既有经济责任、法律责任,也有社会责任、道德责任。广大企业在追求经济效益的同时,也要兼顾到社会效益和社会责任,回报社会、反馈社会。对企业家和企业来说,承担社会责任并不是负担,而是获取更多的支持和发展的机会。这既展示了企业家的世界观、价值观和人生观,也体现出了企业文化、经营理念、企业伦理。他们关注社会的公平与正义,致力于企业的可持续发展,推动社会的和谐与进步。

（五）企业家精神之眼是国际视野

现在的世界是开放的世界,企业家需要具有世界眼光、全球视野。无论是弘扬爱国情怀、还是创新发展,无论是坚守诚信,还是积极担当,企业家们都要学会善于吸收借鉴世界各种文明成果。尤其是先进技术、经营方式、管理方法,走到国际市场上去锤炼胆识、磨炼意志、积累经验,砥砺创新品质。新时期,面对世界百年未有之大变局,企业家群体更需要放眼世界,提高把握国际市场动向和需求特点的能力,理解国际规则,提高防范国际市场风险能力,带动企业在更大的舞台上进行展示、开拓,在促进国内国际双循环和构建新发展格局中作出中国企业家应有的贡献。

第二节 创 业 团 队

一、创业团队的概念

管理学家斯蒂芬·罗宾斯(Stephen Robbins)认为:团队就是由两个或者两个以上,相互作用相互依赖的个体,为了特定目标而按照一定规则结合在一起的组织。但是就创业领域的团队而言,创业团队是致力于创建和管理一个新创企业的一群人。创业团队的概念在实践中不断完善。托马斯·库尼(Thomas Cooney)在朱迪斯·卡姆(Judith Kamm)等提出、后经沃森(Watson)等修正的概念的基础上,把创业团队定义为积极参与企业发展且有重大财务利益的两个或更多的人。莱昂·施约特(Leon Schjoedt)和萨沙·克劳斯(Sascha Kraus)在以往研究成果的基础上,并基于团队理论,认为创业团队由具有财务或其他利益,对新企业做出过承诺且未来能从新创企业成功中获取利益的两个或更多的人构成。

创业团队通常指创业初期(包括企业成立前和成立早期),由两个及以上才能互补、责任共担、愿为共同的创业目标而奋斗的人所形成的工作团队。创业团队有狭义和广义之分:狭义的创业团队指那些具有一定的所有权、发挥某种管理功能并全程参与新企业创建的人;广义的创业团队不仅包括前者意义上的创业团队成员,还包括与创业过程有关的各类利益相关者,如核心员工、风险投资家、专家顾问。

二、成功创业团队的基本特征

一般来讲,成功的创业团队普遍具有下列特征。

(一) 共同的创业信念和清晰的目标

这是一个成功创业团队的基本要求。共同的创业信念决定着创业团队的目标、宗旨,并且关系到创业的行为准则,这些准则指导着团队成员如何工作和如何取得成功。被团队的所有成员接受和认可的、清晰的奋斗目标可以将整个团队拧成一股绳,使团队成员齐心协力、为完成这个目标共同奋斗。如果这个目标能够与每个成员的个人目标完美结合,那么就能更充分地调动员工的积极性。

(二) 互相团结和信任

成员间的团结和信任可以说是所有完美团队的共有特性。所有的人能在分派任务、职权划分、相互沟通和协同工作时保持足够的尊重和信任,都会认真思考其他成员提出的问题和看法,认真反思自己可能存在的问题和缺点。充分提高每个成员的工作积极性,尊重和体现每个成员的自我价值,使每个成员都有幸福感和归属感。

(三) 知识技能互补

任何一个团队成员在技术上都会有自己的强项和弱项,不是每个成员都能精通所有的技术。关键在于能够找准合适的位置,并做好人员之间的合理搭配。团队成员之间可以有一定的交叉,但又要尽量避免过多的重叠。

(四) 团队利益至上

个人的力量是有限的。团队成员应同甘共苦,将团队利益置于个人利益之上,每一位成员的价值都体现在其对于团队整体价值的贡献。团队成员都应当愿意牺牲短期利益来换取长期利益,比如团队成员不应只重视短期薪资、福利、津贴,而应长远考虑将创业目标放在成功后的利益分享。

（五）良好的沟通

优秀的团队并不回避不同的意见,而是进行充分的沟通和交流,畅所欲言,坦诚相见,最后达成一致。团队成员之间恰当而良好的沟通可以加强内部团结、化解内部矛盾,提高信息透明度和信息共享性,快速理解其他成员的意图,充分理解客户的需求和各模块之间的协同性,从而大幅度提升产品质量和开发进度,提升团队的工作效率和企业业绩。

（六）灵活的应变能力

一个团队要尽可能地去适应各种各样的与自己团队定位不冲突的任务,并不断地学习和跟踪新技术、新技能和新知识,这样团队的适应性强,生存能力就更强。

（七）恰当的领导

最恰当的团队领导者并不是团队中最强悍的控制者。他要指明团队方向,设定短期目标和长期目标,组织、协调、监督和控制团队内外的所有关系、任务和资源,并能够在团队陷入困境时带领大家走出困境,同时还要能够为大家带来丰厚的利益。

（八）外部和内部支持

外部支持就是建立这个团队所需要的软硬件资源要到位,内部支持则是团队的人员搭配要合适,各项机制运行正常,比如具备准确的项目风险和成本审核机制、公平的绩效考核机制、及时解决冲突机制、适当的培训和激励机制、良好的上下级和平行沟通机制、合适的人员调配机制等。

三、创业团队的阻力

创业并不是一蹴而就的,创业团队在创业的过程中会遇到各种各样的问题和阻力,主要体现为以下几方面。

（一）缺乏信任

信任是高效团队的核心,没有信任,团队工作几乎不可能完成。缺乏信任的表现有:相互隐藏自己的缺点和错误;不愿寻求帮助及提供建设性的意见和反馈;不愿提供职责范围外的帮助;不愿意进一步讨论导致结论不充分;不愿相互学习技能和经验;害怕见面,不愿意在一起度过时光。信任是可以建立起来的,克服信任障碍的途径如下:

（1）阐述个人经历,诸如少年时代遇到的挑战和爱好,第一份工作是什么,最坏的工作是什么。大家可以相互讲述生活中经历的事情,了解每个人的工作背景。彼此缺乏信任,一般是由于相互不了解,多进行沟通与交流,就可以建立和谐的信任关系。

（2）进行团队发展讨论。每个人都需要阐述自己对团队的贡献,提出自己为了团队的发展而需要改善的领域。通过这类活动,团队会得到一些积极或消极的建议,同时团队中会出现一些紧张气氛,但这有助于建立团队成员之间的信任。

(3)开展团队活动,可以通过一些经典的团体活动,如拔河比赛、登山等来增进大家相互了解。

(4)团队领导在建立信任过程中的角色。首先讲述自己的缺点,其次要使人们相信不会因为有缺点而受到惩罚。领导者在讲述缺点的过程中,要表现出真诚,而不是舞台表演。

(二)害怕团队冲突

大部分人认为冲突对组织有害,特别越到高层,人们越是花时间和精力来避免冲突,害怕冲突会伤感情。其实,冲突是必要的,建设性的冲突有助于人们迅速发现和解决问题,而不应为了避免冲突而将问题束之高阁。

克服冲突障碍的方法:要区分建设性冲突和非建设性冲突,使人们认识到冲突是正常的,必要的冲突可以保持组织的活力。在这个过程中,团队领导者要注意在激发建设性冲突时,保护团队成员不受伤害。

(三)缺乏承诺

缺乏承诺主要表现在:团队的方向不明确;害怕失败,缺乏信心;多次议而不决;团队成员之间相互猜忌。克服缺乏承诺障碍的方法有:

(1)传递一致的信息,使员工明确任务。

(2)规定明确的截止日期。在制定决策时要明确截止日期,对严格遵守的人进行表扬。

(3)如果决策结果不如意,领导不要过于紧张,一定要针对最坏的情况进行分析,使大家认识到最坏的情况莫过于此,消除大家的恐惧心理。

(4)坚决执行既定的方针,并且使大家乐于工作。

(四)缺乏责任感

团队建设过程中,要强调团队成员的责任感,即对组织负责就是对自己负责,在团队中相互鼓励和帮助,对他人的付出表示感激。团队成员缺乏责任感的表现有:对比自己优秀的人不满,鼓励平庸,不能按时完成任务,对领导的依赖过大。克服缺乏责任感障碍的方法有:

(1)明确责任。使绩效标准明确,谁做什么,在什么时候,避免责任不清。

(2)简单地、经常地回顾进程。要在一起交流工作的进展情况,确定在朝着目标前进。

(3)奖励团队。改变奖励个人的方法为奖励团队的方法,可以增加团队凝聚力和团队成员的责任感。

(4)领导者的角色。领导者要创造一个适合团队成员工作的文化氛围,鼓励承担责任,要避免成员为了保持一团和气而不发表自己的意见。

（五）团队成员经营理念不同

因为经验、友谊和共同兴趣结成合作伙伴,发现商业机会后共同创业的例子比比皆是。但是,创业之初团队成员的目标选择难免具有随意性和偶然性,或是团队成员的经营理念、关注的重点不一致,团队思想不统一;或是随着企业的成长,有些成员的能力难以适应更大规模、更规范的企业经营管理的需要,都会引发各种矛盾,最终导致整个创业团队的分崩离析。

创业初期,创业团队的目标一般并不十分清晰和明确,随着创业的进程以及外界环境的变化,团队成员可能会发现原先确定的目标和现实存在差距。此时如果团队成员之间缺乏沟通,意见难以调和,没有对目标进行适当调整,或是个人目标与组织目标出现较大的不一致,甚至有些成员不认可公司的目标和策略,价值观出现冲突,那么团队就面临着解散的风险。联想的柳传志非常重视市场导向,而倪光南则十分强调技术导向,他们在经营理念和创业目标上的不一致导致了曾被誉为"中关村最佳拍档"的联想创业组合的分裂,给当时的联想企业带来了巨大的冲击。

（六）利益分配机制不完善

很多中小民营企业创业团队在发展初期,或者是没有考虑周全或者是碍于面子,没有明确未来的利益分配机制,因此团队无法给出一个明确的利润分配方案,可能只是简单地采取平均主义的做法。这样,随着企业的发展和利润的增加,团队成员在利润分配时就会出现争议,从而导致创业团队解散。无锡尚德太阳能电力有限公司在创业初始的两年里一直处于亏损状态,后来业务稍有起色,却因利润分配方案不健全等,五个人的创业团队走了四人,只剩下施正荣支撑尚德公司,而且离开的四人后来均进入了光伏电池行业,成为了施正荣的竞争对手①。

四、创业团队的管理

创业团队对于创业成功具有重要的意义,团队管理要针对具体情况灵活进行,但是也有一些普遍性的原则可以遵循。

（一）团队的目标管理

目标管理是管理专家彼得·德鲁克(Peter Drucker)1954年在其著作《管理的实践》中最先提出的,其后他又提出"目标管理和自我控制"的主张。德鲁克认为,并不是有了工作才有目标,而是相反,有了目标才能确定每个人的工作。所以"企业的使命和任务,必须转化为目标",如果一个领域没有目标,这个领域的工作必然被忽视。因此管理者应该通过目标对下级进行管理,当组织最高层管理者确定了组织目标后,必须对其进行有效分解,转变成各个部门以及各个人的分目标,管理者根据分目标的完成情况对下级进行考核、评价和奖惩。②团队目标制定步骤见表5-1。

---

① 姜继玲.施正荣:缺领袖天分照样成新科首富[J].人力资本,2006(5):12-23.

② 丁巍.创新目标管理的理念与实践[J].上海商业,2015(8):72-76.

表 5-1　制定团队目标的步骤

步骤	具体措施
1	明确目标制定者:管理者、团队的核心成员或者全体成员
2	明确目标方向
3	建立目标运行的程序
4	分解目标:将团队目标落实到团队中的个人
5	将目标传达给所有成员及相关人员

(二) 关注团队成员的选拔与培训

创建团队的第一步就是选择团队成员。这里要解决两个关键问题:该聘用什么样的人? 怎么聘用? 第一个问题根据企业的具体需求来决定,要考查其智力、经验和人际交往及团队协作能力,不仅要考查其表现的基本性素质,还要考查其潜在的鉴别性素质。可以通过正式的招聘程序进行综合评估,也可以通过非正式渠道进行全方位了解。第二个问题可以通过多种渠道解决,如招聘、猎头公司等。招聘程序尽量做到严格、规范,最终的目标是找到与需求相匹配的合适人选。

团队成员在选拔以后,要进行适当的培训,其主要目的是培育共同的价值观,提升员工的业务素质水平,为团队整体目标的实现打好基础。要充分考虑员工的个性特质与工作的匹配程度,充分发挥各自的潜能优势。同时,要加强员工的思想政治工作和职业道德建设,培养员工爱岗敬业、团结拼搏的精神,在企业内形成和谐、友善、融洽的人际关系和通力合作的氛围。

(三) 培养良好的团队氛围

联络团队感情可以保持团队士气和热情,没有人希望在冷漠、敌视的环境中工作与合作。首先成员间要相互尊重、相互了解并且体谅他人的难处。其次要抽时间共处,通过团队的活动联络大家的感情,使得彼此感到满意和得到认可。再次要相互帮助、互惠互利,在工作和生活中相互支持和关心,增加凝聚力。通过健康和谐的人际关系能使团队成员之间从提防、排斥与怀疑的状态转变为开放、接纳与信任的状态。信任对于团队的健康发展和效率的提高具有至关重要的作用。团队关系越和谐,组织内耗越小,团队绩效越高。

(四) 有效的激励

激励是团队管理的重要内容,直接关系到团队的存亡。对创业团队成员的激励能够有效地调动大家的积极性和创造力,通过工作授权、职位任命、薪酬机制等一系列措施,发挥成员的主观能动性,使得成员产生较高的满意度和较强的归属感,成员能够更加全身心地投入团队的建设之中。尤其是创业团队遇到的任务,多数充满不确定性,有效的激励能够使得成员在面对困难时,依然不会逃避,而且增加对团队的归属感和忠诚度,不会一旦遇到不确定情境就轻易产生离职的念头。

（五）关注个人发展

创建一支优秀、稳定的团队,还要给个人广阔的发展空间,保证每个人都能找到自己的位置,并且能够在团队的建设中得到发展。这样团队成员不仅有饱满的热情投入工作,也会不断地在工作中寻找新的方式提高效率,将最大限度地发挥个人的潜力才能。个体的发展离不开良好环境的支持。良好的文化氛围、科学的经营管理、合理的资源配置、职责明确的分工、公平的激励机制等,都是团队及个人快速成长的良好环境条件。

项 目 实 训

项目一:创业个性特征测试

1. 完成时间:20分钟。

2. 学习任务:通过创业个性特征测试,学生熟悉创业团队组建时应关注的问题及重点。锻炼学生团队建设的能力,训练学生团结协作能力,提高团队成员之间的沟通水平。

3. 成果形式:讨论。

4. 活动程序:人数,4～5人一组;道具,每组10张报纸,一卷双面胶,一个橘子;发给每个小组相应的材料,并说明每组要在10分钟之内用这些材料建一座好看又稳固的塔,要求塔顶放置一个橘子。大家做完之后进行评比,看看哪一组的最好看、最高、最稳固。

5. 讨论议题:在活动的过程中,你所在小组的每个人是否都有参与? 当别人参与程度不够时你有什么感受? 活动中你的创意是怎样得来的? 你对你们小组的合作有什么看法?

项目二:蒙眼排队游戏

1. 完成时间:限时10分钟。

2. 学习任务:队员用肢体动作完成排队,通过完成排队,训练学生团结协作能力。

3. 成果形式:组成队列。

4. 游戏规则:

(1) 主持人为每位参与者发放一张写有数字的纸条,每人仅能看到自己手中的纸条,不能与其他人交流。

(2) 所有参与者需要佩戴眼罩,并在主持人口令下,站成一列。

(3) 全程所有人都必须保持沉默,不能摘下眼罩。

(4) 团队需要根据各自所看到的数字,从小到大进行排序。

(5) 当所有成员都认为队伍已正确排序时,可以解开眼罩。

第六章　创业机会与创业风险

学习目标

1.掌握创业机会的本质与特征;创业机会评估方法;创业机会的识别与评价步骤。

2.掌握市场调查和市场分析的内容,市场分析的三大经典模型;能够撰写市场调查报告。

3.能识别创业风险,进行创业风险管理,规避常见创业风险。

案例导读

昆明某地方菜餐馆的机会与风险(2023 年 7 月访谈记录)

机会	1. 政府积极发布政策推动滇菜发展。 2. 经济增长方式转型、人均收入增高。 3. 城市化过程加速、多样化饮食需求增加。 4. 云南作为旅游大省,外地游客和想品尝云南菜的人比较多。 5. 云南少数民族文化积淀丰富,可挖掘民族元素丰富
风险	1. 滇菜影响力有限,品牌力较差。 2. 高质量人才依然短缺,研发、创新能力弱,普通员工职业忠诚度不高。 3. 特色食材生产分散,供应质量稳定性还不足。 4. 滇菜标准欠缺。 5. 预制菜快速发展,蚕食餐馆市场。 6. 运行成本高,融资成本也比较高。 7. 近几年进入餐饮行业创业者增多,竞争激烈

思考题:

结合上述分析,如果在当地新开一家餐馆可能还面临什么风险? 如何应对这些风险呢?

第一节　创　业　机　会

蒂蒙斯(Timmons)认为商业机会是创业的核心要素。创业的核心是发现和开发机会并利用机会实施创业。因此,识别与评估市场机会是创业过程的起点,也是创业过程中的一个关键阶段。

一、创业机会的内涵

（一）创业机会的概念

熊彼特指出,创业机会是将资源创造性地结合起来,满足市场的需要创造价值的一种可能性。由于技术、政治、社会以及其他因素的各种变化,市场时刻处在不稳定、不平衡的状态,为人们发现新的盈利机会提供了可能。熊彼特强调企业家结合资源创造价值的可能性。柯兹纳(kirzner)认为创业机会是一系列的市场不完全(market imperfections)。柯兹纳强调市场不完全、信息不对称所带来的创业机会。卡松(Casson)对创业机会的定义是"那些新产品、服务、原材料和管理能够被应用或者出售以获得高于其成本的情况"。简言之,创业机会意味着利润。蒂蒙斯(Timmons)认为一个创业机会"是具有吸引力、持久性和适时性,并且可以为购买者或者使用者创造或增加使用价值的产品或服务"。实际上,创业往往是从识别、把握和利用某个或某些创业机会开始的。

（二）创业机会的特征

1. 普遍性

凡是有市场、有经营的地方,客观上就存在着创业机会。创业机会普遍存在于各种经营活动过程之中。

2. 偶然性

对一个企业来说,创业机会的发现和捕捉带有很大的不确定性,任何创业机会的产生都有"意外"因素。

3. 消逝性

创业机会存在于一定的时空范围之内,随着产生创业机会的客观条件的变化,创业机会就会相应地消失和流失。

（三）创业机会的本质

创业机会的本质上是商机、创意、轻资产、小团队四种要素的有机组合。

1. 商机

商机指商业经营的机遇。一般而言,某个细分市场存在或新形成了某种持续性需求,就会存在商机。细分市场为新进入者提供了竞争相对不激烈的可能性,而持续性的需求为创业活动的长期性提供了可能。比如在因拥堵车辆长时间不能前行的高速公路上,可以在短时间内销售一些方便面,但这并不是持久的创业机会。但大型公立医院入口长期堵车严重产生的代泊车需求,就可能形成创业机会。如果这个需求能够有一定规模并有持续性,那就是值得创业者关注的一个机会。

2. 创意

商机要变成现实,需要创意的支撑。创意往往是避开激烈竞争或者以弱胜强的利器。就如同在一片森林中,大树下面种一棵同品种的小树,小树很难再长成参天大树,所以就创业机会而言,创意的价值就是满足或者引导市场新的需求。

3．轻资产

创业机会最终要外化成产品或服务，而创业者特别是首次创业者往往拥有的资金比较少，因此，要把创意外化为满足市场的需求，一般要求的资金规模就不能太大。

4．小团队

受资源的限制，创业团队规模小甚至团队的构成不合理是创业团队常见的现象，一般这种情况会随着企业的成长逐渐得以优化。

二、创业机会的类型

（一）按来源分类

创业机会按来源可以分为问题型机会、趋势型机会和组合型机会[①]。

1．问题型机会

问题型机会是指创业者在发现问题的过程中寻找到商机。如果市场中的问题足够有价值，规模足够大、能够在相当长的一段时间内持续存在，那么这个问题就是痛点，使创业者有盈利的机会。问题型机会是由现实中存在的尚未被解决的问题所产生的一类机会。比如说大学周边的咖啡屋，现在年轻人都喜欢喝咖啡聊天、讨论问题等，能够有一个自由聚会的空间。而学校通常没有这样的放松空间，所以学校周边的咖啡屋就迎合了这个需求，解决了学生的这个痛点。

2．趋势型机会

趋势型机会是在变化中看到的未来的发展方向，是根据社会发展出现的新的变化趋势而产生的创业机会。例如，近年来的大数据、人工智能、区块链等，这些趋势带来的新的创业机会。创业机会一定是基于消费者的痛点而产生的，新的趋势一定会带来新的需求，为满足新的需求又常常伴随新的问题，在趋势中发现痛点，寻找创业机会。共享单车就是典型案例。同学们可以通过一些官方网站或相关公众号、小程序来了解各个行业的发展趋势。

3．组合型机会

组合型机会是将现有的两项以上的技术、产品、服务等因素结合起来，实现新的用途和创造新的价值而获得的创业机会。例如，瑞士军刀——又称万用刀，它的发明和制造是将许多工具集中在一个刀身上（一般包含主刀、小刀、铰剪、开瓶器、木锯、小改锥、拔木塞钻、牙签、小镊子等工具），通过这种组合获得了商机。

（二）按表现分类

创业机会按表现可以分为显性机会、隐性机会和突发机会。

1．显性机会

显性机会是指在目前的市场上存在着明显没有被满足的现实需求，这往往是人所共知共识的机会。

---

① 张玉利.创业管理［M］.4 版.北京：机械工业出版社，2016：66 - 68.

2．隐形机会

隐形机会是现有的产品种类不能满足的需求或尚未完全被人们意识到的隐而未见的机会，就是潜在的市场机会。

3．突发机会

突发机会是突发的变化造成一种不平衡，由此而带来一个新的机会。

（三）按发现方式分类

根据创业机会发现方式不同，可以将创业机会分为识别型、发现型和创造型三类。

1．识别型机会

识别型机会是指创业机会已经明确，通常表现在趋势型创业机会中，只要识别出某种趋势，或者识别出某种供需矛盾不能被目前市场所满足，即可识别创业机会。例如：江小白创始人发现"80 后""90 后"的饮酒文化与"70 后"和"60 后"有很大的不同，常规酒的包装往往是一斤装，不适合朋友小聚，据此江小白推出小瓶装白酒，一举占领了年轻人的白酒消费市场，获得了成功。

2．发现型机会

发现型机会是指在已有机会中发现商机，创造价值。通常一项技术被开发出来，但尚未有具体的商业化产品出现，需要通过不断尝试来挖掘出市场机会。例如：张小龙开发出语音信息功能，通过市场运作，推出微信，成为目前人们交流的主要沟通软件。

3．创造型机会

创造型机会通常针对不明朗的各种机会，通过创造市场，从而带动创业。例如，在苹果手机出现之前，人们对于手机的最大需求是结实耐用，而苹果公司通过对 iOS 开发，优化用户界面，改变用户习惯，创造客户需求。

三、创业机会与商业机会的关系

创业机会从属于商业机会，两者相比较，创业机会主要是指有利于创业的商业机会，是一种特殊的商业机会。

例如，奥巴马在 2008 年竞选美国总统时，印有"Yes，We Can"口号的 T 恤衫供不应求，在 2008 年这是一个商业机会同时也是一个很好的创业机会。两年后，奥巴马人气下降，印有竞选口号的 T 恤开始滞销，生产商应该适时地进行创新，使其变成一个持久的商业机会。所以，创业机会与商业机会并不存在严格的界限。创业机会是具有商业价值的创意，要比一般的商业机会更具有创新性甚至创造性。比较创业机会和商业机会的目的，是激发创业者的创造性，进而更好地创新，为社会创造更大的价值。

四、创业机会的识别方法

目前对创业机会识别方法进行研究的学者比较多，他们为创业机会识别方法搭建了多种类型的研究模型，如国外学者普哈卡、琳赛和克雷格分别提出了五个子过程研究模型和三个阶段的研究模型。五个子过程是：一是知识获取，二是竞争性审视，三是前瞻性搜寻，四是创新行为，五是集体行为；三个阶段是：指机会搜索、机会识别、机会评价等阶段[①]。

我国学者张玉利、李巍、吴朝彦、陈洲华提出创业机会识别过程就是创业者与内外部环境相互沟通的判断过程,主要常用五种方法:一是新眼光调查,通过各种方式方法获取信息,打开创业者眼界,找到更多解决问题的方法;二是系统分析,通过对企业宏观、微观环境的分析,发现创业机会;三是问题分析,以问题为导向,进行顾客需求和面临的问题分析,思考可以满足这些需求的方式方法;四是顾客建议,征求顾客的想法,对创业产品或服务进行改进;五是创造需求,积极探索新技术革命,实现技术革命的商业价值。张玉利、李巍推荐 PEST 分析法对宏观环境进行创业机会分析,陈洲华推荐公司创业可以应用 SWOT 分析法来对行业现状、行业市场前景等内外部优劣势进行分析,对创业机会进行识别。

综上所述,结合大多数学者观点,本书采用以下五种主要常用方法:

(一) 新眼光调查

通过各种方式方法获取信息,打开创业者眼界,找到更多解决问题的方法。创业者应该开展初级调查:通过与顾客、供应商、销售商交谈和采访他们,直接与这个世界互动,了解正在发生什么以及将要发生什么。创业者也可以进行二级调查:阅读某人的发现和出版的作品,利用互联网搜索数据,浏览寻找包含你所需要的信息的报纸文章等都是二级调查的形式。创业者在调查后一定要记录自己的想法,瑞士最大的音像书籍公司的创始人说他就有一本这样的笔记本,当记录到第 200 个想法时,他坐下来,回顾所有的想法,然后开办了自己的公司。

(二) 系统分析

通过对企业宏观、微观环境的分析,发现创业机会。实际上,绝大多数的机会都可以通过系统分析被发现。人们可以对企业的宏观环境(政治、法律、技术、人口等)和微观环境(顾客、竞争对手、供应商等)的变化进行分析、趋势预测,进而发现机会。借助市场调研,从环境变化中发现机会,是发现机会的一般规律。

(三) 问题分析

以问题为导向,进行顾客需求和面临的问题分析,思考可以满足这些需求的方式方法。这些需求和问题可能很明确,也可能很含蓄。这个分析需要全面了解顾客的需求以及可能用来满足这些需求的手段。

(四) 顾客建议

征求顾客的想法,对创业产品或服务进行改进。从顾客那里征求想法。一个新的机会可能会由顾客识别出来,因为他们知道自己究竟需要什么。然后,顾客就会为创业者提供机会。顾客建议多种多样,留意这些建议将有助于你发现创业机会。

---

① 贺裕立.DK 科技公司新创业机会识别与开发研究[D].重庆理工大学,2022.

（五）创造需求

积极探索新技术革命,实现技术革命的商业价值。这种方法在新技术行业中最为常见。它可能始于明确满足市场需求,从而积极探索相应的新技术和新知识,也可能始于一项新技术发明,进而积极探索新技术的商业价值。通过创造获得机会比其他任何方式的难度都大,风险也更高。但是,如果能够成功,其回报也更大。这种情况下产生的创新在人类所具有重大影响的创新中,居于压倒性的主导地位。

五、市场调查法

（一）市场调查法的分类及优缺点

市场调查法的分类及优缺点如表 6-1 所示。

表 6-1　市场调查方法的概念与优缺点

分类	概念	优点	缺点
实地观察法	观察者深入现场或进入一定情境,直接观察调查对象,获得非语言资料的方法	获取的资料直接、生动且真实可靠	受调查者主观因素影响较大,难以深度了解问题
访谈调查法	根据调查需要向访谈者提出相关问题,并根据回答获得资料的方法	能获得更多、更深入,更有价值的信息	耗时长、成本较高、受周围环境影响大
会议调查法	利用会议形式进行收集调查资料的方法	工作效率高,可以较快地了解到比较详细、可靠的社会信息,节省人力和时间	选择具有较高水平的被调查者难度大,且受时间条件的限制,很难做深入细致的交谈
问卷调查法	通过设计调查问卷,让被调查者填写调查表的方式获得所调查对象的信息	能突破时空的限制,对众多的调查对象同时进行调查,适用于现时问题、较大样本、较短时间、相对简单的调查	只能获得书面的社会信息,而不能了解到生动、具体的社会情况。成本高,消耗时间长,难度较大
专家调查法	又称德尔菲法,是指专家学者根据他们自身的理论经验与实践经验进行主观判断的方法	适用于缺少信息资料和历史数据,而又较多地受到社会、政治、人为的因素影响	调查难度大,费用高。受时间条件的限制,很难做深入细致的交谈,且学术性较强,样本量较少
抽样调查法	通过从被调查对象的全体(通常称为总体)中抽取一部分个体进行调查,借以获得关于总体信息的一种方法	可以节约人力、物力和财力,能在较短的时间内取得相对准确的调查结果,具有较强的时效性	在于抽样数目不足时会影响调查结果的准确性,且抽样调查要求样本的选择性非常高且有效
典型调查法	在准备研究的总体中,有目的地选择若干具有代表性的对象作为典型,进行系统周密的调查,以达到认识总体的特征和本质的方法	调查样本太大时,可以采用此种方法节省成本与时间,同时又可以获得调查目标	要准确地选择对总体情况比较了解、有代表性的对象,具有一定难度

续　表

分　类	概　　念	优　　点	缺　　点
统计 调查法	通过分析统计报表的形式,把下边的情况反映上来的一种调查方法	适用于分析某项事物的发展轨迹和未来走势,便于直观分析,比较严谨	统计口径要统一,且内在变化需要实际调查才能形成完整认知
文献 调查法	通过对文献的收集和摘取,以获得关于调查对象信息的方法	能突破时空的限制,进行大范围的调查,便于汇总整理和分析	一般只能作为调查的先导,而不能作为调查结论的现实依据,时效性不强
试验 调查法	是在实施全面调查或抽样调查前所作的一个抽样设计,以便了解总体情况,并决定样本范围的大小,积累调查经验和修改调查方案	可以直接获取调研效果,便于找到问题的原因及症结所在,客观准确有效认知	实施难度较大,效率低,获取的成本较高,难以大规模开展

(二) 市场调查数据分析方法

市场调查数据分析方法如表 6-2 所示。

表 6-2　市场调查数据分析方法

类　别		特　　征
统计分析 方法	描述性统计	描述性统计分析是对变量的数据特征和观测量分布状况的基本分析,通常使用百分比数据,计算简单,它通过普遍性的计算分析比较以发现市场特征。由于得到的结果要借助于分析人员的相关专业理论知识才能翻译成有信息价值的语言,该方法含有较多的主观因素
	参数假设 检验	参数检验对调查对象总体的特征、差异和变化的推断进行检验,它使分析人员或决策者的主观知识、经验和科学的方法得到了很好的结合。参数检验需要样本数据满足某一分布,但是市场调查数据一般难于对总体的分布形式做出明确的假定,使该方法的使用受到限制
	回归分析	回归分析在市场调查数据分析中通过建立回归模型从众多的因素中找出影响市场或消费者某一特征的主要因素及因素之间的相互关系。常用的回归模型有线性回归模型、logistic 回归模型。回归分析理论发展成熟,并且有很多实用的软件帮助分析。但是它对数据的质量要求很高,如独立变量不能多重共线性、独立变量和余项没有联系等,市场调查数据很难满足这些苛刻的要求
	因子分析和 主成分分析	主成分分析和因子分析把一些具有错综复杂关系的变量归结为少数几个综合因子,来刻画细分市场特征
	聚类分析	聚类分析依据某种准则对样本进行分类,在市场调查中主要用来进行市场细分。聚类分析方法很多包括层次的方法、划分方法、基于密度和网格的方法等。绝大多数聚类方法在聚类类数的确定上依赖于建模者的主观判断,难以保证聚类结果的客观性
	偏最小二乘 回归分析	采取循环式信息分解与提取的方法,从解释变量与反应变量中提取潜变量建立回归模型,实现多因变量对多自变量的回归建模,有效地解决了多重共线性给回归分析带来的限制,可用于样本较少(少于变量数)时的建模

类　　别		特　　征
统计分析方法	非参数统计	不需要假定调查数据总体分布的具体形式而是通过使用与分布无关的统计量(秩统计量等)从数据本身获得所需要的信息,建立对调查数据的数学描述和统计模型
非统计分析方法	人工神经网络	人工神经网络是由模拟生物神经系统而发展出的一种大规模分布式并行处理的非线性动力学系统模型
	归纳学习方法	归纳学习是近十年来发展起来的一种非常重要的知识发现方法,旨在从大量的经验数据中归纳抽取一般的规则和模式
	不确定性分析方法	在市场调查数据的分析中,它们处理不能精确度量的数据,比如描述人的态度的各类指标,以及其他的一些含有噪声的或是不完全的数据,使分析的结果更加自然、更符合人类认知。这种调查数据分析方法常与归纳学习方法、聚类方法结合起来使用

六、创业机会的评估

在创业项目开始实施前,虽然创业团队与投资者均对创业机会前景寄予极高的期待,但正如我们所知,几乎九成以上的创业梦想最后都会落空。根据麦可思的《2022 年中国大学生就业报告》,2021 届应届生毕业去向中约有 1.2% 的学生选择自主创业,与2020 届基本持平。

现实中,大公司对创业机会的评估往往比较周密而规范,而个人对创业机会的评估往往依赖直觉和经验。有些创业者常常是通过直觉捕捉创业机会,然后进行一系列的假设和简单的计算,最终完成创业机会的评估。不规范的创业机会评估很容易出现缺陷,但也有优点,那就是可以达到快速部署和实施的目的,有很多缺陷和问题也是在项目实施过程中解决的。一般情况下,周密规范的创业机会评估要比简单的评估更能降低创业失败的风险。

(一) 创业机会的评估要素

创业机会的评估是实施创业计划的重要环节。创业机会实施的成败受到多种因素的影响,创业机会评估的内容也没有统一的标准,但对创业机会的评估需要考虑到一些基本的评估要素。

1. 市场评估

(1) 市场规模与创业机会渗透时机评估。

如果把创业项目比作鱼,那么市场规模就是养鱼的鱼池,鱼池大小决定了所养鱼的极限量。一般而言,处于快速成长中的市场,通常也是一个充满机会的市场,进入障碍就相对比较少。如果创业者要进入的是一个已经趋于成熟的市场,即使市场规模很大,如若没有特别的可行创意,这样的创业就很难成功。

另外,如果创业项目过于超前,有可能无法与整体环境相适应。试想一下,如果将外卖服务放到经济较为落后的时期,还能有如此大的市场吗? 在经济尚不繁荣的市场,第三产业的发展是相对缓慢的,用钱购买服务的消费理念相对难以被接受。

（2）预期市场占有率。

预期可达成的市场占有率可以显示新创企业未来的市场竞争力。不同的行业要求的市场占有率不同,这和企业的规模效应紧密相关。以互联网商城为例,其所能覆盖的用户数理论上是无上限的,所以"边际成本"会不断递减,最终接近于零。这样的企业往往其市场占有率排前几名才有可能生存下去,最终行业形成赢家通吃的局面。这样的行业中的新创企业必须拥有能够成为市场占有率前几名的潜质,才具有更好的被投资价值。以外卖市场的发展为例,从当时一窝蜂出现了很多外卖平台,到三足鼎立（美团、饿了么、百度外卖）,百度外卖被饿了么收购后,现在只剩下美团、饿了么双雄争霸。

（3）企业与市场环境因素的关系。

企业与周围生存环境的关系实质上就如同生物个体与其环境的关系,本质上都是一种相互依赖和相互制约的关系。企业融入市场的过程是企业不断探寻自我定位的能动过程,是企业与各种环境因素持续进行调适的复杂过程。市场中的环境因素包括投资者、上游厂商、顾客、渠道商、同行业竞争者等。企业和这些外部环境因素的关系直接影响到企业的生存状态和竞争力。

2．效益评估

（1）毛利率与税后净利。

毛利率高的创业机会相对风险较低,遇到决策失误或市场有较大变化的时候,企业往往具有较好的承受能力。一般而言,初创企业的可预期毛利率不宜低于 20%,最好要高于 40%。一般而言,具有吸引力的创业机会,在可预期的将来需要能够创造 15%以上税后净利。如果可预期的税后净利太低,这就不是一个好的投资机会。

（2）资本需求量与投资报酬率。

基于创业活动的高风险性,从投资者的角度考虑,资金需求量较低的创业机会,一般会比较受到投资者的欢迎。而对于创业者而言,引入的资本额过高可能会带来股权稀释或高负债运行的负面效果,因此在创业开始的时候,对于绝大多数行业不宜募集太多的资金,最好通过盈余积累的方式来创造资金。通常越是知识密集的新创业机会,对于资金的需求量越低,投资回报率也会越高。

（3）退出机制。

投资的目的在于取得回报,投资者并不一定伴随企业的全生命周期,因此退出机制与策略的完备程度也是评估创业机会的重要指标。一个具有吸引力的创业机会,应该要为投资者制定好退出机制。

3．个人（创业团队）评估

（1）创业者要考虑清楚自己在创业项目实施中能够付出的机会成本及对风险的承担能力。机遇与挑战并存、利益与风险同在,高收益往往伴随着高风险,这在创业领域同样适用。一个项目投入成本大,应对的挑战大,往往也对应着较高的收益;同样的,风险小的项目,利润也相对较低。同学们在选择创业项目时,也可以根据自身对风险的承受能力,决定是否开展创业活动。

（2）还要考虑到创业机会与个人（团队）的匹配。同样一个项目,不同的团队运作可能产生截然不同的结果,反之,一个团队实施不同的项目也可能会有成有败的不同。

因此,个人或者团队和创业机会的匹配就非常重要。在进行创业机会和个人(团队)的匹配过程中,个人(团队)经验、社会关系网络状况、风险收益认知等都会影响到匹配结果。

小袁为某院校旅游管理专业学生,大四最后一学期,小袁参加了几场招聘会,都未找到自己满意的工作。在实习过程中,小袁遇到了其他高校学生,其中一个从美国回来的学生说自己想要搭建二手物品收购转卖网络平台,专门针对上海二手物品买卖,小袁等几位同学希望一起做这个项目。前期,项目进展较为顺利,得到了很多人和企业的认可,其想法也得到了家人的支持;但在后期发现,一切并没有想象中那么容易。其中最棘手的就是团队建设和资金问题。一方面,团队成员都不是专业技术人员出身,无法自行设计网络平台;另一方面,资金很难筹集。对于二手用品买卖,政策方面也不够完善,无法开展下去。后来,小袁宣布创业失败,投身到就业的大部队中去了。

(3) 一个创业项目的成功与否往往考验创业团队的质量。评估创业团队的质量应该着重考虑以下几方面:

① 创业团队的组织质量。团队的凝聚力、决策水平、组织运行效率及价值观等因素。

② 创业团队的搭配状况。评估团队的搭配状况需要考虑团队的显性及隐性知识结构搭配情况、产业经验与专业背景等。

③ 团队的(特别是领导者的)品质。在信息越来越透明的今天,创业团队特别是领导者的人品、道德观等特质成为一项影响创业成败的关键因素。重视诚信、正直、公平等基本做人处世原则的创业领导者,对于投资者评价创业机会通常都具有显著加分效果。

4. 竞争优势评估

创业机会的竞争优势可着重考虑以下几个方面:成本优势、产品价值竞争力、市场控制力、进入障碍。

成本优势是创业最后能否获得成功的重要指标。如果产品不能产生成本优势,那么提供差异化的产品或为顾客创造独特的价值也可以增加创业机会的落地能力,一个具有吸引力的创业机会通常都需要具有某些特色,而这些特色往往能够成为新创企业未来成功的策略性优势。比如是否具有团队优势,是否技术领先,是否具有资源、渠道优势,是否在恰当的时机进入创业市场,是否具有特殊竞争能力的商业模式等。企业对于市场中产品价格、客户、渠道、零件价格等的控制力,关乎企业的竞争优势,一个缺乏市场控制力的创业机会的投资吸引力也一定会比较低。

竞争优势的评估需要特别注意的就是市场进入障碍的评估及设计。对于新创企业,高进入障碍的市场比较不具有吸引力。同样的,新创企业如果无法制造进入障碍,往往也不是一个好的投资机会。如果能在实施的过程中人为地制造出能够保护项目成长的障碍,那么往往能够很大程度上提高项目的成活率。制造进入障碍的方式包括专利、核心技术、商誉、高品质低成本、掌握稀有资源、快速创新等。

（二）创业机会评估模型与工具

在创业机会评价方面,现在已经形成了多个模型或框架,比如标准打分矩阵法、平均化法又称西屋法(Westing House)、Hanan Potentionmeter 法、选择因素法等。美国蒂蒙斯提出的评价框架是比较完善的创业机会评价指标体系,涉及 8 个方面的 53 项指标(表 6-3)。

表 6-3　蒂蒙斯的创业机会评价框架

分　类	指　标　描　述
行业和市场	1. 市场容易识别,可以带来持续收入 2. 顾客可以接受产品或服务,愿意为此付费 3. 产品的附加价值高 4. 产品对市场的影响力高 5. 将要开发的产品生命长久 6. 项目所在的行业是新兴行业,竞争不完善 7. 市场规模大,销售潜力达到 1 千万到 10 亿 8. 市场成长率在 30%～50%甚至更高 9. 现有厂商的生产能力几乎完全饱和 10. 在五年内能占据市场的领导地位,达到 20%以上 11. 拥有低成本的供货商,具有成本优势
经济因素	12. 达到盈亏平衡点所需要的时间在 1.5 至 2 年以下 13. 盈亏平衡点不会逐渐提高 14. 投资回报率在 25%以上 15. 项目对资金的要求不是很大,能够获得融资 16. 销售额的年增长率高于 15% 17. 有良好的现金流量,能占到销售额的 20%～30%甚至更高 18. 能获得持久的毛利,毛利率要达到 40%以上 19. 能获得持久的税后利润,税后利润率要超过 10% 20. 资产集中程度低 21. 运营资金不多,需求量是逐渐增加的 22. 研究开发工作对资金的要求不高
收获条件	23. 项目带来附加价值的具有较高的战略意义 24. 存在现有的或可预料的退出方式 25. 资本市场环境有利,可以实现资本的流动
竞争优势	26. 固定成本和可变成本低 27. 对成本、价格和销售的控制较高 28. 已经获得或可以获得对专利所有权的保护 29. 竞争对手尚未觉醒,竞争较弱 30. 拥有专利或具有某种独占性 31. 拥有发展良好的网络关系,容易获得合同 32. 拥有杰出的关键人员和管理团队
管理团队	33. 创业者团队是一个优秀管理者的组合 34. 行业和技术经验达到了本行业内的最高水平 35. 管理团队的正直廉洁程度能达到最高水准 36. 管理团队知道自己缺乏哪方面的知识
致命缺陷问题	37. 不存在任何致命缺陷问题

分　类	指　标　描　述
个人标准	38. 个人目标与创业活动相符合 39. 创业家可以做到在有限的风险下实现成功 40. 创业家能接受薪水减少等损失 41. 创业家渴望进行创业这种生活方式,而不只是为了赚大钱 42. 创业家可以承受适当的风险 43. 创业家在压力下状态依然良好
理想与现实的 战略差异	44. 理想与现实情况相吻合 45. 管理团队已经是最好的 46. 在客户服务管理方面有很好的服务理念 47. 所创办的事业顺应时代潮流 48. 所采取的技术具有突破性,不存在许多替代品或竞争对手 49. 具备灵活的适应能力,能快速地进行取舍 50. 始终在寻找新的机会 51. 定价与市场领先者几乎持平 52. 能够获得销售渠道,或已经拥有现成的网络 53. 能够允许失败

（资料来源:姜彦福、邱琼.创业机会评价重要指标序列的实证研究[J],科学研究,2004(1):59 - 63.）

蒂蒙斯的创业机会评价框架是一种经典的定性分析工具,对于创业机会的评价比较全面但也比较复杂,针对不同行业、不同的创业项目以及创业项目的不同阶段,有些指标并不适用,需要使用者加以灵活处理。例如,王庆良在研究"ATS(Associational,Teacher-less,Standard)英语"培训项目的创业机会评价中,为达到对"ATS 英语"培训项目的创业机会进行评价,采用蒂蒙斯的创业机会评价框架里 8 个部分筛选出 30 个指标对该项目进行评价(表 6-4)。

表 6-4　王庆良对"ATS 英语"培训项目的评价指标表

分　类	指　标　描　述
行业与市场	1. 市场容易识别,可以带来持续收入 2. 顾客可以接受产品或服务,愿意为此付费 3. 产品的附加价值高 4. 产品对市场的影响力高 5. 将要开发的产品生命长久 6. 项目所在的行业是新兴行业,竞争不完善 7. 市场规模大,销售潜力达到 1 千万～10 亿元 8. 市场成长率在 30%～50%甚至更高 9. 拥有低成本的供货商,具有成本优势
经济价值	10. 达到盈亏平衡点所需要的时间在 1.5～2 年及以下 11. 盈亏平衡点不会逐渐提高 12. 项目对资金的要求不是很大,能够获得融资 13. 运营资金不多,需求量是逐渐增加的 14. 研究开发工作对资金的要求不高
收获条件	15. 项目带来的附加价值具有较高的战略意义

续　表

分　类	指　标　描　述
竞争优势	16. 固定成本和可变成本低 17. 竞争对手尚未觉醒,竞争较弱 18. 拥有专利或具有某种独占性 19. 拥有杰出的关键人员和管理团队
管理团队	20. 创业者团队是一个优秀管理者的组合 21. 管理团队知道自己缺乏哪方面的知识
致命缺陷	22. 不存在任何致命缺陷
创业者的 个人标准	23. 个人目标与创业活动相符合 24. 创业者可以做到在有限的风险下实现成功 25. 创业者可以承受适当的风险 26. 创业者在压力下状态依然良好
理想与现实的 战略性差异	27. 在客户服务管理方面有很好的服务理念 28. 所创办的事业顺应时代潮流 29. 具备灵活的适应能力,能快速地进行取舍 30. 能够允许失败

(资料来源:王庆良."ATS"英语培训项目创业机会评价研究[D].南京理工大学,2018.)

　　使用蒂蒙斯教授的创业机会评价模型需要灵活选择和处理评价指标,不必拘泥于形式和具体的指标评价。在国内,刘常勇教授则围绕市场和回报两个层面提出了一个比较简便的评价方法(表 6-5),也可供创业机会评价借鉴使用。

表 6-5　刘常勇教授提出的创业机会评价框架

分　类	指　标　描　述
市场评价	1. 是否具有市场定位,专注于具体顾客需求,能为顾客带来新的价值 2. 依据波特的五力模型进行创业机会的市场结构评价 3. 分析创业机会所面临市场的规模大小 4. 评价创业机会的市场渗透力 5. 预测可能取得的市场占有率 6. 分析产品成本结构
回报评价	7. 税后利润至少高于 5% 8. 达到盈亏平衡的时间应该低于 2 年 9. 投资回报率应高于 25% 10. 资本需求量较低 11. 毛利率应该高于 40% 12. 能否创造新企业在市场上的战略价值 13. 资本市场的活跃程度 14. 退出和收获回报的难易程度

(资料来源:刘常勇.创业管理的 12 堂课[M].北京:中信出版社,2002:64-70.)

　　事实上,类似的评价框架还存在于一些管理咨询公司中,在现实创业机会的评价过程中也并不一定能把一个评价模型的所有指标评价完毕。对创业机会的评价过程,往往是主观或者直觉结合评价框架的部分指标的分析过程。

第二节 创 业 风 险

创业过程中风险与机会并存,创业者要练就承担并挑战风险的勇气,降低乃至规避风险的能力。

一、创业风险的概念

当创业机会面临某种损失的可能性时,这种可能性及引起损失的状态被称为创业风险。面对风险,如果能采取适当的措施,使破坏或损失的概率降到最低:或者说通过合理的认知,理性的判断,继而采取及时而有效的防范措施,那么不仅可以规避了风险,还会带来比例不等的收益。这就是常说的风险越大,回报越高、机会越大。

构成创业机会风险的要素主要包括风险因素、风险事件、风险损失三部分。风险因素是风险事故发生的潜在条件,是造成风险损失的内在或间接原因;风险事件是造成风险损失的直接或外在原因,是风险因素综合作用的结果;风险损失是指非故意、非预期、非计划的经济利益的减少,这种减少通常可以用货币衡量,它是由风险事件直接导致的。

二、创业风险的分类

(一)按风险的来源分类

风险按其来源分为主观创业风险和客观创业风险。

1. 主观创业风险

主观创业风险指在创业过程中,由于创业者的身体与心理素质等主观方面的因素导致创业失败的可能性。

2. 客观创业风险

客观创业风险指在创业过程中,如市场变动、政策变化、竞争对手、创业资金缺乏导致创业失败的可能性。

(二)按风险的内容分类

按照风险的内容进行分类,主要分为以下几个方面。

1. 机会选择风险

机会选择风险指创业者由于选择创业而放弃自己原先从事的职业,所丧失的潜在晋升或发展机会的风险。如辞职开办个体网吧,会影响自己的职称评聘、职位晋升及所学专业上的建树。

2. 技术风险

技术风险指由于技术方面的因素及其变化的不确定性而导致创业失败的可能性。如技术上成功的不确定性、技术效果的不确定性、配套技术的不确定性、技术发展前景的不确定性、技术的可替代性等风险,导致创业者投入巨资购买的昂贵的技术设备难以正常使用,无法发挥效益。

3. 市场风险

市场风险指由于市场情况的不确定性导致损失的可能性。如市场突变、消费者购买力下降、遭遇反倾销、反垄断指控等。另外,不同行业所处的发展阶段、经济特性、进入或退出壁垒存在的差异也可能造成损失。

4. 财务风险

财务风险(资金风险)指在经营过程中,由于创业者财务状况变动所产生的风险。如投资不能按期到位,产品成本提高、销售价格降低、通货膨胀等风险。另外,还要防止那些毫无经验却四处招揽加盟者以收取加盟费为目的的商家,以及那些以卖设备为主的招商者,防止资金被骗。

5. 管理风险

管理风险是指因企业管理不善产生的风险。如由于管理层的综合素质、团队稳定性及组织管理、激励机制等问题,带来股东撤资、精英人才流失、产品质量不合格等风险。

6. 法律风险

法律风险是指企业的经营活动涉及形形色色的利益相关主体,在利益交换过程中可能会和利益相关主体产生的一些争议和纠纷。创办新企业前,创业者需要了解相关的法律法规,明确企业作为独立法人资格主体在法律上承担哪些责任,在关键问题上咨询专业的法律人士是非常必要的。

7. 环境风险

环境风险指由于自然环境因素和政治因素使投资者蒙受损失的各种可能性,包括:地震、洪水、台风等自然灾害造成的风险;火灾、交通事故、环境污染、战争、瘟疫、国际关系变化或有关国家政权更迭变化造成的社会危机风险;由于宏观经济政策发生大幅度波动或调整而产生的政策风险,如税率、利率或汇率变动,国家和地区有关政策变化等导致的风险。

(三)按照风险的影响范围划分

1. 系统风险

系统风险指外部经济社会的整体变化,这些变化包括社会、经济、政治等创业者和企业难以控制的事实或事件。这类风险对企业影响的程度不一,但这是所有的企业都要面对的。如商品市场风险、资本市场风险等。

2. 非系统风险

非系统风险指由企业内部因素导致的风险,是由创业者、创业企业本身的商业活动和财务活动引发的风险,如团队风险、技术风险和财务风险等。这种风险只造成企业自身的不确定性,对其他企业不发生影响。这类风险可以通过一定的手段进行预防和分散。

三、风险识别的方法

风险识别是一项连续性、系统性的工作。在风险事故发生之前,运用各种方法系统地、连续地认识所面临的各种风险以及分析风险事故发生的潜在原因,旨在加强风险防范和管理。下面介绍几种主要的风险识别方法。

(一) 环境分析法

环境分析法是风险识别方法中的一种重要手段,它通过对组织或项目所处的内外部环境进行全面分析,帮助识别风险源和影响因素,识别潜在的风险来源和影响因素,为制定风险管理策略和决策提供有益的参考。其主要包括内部环境和外部环境分析,内部环境包括人力资源、资金、设备、技术、管理体系,以及内部流程和规章制度等;外部环境包括政治环境、市场竞争、行业政策、经济形势、社会变革、技术进步、法律法规等。

(二) 组织结构图分析法

组织结构图分析法是一种常用的风险识别方法,利用组织结构图分析各个部门、团队、岗位之间的关系和职责分工,包括组织的层级结构、职能部门、工作流程和沟通渠道等方面,反映可能使风险状况恶化的薄弱环节,分析可能存在的潜在风险,制定相应的风险管理措施。组织结构图分析法的优势在于能够从组织内部视角全面识别和分析风险,因为组织结构是组织运转的核心和基础。通过该方法,可以发现和解决可能导致风险的组织结构上的问题,进一步提高组织的效率、协作能力和风险管理水平。

(三) 财务报表分析法

财务报表分析法通过对财务报表的分析和解读,帮助识别潜在的风险。财务报表包括企业的资产负债、损益表和现金流量表等;分析方法包括水平分析法、垂直分析法、趋势分析法、比率分析法等。潜在风险主要包括三种:资产本身可能遇到的风险、因遭受风险引起生产或业务中断可能带来的损失、造成人身伤害和财物损毁应支付的赔偿金。通过财务报表分析法,能够更深入地了解组织的财务状况、经营绩效和潜在风险。这有助于识别财务方面的潜在风险,如财务稳定性、偿债能力、盈利能力、现金流等方面的问题,从而及时采取相应的风险管理措施,并确保组织的财务可持续发展。

(四) 流程图分析法

流程图分析法将生产、经营、管理过程按其内在逻辑绘成作业流程图,通过分析生产流程系统直观地捕捉并可视化整个过程中的风险点。其具体做法是,首先将企业的生产工艺全过程,包络进货、选料、制造、包装、存储、发售和运输等各阶段,按顺序列出一张详尽的流程图,然后在对各阶段逐项进行分析,以发现可能遭遇到的各种危险及其潜在的危险因素,该方法便于发现容易引起风险和损失的环节和部门。

(五) 标准化调查法

标准化调查法又称风险分析调查法。通过对特定行业、领域或组织进行标准化的问卷调查,收集大量的数据和信息,并分析和评估这些数据来确定可能的风险,形成报告文件供企业经营管理者使用。具体步骤包括:制定调查目标,设计调查问卷,实施调查,数据分析与评估,形成风险评估报告。该法可以收集大量的数据和信息,为不同行业和组织之间进行比较和分析提供依据。在使用标准化调查法时,需慎重考虑调查设计的数据分析的可靠性和有效性,确保评估报告的准确性和可靠性。

(六)幕景分析法

幕景分析法旨在利用数字、图表、曲线等构建多种可能的未来情景来评估和预测潜在的风险和机会。该方法使组织能够理解不同情景下的变化和不确定性,并制定相应的应对策略。具体步骤包括:确定关键变量,建立幕景框架,评估风险和机会,制定应对策略。幕景分析法的优点是可以考虑不同未来情景的变化和不确定性,帮助组织预测潜在风险和机会,并制定灵活的应对方案。它能够促使组织思考未来可能的变化,避免只依赖单一预测或假设。

(七)事件树分析法

事件树分析法指选择某一风险因素作为需要分析和评估的目标事件,按照事件发展的可能性和结果构建事件树结构,评估事件发生的可能性,评估事件结果的潜在影响并进行风险评估,制定风险控制策略。事件树分析法的优点是能够系统地分析事件发展的可能性和结果,量化评估潜在风险,并为决策提供有力的参考。它可以帮助组织识别关键的风险源和风险传播路径,并优先处理高风险的事件。在使用事件树分析法时,需要合理选择事件和事件发生的可能性,并充分考虑不确定性因素,以确保评估结果的准确性和可靠性。

(八)故障树分析法

故障树分析法以故障为分析对象,识别和评估系统故障的潜在原因及其可能导致的后果,借此识别风险。该方法通过构建故障树,逻辑地表示并分析导致特定目标事件发生的可能故障路径,既可定性分析,又可定量分析。故障树分析法的优点是能够将系统故障原因和故障间关系进行逻辑分析,以及量化评估不同故障路径的发生概率和贡献度。它有助于对各种系统的危险性进行辨识和评价,并提供有针对性的风险管理建议。

(九)专家调查法

专家调查法利用专家的经验、知识和能力,提供一种快速、灵活和主观的风险识别方法。该方法基于专家对特定领域或行业的理解和洞察力,通过提供主观意见和知识,帮助组织识别可能的风险。基本步骤是:选择主要的风险项目,选聘相关领域的专家;专家对各类可能出现的风险进行评估、排序和打分;收集专家意见并整理分析,制定相应的风险管理和应对措施。在使用专家调查法时,需要选择合适和权威的专家,并充分考虑他们的个体差异和观点的一致性。同时,结合其他风险识别方法和数据,以获取更全面和客观的风险识别结果。

四、风险评估

风险评估主要包括风险识别、风险分析和风险评价三个步骤。这三个步骤是进行风险管理的重要环节。常见的风险评估方法如下：

（一）风险因素分析法

该方法是一种评价和分析潜在风险因素，以确定其发生概率的方法。评估过程一般包括以下步骤：调查风险来源、识别风险转变条件、确定是否具备转变条件、估计风险事件可能带来的后果，并最终进行风险评估。这个方法能够帮助我们全面了解风险情况，并为决策提供基础。通过评估风险，我们可以采取适当的措施降低可能的风险影响。

（二）内部控制评价法

内部控制评价的主体是原始创业团队及投资人，其目的在于评估内部控制的有效性。内部控制的目标包括合规目标、资产目标、报告目标、经营目标和战略目标。因此，内部控制评价的内容应涵盖对这五个目标的内控有效性进行全面评估。评价过程需要关注确保准确可靠的财务报告，有效经营和实现制定的战略目标。通过全面评价内部控制的有效性，原始创业团队和投资人可以及时发现潜在的问题和风险，并采取相应的措施加以改进，以确保组织的稳健发展。

（三）定性风险评价法

这种定性评估方法具有便捷、高效的优点，适用于评估各种审计风险。主要的评估方法包括观察法、调查了解法、逻辑分析法，以及类似估计法。通过运用这些方法，我们能够更全面地了解审计风险，从而为相关决策提供有力的参考依据。

（四）风险率风险评价法

该方法的核心理念在于首先计算风险率，然后将其与风险安全指标进行比较。一旦风险率超过了风险安全指标，系统就陷入了风险状态。而风险率与风险安全指标之间的差距越大，风险也就越大。这种方法通过量化的方式对风险进行准确的评估，以便更好地应对可能的风险挑战。在评估过程中，我们可以根据实际情况进行适当的扩展和优化，以确保系统的安全性和可靠性不受威胁。

五、风险管理

企业创业风险管理虽然表面看来不影响企业的收益和发展，但关键时刻关乎企业的生存。它不仅是具体的管理行为，更是一种企业整体的战略思维，应该在所有的经营和管理活动中予以体现。创业风险管理可以划分为风险事故发生前防范、风险事故中损失控制、风险事故后补救完善三个阶段。

（一）风险事故发生前防范

事故发生前，风险管理的主要目的是尽早识别风险，做到防患于未然。运用风险识别方法发现事故隐患后,应及时将信息反馈给相关部门和人员,如果是重大隐患,还应直接向决策者汇报,以引起重视。风险报告应准确指出存在隐患的环节、具体表现、可能引发的后果及发生概率、推荐解决办法等。

(二) 风险事故中损失控制

如果未能阻止风险事故发生,企业应保持积极负责的态度,迅速寻找控制风险扩散、减少损失的办法。首先,应该了解事故的实际情况,涉及公众安全的事故一定要向社会公布事故的进展状态,与企业员工切身利益相关的事故应与员工保持信息沟通,确保企业获得公众的信任。其次,暂停相关业务,防止损失扩大。最后,应向利益相关方征集补偿需求,筹措相应资源等。

(三) 风险事故后补救完善

风险事故发生后,企业必然受到一定创伤,甚至是毁灭性打击。如果企业一息尚存,创业者就必须正视现实,不能沉浸在懊恼、自责、悲伤等情绪中,应该尽可能全面厘清引发风险事故的原因,深入分析究竟是哪些经营活动和管理制度存在遗漏,制定更科学的决策机制,优化相关业务流程,将未来的风险降到最低水平。

(四) 创业风险应对策略

1. 规避策略
规避策略主要是通过改变项目计划以消灭风险或保护项目目标免受影响。在实际的策略运用中虽然不可能消灭所有的风险,但对具体风险来说是可以避免的。例如,某些风险可以通过需求再确认、获取更详细信息、增强沟通、增派专家、缩小项目工作范围、避免某些高风险的任务、采用更成熟的技术方案而非先进但尚未成熟的方案、减少固定资产等方法得以规避。

2. 转移策略
转移策略是策略性地把风险的影响和责任转移给第三方。例如,签署风险分担合同、购买保险、执行业绩奖罚制度等。

3. 减轻策略
减轻策略主要是谋求降低不利风险发生的可能性和(或)影响程度。

4. 接受策略
接受策略表现为面对风险选择不对项目计划作任何改变或干脆无计可施。面对一些风险企业可以选择积极地接受,制定应急计划,监视风险征兆并在风险发生时执行。制定应急计划可以大大减少处理麻烦的费用。

专栏 6-1

大学生创业要高估创业风险

说起创业,人们联想到的更多是成功和鲜花。在工作难找的背景下,大学生没什么社会经验又急于创业,很容易成为一些骗子的猎物。

加盟网店——几个电话骗走 2 万多元

小艳今年就要大学毕业了,但是一时找不到合适的工作,就在网上搜索了一些大学生快速致富的项目,经过反复斟酌,她选择了在网上开一家服装加盟店。与这家加盟店联系后,对方并没有考察她的开店能力,马上以建档案和保证个人信息的名义要她汇 1 万元的创业经费。小艳想都没想就把钱汇过去了。次日,该加盟店又以考验诚信为由要求小艳再汇 1 万元,创业心切的小艳马上又照办了。第三天,加盟店又给她打电话称,创业基金越多越好,如果她凑不够,公司可以贷给她 5 万元,但要先交半年 8% 的利息。于是小艳备齐了贷款材料后,又汇了 4 000 元的利息过去。骗子总是欲壑难填的,就在小艳把第三笔钱汇过去后的半小时内,加盟店又要求她在半小时内再汇贷款总额的 2% 的保证金,以确保她在经营过程中有应急能力。直到这时,小艳才恍然大悟,自己陷入了一个网络骗局。

赚外快——6 000 元买回假游戏点卡

大学生小马同样也是在首次创业时就遭网络欺诈。原本想通过销售游戏点卡赚点外快的他白白搭进去 6 000 多元。

近日,武汉一家网络公司打出游戏点卡 2.8 折的招牌。这个价格太诱人了。小马说,他拨打电话后,对方要求先付 300 元定金。小马汇款后,对方很快寄来了近万元面值的点卡。小马没进行相关验证,就付清余款 3 060 元,充值时才发现卡被锁定了,无法使用。该公司说,要交纳 2 800 元注册费在公司注册一个账号,小马依言照做,游戏点卡还是无法充值。小马只得再次与公司联系,对方称还得交 3 000 元市场保证金。感觉不对劲的小马向网监部门投诉才得知,该网站并没有注册备案,属于非法域名,自己上当了!

点评:大学生创业要高估风险,不要还没走进社会就想着天上掉馅饼。一些所谓加盟连锁企业深谙大学生创业心理,已为他们准备好连环套:品牌在国外已有十几年甚至几十年成功运营史,实际已死无对证;生产基地在某发达省(自治区、直辖市),可是路途遥远不便去看;加盟利润很高,这只有天知道;还列举许多成功范例,带你去看其他加盟店,实际就是托;承诺经营好了给你返奖金和装修费,前提是经营好,这基本没希望。更重要的是,投资成本仅两三万元,还有优厚的换货条件,风险很小,这么多好处怎能不让创业心切的大学生心动?但是,就像阿里巴巴资深观察家裘唐明所说,真正的品牌公司,在授权前肯定会做周密的考察工作,只有真正有经营能力,也有经济实力的人,才会获得他们的品牌授权。也就是说,凡是行业进入门槛低,产品易被仿制,经营模式易被参考,而总部又是成立不久的新企业,那么,对其所推出的加盟项目就要慎重考虑了。大学生在创业路上应该高估风险,因为资金对他们而言,本就是稀缺资源,一旦被骗,很难东山再起。

思考题

1. 以上两个案例,按风险的来源分类属于哪种风险呢?

2. 使用教材上的风险识别方法,是否可能发现以上案例中的风险呢,如果能发现,使用的是哪种风险识别方法?

3. 结合案例进行分析说明,大学生在创业过程中应当如何进行风险管理?

项目实训

项目一:如何识别市场机会

1. 完成时间:30分钟。

2. 学习任务:以小组讨论案例为主要形式,分析中国新能源汽车企业是从哪几个方面识别市场机会的? 中国新能源汽车发展的机会可从哪些方面进行寻找? 最终形成小组报告,并在课堂进行分享交流。

3. 成果形式:小组报告。

项目二:撰写创业项目的市场调查报告

1. 完成时间:一星期。

2. 学习任务:根据市场调查报告,从机会与风险两个方面进行分析评估,初步找到自己创业的意向。

3. 成果形式:小组报告。

第七章 创业资源

学习目标

1. 掌握创业资源的整合管理机制。
2. 了解创业融资难的原因及创业融资的基本条件。
3. 掌握创业融资的主要渠道及差异。
4. 掌握创业融资的选择策略。

案例导读

蒙牛集团的创立者牛根生当年创业时,企业没有运输车,他就整合个体户买车;员工没有宿舍,他就将政府、银行、员工这三个资源整合在一起建宿舍;农民用贷款买牛,蒙牛用品牌担保农民生产出的牛奶包销,整个北方地区300万农民都在为蒙牛养牛。任何创业者都不可能拥有世界上所有的资源,可支配的资源总是有限的。想要实现自己的创业目标,就必须利用自己手中可占用和支配的资源与他人交换自己所需要的资源,同时让对方也能得到他想要的资源。这就是资源整合的一个重要法则。

思考题:

1. 创业企业需要整合哪些资源?
2. 如何资源整合?

第一节 创业资源概述

资源是创业过程不可或缺的支撑要素,为了合理利用和控制资源,创业者往往要制定设计精巧、用资谨慎的创业战略,这种战略对创业具有极其重要的意义。而创业团队则是实现创业这个目标的关键组织要素。

一、创业资源的内涵

蒂蒙斯认为,成功的创业活动必须对机会、创业团队的和资源三者进行最适当的匹配,并且还要随着事业的发展而不断进行动态平衡。创业过程由机会启动,在创业团队建立以后,就应该设法获得为创业所必需的资源,这样才能顺利实施创业计划。[①]

(一) 创业资源的概念

资源就是指任何一个主体在向社会提供产品或服务的过程中,所拥有或可以支配的对实现发展目标有益的物质或能力的组合。创业资源是企业创立以及成长过程中所需要的各种生产要素和支撑条件,是创业企业在创业过程中需要的特定资源,包括创业资本、创业人才、创业机遇、创业技术和创业管理等。

张玉利认为,人、财、物是任何创业企业都要具备的基本生产要素,企业创业就是要把识别出的创业机会和获取到的资源进行整合的活动。对于新创业的企业而言,最关键的资源是创业者本身,这是用钱也无法买到的资源。[②]

(二) 创业资源理论

1. 资源基础理论 (resource-based theory)

资源基础理论的基本观点是将企业概念化为一系列资源的集合体。该观点可较早地追溯到英国管理学家伊迪丝·彭罗斯(Edith Pearose)1939 年出版的《企业成长理论》(*The Theory of the Growth of the Firm*)。[③]该书把企业看成由一系列具有不同用途的资源相联结的集合,关注企业内部的资源对实现企业成长的重要性,以及企业在其成长战略中如何利用不同的资源。在前人研究的基础上,杰恩·巴尼(Jay B. Barney)对形成企业持续竞争优势的战略性资源属性进行了分类,为资源基础理论的实际应用提出了一个分析框架。

2. 资源编排理论 (resource orchestration theory)

资源基础理论认为竞争优势源于企业的异质性资源,但拥有异质性资源本身并不能保证企业一定能够获取持续的竞争优势,创业者需要协调其资源以实现资源的充分开发与利用,发挥任何潜在优势。因此,仅从静态角度分析,无法解释拥有相似资源的企业,企业绩效存在较大差异的问题。大卫·西蒙(David Sirmon)等提出了资源编排论(resource orchestration theory),该理论强调对资源进行协调和组合的竞争优势,并将资源重新配置出的竞争优势转化为创新产出。

从过程角度看,资源编排主要包括资源结构化、资源捆绑和资源利用三部分。资源结构化是指通过获取外部资源、内部积累资源、剥离非生产性资源等行为实现资源的重整;资源捆绑包括对组合后的资源开展稳定化、丰富化、开拓等活动,实现资源优化;资源利用则是通过对现有资源的开发和能力转换,改进、丰富扩展现有能力,并开创出新的能力,构建新的资源组合,提升企业竞争优势。

二、创业资源的分类

对于创业资源的分类方式有很多种,常用的有按资源性质分类、按资源存在的形态

---

① 张玉利.创新与创业基础[M].北京:高等教育出版社,2017.

② 张玉利,杨俊,任兵.社会资本、先前经验与创业机会——一个交互效应模型及其启示[J].管理世界,2008(7):91-102.

③ 伊迪丝.企业成长理论[M].上海:上海三联书店,上海人民出版社,2007.

分类、按资源参与程度分类、按资源重要性分类、按资源的来源分类等。

（一）依照资源的性质

创业资源可分为人力资源、社会资源、财务资源、技术资源、物质资源和组织资源等。

1. 人力资源

人力资源不仅包含创业者及其创业团队的专业知识、训练和经验等,也包含团队成员的智慧、判断力、视野和愿景,甚至创业者本身的人际关系网络。创业者是创业企业最重要的人力资源,其价值观念和信念是创业企业的基石;其拥有的人际和社会关系网络使其能够接触到大量的外部资源,而这些资源可以有效地降低创业的潜在风险;另外创业者拥有的经营管理能力和对所从事行业的了解程度对创业成功有很大的促进作用。优秀的员工也是创业人力资源的重要组成部分。因此,高素质人才——技术人员、销售人员和生产工人等的获取和开发,便成为企业可持续发展的重要因素。

2. 社会资源

社会资源即社会资本,最早把社会资本概念化的是 Granovetter,但学术界至今对社会资本尚未形成统一概念,社会资本是指个体或团体之间的关联——社会网络、互惠性规范和由此产生的信任,是人们在社会结构中所处的位置给他们带来的资源。包括通过个人或集体有意识或无意识建立的关系网络和在网络中具有流动性的实际资源和潜在资源。

3. 财务资源

财务资源通常是创业企业向债权人、权益投资者和通过内部积累筹集的负债资金、权益资金和留存资金的数量之和。财务资源主要包括银行贷款、机构或个人创业投资、各种政策性的低息或无偿扶持基金。一般来说,企业在创业初期以不高于市场平均水平的资本成本及时筹集到足额的财务资源,是企业成功创办和顺利经营的前提条件。但创业者在创业初期的辛苦工作、高效节约的工作作风和个人的社会关系等可以帮助创业企业在一定程度上减少部分资金需求。

4. 技术资源

技术资源主要指创业企业的关键技术、新颖的制造流程、特色的生产设备和作业系统等。技术资源一般包含三个层次:一是根据自然科学和生产实践经验发展而成的各种工艺流程、加工方法和劳动技能等。二是将这些流程、方法、技能和诀窍等辅助实现的相应的生产工具和其他物资设备。三是适应现代劳动分工和生产规模等要求的对生产系统中所有资源进行有效组织和管理的知识、经验和方法。

5. 物质资源

物质资源是创业企业经营所需要的有形资源,如房屋、建筑物、设施、机器和办公设备、原材料。

6. 组织资源

组织资源是企业创建和持续经营最重要的资源。组织资源一般指企业的管理体系,包括企业的组织架构、工作流程、工作规范、信息传递、决策模式、质量保障系统以及组织计划等。有时,组织资源也可以呈现在个人技能或能力上。其中,组织架构作为可区别于竞争对手的无形资源,它是组织资源最重要的部分。

(二) 按存在形态分类

创业资源按其存在的形态可分为有形资源和无形资源。

1. 有形资源

有形资源指具有具体物质形态的,其价值可直观衡量的资源,如组织赖以生存的物质资源,包括设备、原料、资金、产品。

2. 无形资源

无形资源指不具备具体物质形态的,难以用货币价值精确衡量的资源。如信息资源、人力资源、信誉资源等。

(三) 按创业资源的参与程度分类

创业资源按其参与程度,可分为直接资源和间接资源。

1. 直接资源

直接资源是直接参与企业战略制定和执行的资源。如市场资源、人力资源、财务资源等。

2. 间接资源

间接资源是不直接参与企业战略制定和执行的资源。如政策信息、市场信息。它们更多是为企业的成长提供方便和机会,只起到间接作用。

(四) 按重要性分类

根据资源基础理论,创业资源依据其对企业核心竞争力的影响的,可分为核心资源与非核心资源。

1. 核心资源

核心资源主要包括技术、管理和人力资源。这些资源涉及创业企业有别于其他企业的核心竞争力,是创业机会识别、机会筛选及机会运用三大阶段的主线。

2. 非核心资源

非核心资源主要包括资金、场地和环境资源。这些资源是创业企业成功创建和持续发展的基本资源。

(五) 按来源分类

创业资源按其来源可分为自有资源和外部资源。

1. 自有资源

自有资源来自内部机会积累,是创业者自身所拥有的可用于创业的资源,如创业者自身拥有的资金、技术、人脉关系、创业机会信息、物质资源、管理才能和营销网络等。甚至最极端的情况下,创业者所发现的创业机会就是其所拥有的唯一的创业资源。

2. 外部资源

外部资源来自外部机会的发现,是创业者从外部获取的各种资源,包括从亲戚、朋友或其他投资者筹集到的投资资金、经营空间、设备或其他原材料等。

自有资源的拥有状况（特别是人力资源和技术力量）会影响外部资源的获得和运用。

（六）创业资源与商业资源的异同

创业资源与一般商业资源既有相同点，也存在一定的差别。

商业资源是创业资源，但不是所有的商业资源都是创业资源。因为只有创业者可以利用的资源才是创业资源。根据创业周期不同，创业资源和商业资源也有所差异。创业阶段和成熟期的企业对人才、投资、市场渠道等资源的需求是不同的。从资源种类上来看，创业资源和商业资源也存在一定的区别。创业资源包括人力资源、金融资源、技术资源、信息资源等；而商业资源则更加注重物流供应链、客户资源、品牌形象等方面的建设；创业资源的独特性更强，创业者的个人能力和社会网络资源是其中最为关键的资源，而一般商业资源中，规范的管理和制度则是企业取得成功的基础资源。另外，从支持方式上来看，创业资源和商业资源也存在差异。创业资源一部分来自政府部门和创业孵化器，如其提供的资金、场地、人才等方面的支持；而商业资源则更多来自企业自身的积累和开发。综上所述，创业资源和商业资源的差异主要包括在需求、种类和支持方式等方面存在一定的区别。

三、创业资源在创业中的作用

（一）人力资源是企业创建和持续经营最重要的核心资源

人是创业活动的主体，在企业的创业和经营活动中起着决定性的作用。创业者和创业者团队的能力、经验、知识素养和人脉关系等是创业走向成功最核心的资源。"团队一流比项目一流更重要"，这已经成为创业活动中一个不争的事实。因此，高素质的人才是企业创业和可持续发展的核心资源，特别是科技创业企业。

（二）社会资源是企业获取不同资源的重要来源

社会资源对创业者至关重要。社会资源是指在社会经济发展过程中各种可利用的资源，包括物质资源、金融资源等。物质资源的丰富和有效配置，金融资源的便捷和灵活，以及资源分配的公平性，都是构建良好创业环境的重要因素。通过充分利用和合理配置社会资源，能够为创业者提供更多的机会，推动经济的可持续发展。这些资源与创业机会之间也存在着紧密的联系和相互影响。丰富的社会资源对创业机会的形成和发展都起着重要作用。

（三）财务资源是企业创建和持续经营必不可少的基础资源

财务资源对于任何一个企业都非常重要，对于新创企业来说，无论是进行产品研发还是生产销售，都需要大量资金，而创办初期由于市场和销售的不确定性，企业在生产经营中产生的资金较少。

（四）技术资源是企业创建和持续经营的关键资源

技术资源是很多企业创业初期最关键、最核心的创业资源，是生产稳定的保障，是竞争优势的体现。在创业初期,在创业资金基本满足的基础上,创业技术是最关键的资源,原因有三:一是创业技术是创业产品的获利能力和市场竞争力的根本因素;二是创业技术是否为该行业内的核心尖端技术决定了创业资本的资金需求量和融资能力;三是创业初期,由于企业规模小、对于管理优秀人才的需求度不像成熟企业那样高,所以是否掌握创业需要的"核心技术"往往决定了是否拥有企业的决策权和导向权,特别是依托高科技创业的企业更是如此。

(五) 组织资源是创业企业持续经营的最重要资源

优秀的人才要在合理的组织资源的支持下才能发挥其水平;良好的企业文化需要在有序合理的组织环境中才能被培育出来,并且有良好的组织资源,企业创业期间所拥有的财务资源、技术资源、物质资源等才能为企业服务,发挥其最大效用。

(六) 物质资源是企业创建和持续经营的保障资源

任何创业企业的诞生和存续都离不开物质资源的保障。物质资源在企业创业起步阶段尤其重要,它或许不是战略性资源,也不是核心技术资源,但如地理位置、区域优势、自然资源等物质资源是可以体现企业创业竞争优势的资源。而且,对于某些创业者来说,物质资源的获取也是相对较为容易的。

四、创业资源整合

创建、运营企业不只需要一种资源要素,而是需要不同要素的资源组合。创业活动就是要把资源从生产效率低下、获益较小的地方转移到生产效率更高、获益更大的地方,通过转移促进资源价值得以更大化,而创业者也通过这个资源转移和整合的过程得到回报。创业者以出让未来收益的方式,向不同的资源所有者筹集其创业所需的资源要素,以合同契约的方式构筑创业企业的资源框架,用整合的方式将资源集合到企业中,为企业的生存和发展提供动力。典型案例有尤伯罗思组织的 1984 年洛杉矶奥运会、携程的资源整合利用。

(一) 创业资源整合方式及其利用技巧

"怎样才能用有限的资源获取更多的价值创造?"是每个创业者都关心的问题。由于市场环境的不断变化,企业将面临的问题层出不穷,企业的资源结构不可能适应于所有情况,也没有企业总是能够在第一时间找到合适的新资源。于是,为了其他目的重新整合已有资源,快速应对新情况便成为创业成功的利器。

资源整合(resource integration)是指行动者为了追求价值创造而组合和应用资源的过程。

1. 资源拼凑

人类学家克洛德·列维—斯特劳斯(Claude Lévi-Strauss)最早提出"拼凑"一词,后来这个词被应用于众多学科。拼凑(bricolage):在已有元素基础上,不断替换其中的一些要素,形成新的认识。在创业活动中,资源拼凑是指在资源的束缚下,创业者整合手边现有资源,创造出独特服务和价值的创造性活动[①]。采用拼凑策略整合资源,要求创业者突破习惯性思维模式,打破对资源和产品的常规理解,并能够将其创造性地整合起来,加以再利用。所以,有效整合和运用已有资源是对创业者资源整合能力的考验。

根据所涉及的时间长度和空间跨度,拼凑可分为选择性拼凑和全面性拼凑。

（1）选择性拼凑。

选择性拼凑是指创业者在拼凑行为的使用上具有一定的选择性。创业者在整合手边已有资源去应对新问题或抓住新机会时,应采用选择性的拼凑策略。

（2）全面性拼凑。

全面性拼凑是指创业者在物质资源、人力资源、技术资源和顾客市场等诸多方面长期使用拼凑方法,在企业现金流步入稳定后依然没有停止拼凑的行为。

2. 步步为营

创业者分多个阶段投入资源,并在每个阶段投入最有限的资源,这种做法被称为步步为营。步步为营策略首先表现为节俭,设法降低资源的使用量和管理成本。步步为营策略还表现为自力更生,减少对外部资源的依赖,目的是降低经营风险。

例如,蜜雪冰城最突出的标签是薄利多销,6元钱一杯奶茶的价格,几乎是行业的下限。蜜雪冰城实现了现制饮品、现制冰淇淋核心食材的自主生产,在保证了食材稳定供给与产品品质的同时,有效降低了公司成本。

但是过分强调降低成本,会影响产品和服务质量,甚至会制约创业企业发展。

3. 发挥资源杠杆效应

即用一种资源吸纳和补充另一种资源,或利用一种资源撬动其他资源,产生更高的复合价值,成功借助其他企业和个人的资源来完成自身的创业目标。其实,大公司也不只是一味地积累资源,而是更擅长于资源互换,进行资源结构更新和调整,积累战略性资源,这是创业者需要学习的经验。对创业者来说,容易产生杠杆效应的资源,主要包括人力资源和社会资本等非物质资源。

4. 设置合理的利益机制

资源整合以利益为基础,创业者在创业资源整合时,除了需要找到双方的利益共同点,还要设计好有助于资源整合的利益机制,借助利益机制把包括潜在的和非直接的资源提供者整合起来,借力发展。

利益关系有时是直接的,有时是间接的,有时是显性的,有时是隐性的,有时甚至还需要在没有的情况下创造出来。识别到利益相关者后,逐一认真分析每个利益相关者所关注的利益非常重要,多数情况下,将相对弱的利益关系变强,更有利于资源整合。

5. 建立信任, 维持长期合作

信任关系建立起来后,要维持长期合作还需要做到以下几点:第一,给资源提供者一个明确的未来预期,让资源提供者看到资源投入的后果,增强其投入信心;第二,要进行及时的沟通,通过和资源提供者的互动,让对方了解企业资源使用的方式和目标,以便得到其进一步的支持和帮助。

[①]　张玉利.创新与创业基础[M].北京:高等教育出版社,2017.

（二）资源整合的步骤

第一步：分析已有资源。将自己的资源列出一张清单，包括资金、团队、渠道、客户、品牌、专业、人脉等方面，对这些资源进行精确分析。

第二步：明确目标资源。即明白你缺的资源。如何判断你缺的资源？方法一，在微曲线上找出所需要的上下游方面的资源，上游包括产品研发、原辅材料等资源；下游包括客户、品牌、物流等资源。方法二，列出资源表，将资源分类后选择。

第三步：识别利益相关者的利益。在知道自己想要的资源以后，研究缺少的资源在谁手里，并且把你们的利益关系辨析出来，甚至有的时候还需要创造出来，才能够有针对性地进行资源整合。因为资源的交换和整合应建立在互利的基础之上。

第二节　创业融资概述

一、创业融资的概念

创业融资是指新创企业获得初始创建资本以及后续运营资本的过程，即创业者为了将某种创意转化为商业现实，根据经营活动、投资活动和资本结构调整等需要，通过科学的资金使用量预测和决策，通过不同的渠道，采用不同的方式，向企业的投资者和债权人筹集资金、组织资金供应以建立企业的活动。

在不同的创业阶段，创业活动将产生不同的资金需求。如企业成立前需要租赁、装修办公场所，需要购置计算机等办公设备；在正式的产品生产、销售之前，首先需要购买原材料或存货，其次需要招聘员工，而员工工资、保险以及对产品进行市场推广等；再往后随着生产、经营、管理活动的开展对现金的需求会越来越多。这些方面所需花费的成本往往会超出创业者的能力范围，需要进行融资。

二、创业融资的困难

（一）创业环境的不确定性大

初创企业和成熟企业都存在着不稳定性及不确定性。但初创企业缺少成熟企业所具备的应对环境不确定性的经验、组织竞争能力。这一时期创业者的意志力和融资能力是决定企业是否可以生存下去的关键因素。根据清华大学中国创业中心 GEM（全球创观察）项目的研究成果，市场变化大是中国创业环境方面的重要特征之一。市场变化大意味着更多的创业机会，也意味着创业活动可能面临更大的风险和不确定性。创业者如果缺乏创业管理的知识和经验，在商机把握和资源组织方面能力不强，会导致创业者把握不好创业机会，不能及时对市场变化做出反应，进而加剧了创业企业的不确定性。而大学生创业者基本都是初次创业，除了面临以上风险，还有社会经验、管理能力及专业能力不足等劣势，导致大学生创业更加困难。

（二）创业者缺乏资金规划和融资准备

很多大学生在创业初期，具有很强的融资意愿，但却缺乏相关的融资知识和常识。

创业融资需要专业知识和实践经验;对资本市场和投资人有充分的认知和了解;根据自身的实际情况,制订针对性较强的融资策划方案;在融资过程中遇到各种问题的处理及运作能力。

(三)创业企业融资存在明显的劣势

首先,新创企业一般来说规模较小,有效的可供抵押的资产较少,而且很难得到第三方担保,从而面临贷款申请被拒或不能获得期望的足额贷款等窘境。其次,创业企业没有可参考的经营情况,投资者对于投入资金的安全性判断较为困难,从而限制了投资金额。最后,投资方要考虑自身成本。

三、创业启动资金预测

企业创立之初,由于生产经营的需要,需要大量资金予以支持。在不同的阶段会产生不同的资金需求,创业者应该根据企业在成立前后的资本需求特征,合理确定资本结构及资本需求数量,在融资之前做好细致的规划。

(一)启动资金的分类

启动资金就是开办企业必须购买的物资和必要的其他开支。按照用途划分,启动资金可以分为固定资产投入和流动资金。

1. 固定资产投入

固定资产投入指企业所购置的价值较高、使用寿命较长的物资,包括场地费、设备购置费、开办费(如培训费、加盟费、技术转让费、装潢装修费)。

2. 流动资金

流动资金是保证企业日常运转所需要支出的资金,也称运营资金。流动资金包括产品或原材料、人员工资与福利、保险费、水电费、电话费、网络费、材料费、广告费、维修费、物业费、运输费、外包费、不可预见费用(罚款、盗窃、丢失)等。如果有分期偿还的借款,各期偿还本金也要计算在内。

四、流动资金预测

流动资金预测就是预算企业正常运转后流动资金的需要量。

流动资金预测表如表 7-1 所示。创业初期,流动资金预测是在假设前 3 个月没有任何销售收入的情况下计算出来的,但是只有支出没有收入,不能准确地体现现金流动情况,同时也可能存在遗漏的支出项目。

表 7-1　流动资金预测表

项　目	费用估算/元	备　注
原材料 包装费 租金 工资		

项 目	费用估算/元	备 注
保险费 水电费 通信费 其他投入		
合 计		

五、创业融资资金需求测算的步骤

对于创业企业来说,想要较为精确地测算融资需求,重要前提之一是确定合适的筹资金额和资本结构。尽管不同企业的融资资金需求测算步骤各有特点,但大多数创业企业资金需求测算可以分为以下几个基本步骤:(1)确定预测目的,编制工作计划,组织相关人员,建立测算责任制,对测算相关工作进行分工,确保测算工作顺利开展。(2)收集测算相关数据,力求保证数据的相关性和完整性以提高测算准确性。(3)选择合适的方法进行创业融资资金需求测算。(4)分析调整,用于决策。

六、创业融资资金需求测算的方法

创业融资资金需求测算的方法很多,有粗略估计的定性预测方法,具体包括专家会议法和德尔菲法;有通过数据模型测算的定量预测方法,具体包括因素分析法、回归分析法和营业收入比例法。

(一)定性预测方法

1. 专家会议法

该方法主要是由创业行业相关的从业者或学者等有较丰富知识和经验的人员组成专家小组进行座谈讨论,最终对创业企业在特定时期的融资需求做出测算结果。这种方法的优点是能快速形成意见,意见由相关专家得出,较为科学。缺点是小组成员容易屈服于其他专家意见而不能坚持自己的判断;小组内较有权威的专家会为了保持自己的权威而不修改其不正确的意见,影响测算结果的正确性。

2. 德尔菲法

德尔菲法的工作流程大致可以分为开放式的首轮调研、评价式的第二轮调研、重审式的第三轮调研和复核式的第四轮调研四个步骤;在每一步中,测算的组织者与专家都有各自不同的任务,最后汇总专家们的意见,形成结论。德尔菲法的具体操作流程请参阅管理学相关书籍。

德尔菲法

(二)定量预测方法

1. 因素分析法

因素分析法又称分析调整法,是以有关资本项目上年度的实际平均需要量为基础,根据预测年度的经营业务和加速资本周转的要求,进行分析调整,来预测资本需要量的一种方法。

因素分析法的基本模型是：

$$资金需要额＝（上年度资金实际平均占用额－不合理平均占用额）$$
$$×（1＋预测年度销售增减百分比）$$
$$×（1＋预测期资金周转速度变动率）$$

因素分析法的特点包括：①在运用因素分析法时，应当对决定资金需要额的众多因素进行充分的分析研究，确定各种因素与资金需要额的关系，以提高预测的质量；②因素分析法限于企业经营业务资金需要的预测，当企业存在新的投资项目时，应根据新投资项目的具体情况单独预测其资金需要额；③运用因素分析法测算企业资金需要额，只是对资金需要额的一个基本估计。在进行筹资预算时，还需要采用其他预测方法对资金需要额作出具体的预测。

2. 回归分析法

回归分析法是假定资本需要量与营业业务量（如销售数量、销售收入）存在线性关系并建立数学模型，然后根据历史有关资料，用回归直线方程确定参数，预测资本需要量。其预测模型为：

$$Y＝a＋bx$$

式中：Y 表示资本需要总额；a 表示不变资本总额；b 表示单位业务量所需要的可变资本额；x 表示经营业务量。

不变资本指在一定的营业规模内不随业务量变动的资本，主要包括为维持营业而需要的最低数额的现金、原材料的保险储备、必要的成品或商品储备及固定资产占用的资本。

可变资本指随营业业务量变动而同比例变动的资本，一般包括在最低储备以外现金、存货、应收账款等所占用的资本。

3. 营业收入比例法

营业收入比例法，又称销售百分比法，是根据营业业务与资产负债表和利润表项目的比例关系，预测各项目资本需要额的方法。通过编制预计利润表，预测留用利润、内部筹资额；通过编制预计资产负债表，预测外部筹资额。其优点是能为财务管理提供短期预计的财务报表，以适应外部筹资的需要，且易于使用；缺点是倘若有关销售百分比与实际不符，据以进行预测就会形成错误的结果。因此，在有关因素发生变动的情况下，必须相应地调整原有的销售百分比。

企业创业过程中针对特定时期的发展需要进行多轮融资，不同阶段的企业融资需求应分别采用不同的融资测算方法进行。成长期企业筹集的资金主要用于销售渠道的扩张、人才储备、固定资产投资和生产运营，融资需求较大。成长期企业已拥有一部分较为稳定的客户群，管理者已掌握一定的生产运营经验，拥有一定的历史数据，因此可采用专家会议法、德尔菲法或者营业收入比例法进行融资测算。

企业进入成熟期，销售额迅速扩大，管理队伍已经成型，企业的生产、销售、服务已经稳定。在这一阶段，企业实现规模效益的需要带来了对外部资本的大量需求,对资金的需求主要体现在企业的规模营运资金、扩大固定资产投资、扩大流动资金垫支增大营销费用等。因此,这一阶段创业企业的资金需求测算主要围绕新增需求展开。

第三节 创业融资的决策

了解创业融资的形式,对大学生创业很有帮助。创业企业通过不同的融资渠道、采用不同的融资方式筹集资金,因其权属、期限、来源和机制的不同形成股权和债权、长期和短期、内源和外源、直接和间接不同的融资形式,通常以资金权属性质划分为股权融资和债权融资。

一、股权融资的概念与方式

美团单车的
融资历程

股权融资是指企业的股东愿意让出部分企业所有权,引进新的股东的融资方式。股权性资金是投资性质的资金,资金提供者拥有企业的股份,按照提供资金的比例享有企业的控制权,参与企业的重大决策,承担企业的经营风险,一般不能从企业抽回资金,其获得的报酬根据企业经营情况而变化。股权融资主要包括以下几种方式。

(一)创业者自我融资

首先,创业企业很难通过传统的融资方式如银行贷款、发行债券等方式获得资金,私营中小企业在初创阶段几乎完全依靠自筹资金。自我融资是一种有效的承诺,这种信号会增强其他投资者对新创企业投资的信心。当创业者试图引入外部资金时,外部投资者一般都要求企业必须有创业者的个人资金投入。当然,在难以获得外部资金的情况下,自我融资并不一定能解决根本问题,因为自我融资得到的资金相对有限,很难满足创业资金的需求,特别是那些前期投入较大的企业,所以,创业者可以通过转让部分股权从合伙人那里取得创业资金,利用团队成员的个人积蓄也是创业者最常用的融资方式之一。

(二)国家财政投资

财政投资主要体现了国家对新创企业的扶持倾向,既包括通过财政拨款设立创新(创业)基金的方式对新创企业进行资助,也包括通过财政补贴、税收优惠、政府采购、财政担保机制及建立创新企业发展园区等方式对新创企业进行间接资助。政府的资金支持是中小企业资金来源的一个重要组成部分,政府的资金支持一般能占到中小企业外来资金的10%左右,还有很多其他类型的地方性优惠政策。

(三)风险投资

1. 风险投资的概念

风险投资(venture capital,VC)又称创业投资。根据美国全美风险投资协会的定义,风险投资是指由职业金融家投入新兴的、迅速发展的、有巨大竞争潜力的企业的一种权益资本。在风险投资中有很多的不确定性,给投资及其回报带来很大的风险。因此,有巨大竞争力的企业才是风险投资青睐的对象,在承担很大风险的基础上,为融资人提供长期股权投资和增值服务,培育企业快速成长,数年后再通过上市、兼并或其他股权转让方式退出投资,风险投资者取得高额回报。

2．风险投资的特点

（1）高风险性。

由于风险投资的主要投资对象是处于种子期到成长期的高科技创业企业,投资者看重的是投资对象的技术和市场潜力,这个阶段企业往往各方面的资源都比较匮乏,市场上的客户认可程度很低,管理团队的企业经营经验也较少,可能会经不起市场考验,因此投资的风险性和失败率都非常高。

（2）高收益性。

风险背后对应的收益是风险投资的动因,与高度的投资风险相伴随的是超额的投资回报。风险投资在注入资金之后,往往与创业者签订一系列的投资条款,以方便其在企业成长之后回收投资。一般情况下,投资种子期的创业企业要求回报率在40%左右,投资成长期的创业企业要求回报率在30%左右,投资上市前的企业要求投资回报率在20%左右,远远高于上市后企业股票平均5%的回报率。上市是投资成功的一个标志,此时,风险投资者可以在金融市场上出售自己的股份,实现风险投资的高额回报。

（3）权益性。

权益性是风险投资的首要特征。风险投资更看重投资对象的发展前景和投资增值状况,以便在未来通过上市或出售取得高额回报。

（4）长期性。

风险投资的流动性较小,具有长期性的特点,在实际投资的时候,一种常见的风险投资方式是分期投资。

（5）投资者参与

风险投资者往往拥有企业的部分控制权;部分风险投资者在投资的时候还会要求拥有在董事会中的席位及一些特定的否决权。为降低投资风险,风险投资在向企业注入资金的同时,必然介入该企业的经营管理,参与企业的战略决策,在必要时甚至解雇企业的管理者,以使企业更好地发展。

（6）专业化

由于风险投资的高风险性和长期性,为了降低投资失败率,风险投资者往往更愿意向自身熟悉的产业投资,即风险投资者一般对所投资的产业具备很高的专业水准。在投资之后介入企业运作时,风险投资者也可以提供专业化的增值服务,给予企业针对性的战略支持。

如何获得
风险投资

（四）天使投资

1．天使投资的概念

天使投资（angel investment）是自由投资者或非正式风险投资机构对专门技术原创项目或独特概念进行的一次性的前期投资,并承担创业中的高风险和享受创业成功回报的高收益[①]。

2. 天使投资的特点

（1）通常只提供"第一轮"融资，融资额有限。

天使投资一般由个人投资，属于个体或者小型的商业行为，不足以支持较大规模的资金需要，只有那些处于最初发展阶段的创业能够得到他们的帮助，因此金额也比较有限。

（2）带有强烈的感情色彩。

天使投资一般有两类：一是没有行业背景的天使投资，二是有行业背景的天使投资。天使投资人在投资决策方面看重产品和市场，更看重创业者个人，一般包括创业者的热情、可信度、专业知识、受欢迎程度以及过往创业记录等，天使投资更多是对创业者进行投资，投资人不仅提供现金，还提供专业知识和社会资源方面的支持。他们有富余的资金，也具有专业的知识或丰富的管理经验，不仅仅限于能在自己熟悉或感兴趣的领域进行投资，获取资金的回报，还希望以自己的资金和经验帮助那些有创业精神与创业能力的志同道合者创业，以延续或完成他们的创业梦想。

（3）融资程序简单迅捷。

由于天使投资者只是代表自己进行投资，投资行为带有偶然性和随意性，投资决策主要基于投资者个人，因此没有复杂烦琐的投资决策程序，直接向企业进行权益投资，短时期内资金就可以到位。

（4）投资者看待投资项目的目光较为短浅。

因为使用自己的资金进行投资，对投资回报的期望较高，而且抗风险的能力不如大型投资公司，所以"天使"投资对亏损的忍耐力不强，目光较为短浅。

（五）私募股权投资

1. 私募股权投资的概念

私募股权投资（private equity，PE）是指通过私募形式对私有企业（非上市企业）进行的权益性投资，在交易实施过程中附带考虑了将来的退出机制，即通过上市、并购或管理层回购等方式，出售所持股份进而获利的投资形式。广义的 PE 是涵盖企业首次公开发行前各阶段的权益投资，即对处于种子期、初创期、发展期、扩展期、成熟期等各个时期的企业进行投资。狭义的 PE 主要是指对已经形成一定规模的，并产生稳定现金流的成熟企业的私募股权投资，其中并购基金和夹层资本在资金规模上占最大的一部分。

2. 私募股权投资的运作时间

当企业发展成熟，已经有了一定的上市基础，并达到了 PE 要求的收入或盈利时，PE 提供必要的资金和经验来帮助完成公开募股（IPO）所需要的重组架构，提供上市融资前所需要的资金，按照上市公司的要求帮助公司梳理治理结构、盈利模式、募集项目，以便能使其在 1～3 年内上市。

---

① 刘云兵，王艳林.大学生创新创业教程[M].北京：人民邮电出版社，2017.

二、债权融资

债权融资是指通过借债的方式进行融资。债权性资金是借款性质的资金,资金所有人提供资金给资金使用人,然后在约定的时间收回资金(本金)并获得预先约定的固定的报酬(利息),资金所有人不参与企业的经营活动、不承担企业的经营风险,所获得的利息也不因为企业经营情况的好坏而变化。

(一)向家人及亲友借款

新创立的企业早期所需的资金具有高度的不确定性,且需求量较少,因此在这一阶段,除了创业者本人的个人积蓄,向家人及亲友借款就是较为常见的资金来源。

(二)大学生创业贷款

近年来,国家各级政府相继出台了许多优惠政策来支持大学生创业,大学生创业贷款就是其中一项重要政策。它是银行等资金发放机构对各高校学生发放的专项贷款,以帮助他们更好地实现创业梦想。

(三)银行贷款

向银行贷款是企业最常见的一种债权融资方式,包括商业银行贷款和信用卡透支贷款两种类型。因为本书篇幅有限,无法将具体的专业内容叙述清楚,只做简单介绍,具体详细业务操作请参阅财务管理专业相关书籍。

大学生创业融资除了前面介绍的渠道以外,还有通过天使汇、中国青年创业国际计划、高校创业基金或者参加大学生创新大赛等方式可以获得,无论哪种渠道都需要同学们勤于思考、付诸行动,只有在实际行动中与外界进行沟通和交流,才会获得更多的有用信息和融资渠道。

三、股权融资与债权融资的比较

股权融资与债权融资的比较如表 7-2 所示。

表 7-2　股权融资和债权融资的比较

比较项目	股权融资	债权融资
本金	永久性,不能撤资,可以向第三方转让	到期归还本金
资金成本	根据企业经营情况变动,相对较高	事先约定固定金额的利息,资金成本较低
风险承担	低风险	高风险
企业控制权	按比例或约定享有,分散企业控制权	企业控制权得到维护
资金使用限制	限制条款少	限制多

四、影响融资结构的相关因素

融资结构是不同渠道取得的资金之间的构成比例关系,即创业者的资金有多少是源于债权融资,有多少是源于股权融资。因为不同性质的资金对企业和创业者会有不同的影响,所以创业者应该合理均衡债权融资与股权融资的比例。通常创业者融资决策会受到以下几个因素的影响:创业所处阶段、创业企业特征、融资成本、创业者对控制权的态度。

(一)创业所处阶段

企业生命周期是指企业的发展与成长的动态轨迹,包括种子期、启动期、成长期、成熟期、衰退期等几个发展阶段。创业融资需求具有阶段性特征,不同阶段的资金需求量和风险程度存在差异,创业企业应根据不同发展阶段的经营特点及发展需要采用不同的融资策略。

(二)创业企业特征

创业活动千差万别,所涉足的行业、初始资源禀赋、面临的风险、预期收益都有较大的差异,不同行业所面临的竞争环境、行业集中度及经营战略等也有显著差异,创业企业的资本结构也就不同,不同资本结构产生了不同的融资要求。对于从事高科技产业或有独特商业创意的企业,经营风险较大,预期收益也较高,创业者有良好的相关背景,可考虑股权融资的方式;对于从事传统产业类的创业企业,经营风险较小,预期收益易于预测,主要考虑债权融资的方式。

(三)融资成本

不同的融资渠道,融资成本不一样。债权融资成本是使用债权资金所需要支付的利息。债权融资相对更方便,并且成本也更低。但是,企业举债比例越高,利息也就越高,这就要求企业有较高的资产报酬率,无形中也增加了企业经营的风险。另外,过高的负债会增大经营中资金调度的压力,财务弹性因此减小,当这种压力达到一定程度时,很容易引起公司的债务危机和信用危机,造成资金链断裂。

在股权融资中,投资者获得企业部分股权,公司资产负债率低,且财务风险小,股利的支付与否和支付多少根据公司的经营情况而定。对于筹资公司来讲,股利从税后利润中支付,不具备抵税作用,而且股票的发行费用一般高于其他证券,而债务性资金的利息费用在税前列支,具有抵税的作用。因此,股权融资的成本一般高于债务融资成本。

(四)创业者对控制权的态度

创业者对控制权的态度会影响到融资渠道的选择。债权融资需要无条件定期支付利息,但不会影响创业者对企业的控制权,股权融资则会影响创业者对企业的控制权,即使创业者及其团队在初期拥有相对多数的股权比例,但往往在两到三轮融资之后,创业者的股权被大大稀释,决策效率及控制权都会受到影响。一些创业者不愿意将企业的部分所有权与投资者共同拥有,希望保持对企业的控制权,因此更多地选择债权融资。而另一些投资者则更看重企业是否可以迅速扩大,取得跳跃式发展,获得渴望的财富,为此他们愿意引入外来投资,甚至让位于他人管理企业。

五、创业融资方式的选择

在进行创业融资决策时,除了考虑不同融资方式的优缺点、融资成本的高低外,还要考虑企业所处的生命周期阶段、创业企业自身的类型。

(一) 不同创业时期融资渠道选择

不同创业时期企业特点会有所不同,因此要选择不同的融资方式。创业时期对应的融资方式如表 7-3 所示。

表 7-3　不同创业时期融资方式选择

时　期		企业特点	融资方式
种子期		企业处于高度的不确定性当中,很难从外部筹集债务资金	创业者个人积蓄、亲友款项、天使投资、创业投资以及合作伙伴的投资
启动期		正向现金流微弱,存在技术、产品、市场以及管理等诸多不确定因素,投资风险仍然很高	偏好早期投资的风险资本愿意介入,还可以使用抵押贷款的方式筹集负债资金
成长期	成长前期阶段	有一定经验基础,发展潜力逐渐显现。资金需求量较以前有所增加,融资渠道也有了更多选择	更多采用股权融资的方式筹集资金,战略伙伴投资、创业投资等是常用的融资方式。此时也可以采用抵押贷款、租赁,以及商业信用的方式筹集部分生产经营所需资金
	成长后期阶段	企业的成长性得到充分展现,资产规模不断扩大,产生现金流的能力进一步提高,有能力偿还负债的本息	更多采用各种负债的方式筹集资金,获得经营杠杆收益
成熟期		产品占领了较大市场份额、营业收入增长,现金支出较少,企业现金流较为充沛,经营风险大大降低	信用可以借入更多的银行短期借款、延期支付货款占用供应商资金、发行债券等
衰退期		销售额下降,利润空间越来越小,通过转让、变卖设备或厂房以收回原始投资,企业应开发新产品和新市场	无须继续注入资金,而是最大相对限度地通过转让、变卖设备或厂房以收回原始投资

(二) 不同类型创业融资渠道选择

创业企业所涉及的行业、初始资源、面临的风险、预期收益等有较大的不同,其所要面对的竞争环境、行业集中度、经营战略等也会不同。因此,不同创业企业选择的资本结构会有所不同。创业类型和融资方式的关系如表 7-4 所示。

表 7-4　不同类型创业融资方式选择

创业企业类型	新创企业特征	融资方式
高风险、预期收益不确定	弱小的现金流;高负债率;低、中等成长;未经证明的管理层	股权融资(创业者个人积蓄)、债权融资或股权融资(亲友款项)
低风险,预期收益易预测	一般是传统行业;强大的现金流;低负债率;优秀的管理层;良好的资产负债表	债权融资
高风险、预期收益较高	独特的商业创意;高成长;利基市场;得到证明的管理层	股权融资

实践中,大部分新创企业不具备银行或投资者所要求的特征,在风险和预期收益方面均处于不利情况,这时只能依赖个人资金、向亲朋好友融资等自力更生的方式,直到能够证明自己的产品或创意可以在市场上立足,才能获得债权融资或股权融资。

第四节　融资后管理

融资的最终目的不仅是拿到钱,还要在此基础上实现创业者与投资者的权益平衡。如果没有做好融后管理,很容易出现纠纷。

一、保护创业者的控制权

创业者对公司的运营和发展应该有清晰的规划,为保证公司的经营活动能够按照自己的规划顺利开展,创业者必须要对公司有控制权。为此,创业者需要谨慎引入战略投资者,并与投资者进行控制权的博弈。

(一)谨慎引入战略投资者

从动机来说,投资者大体可以分为两类,一类是财务投资者,另一类是战略投资者。财务投资者投资的目的是快速获得回报,对公司控制权并不是十分看重;而战略投资者会非常关心公司控制权的分配,由于其具有在技术、市场、管理方面的优势,对公司有很强的话语权。因此,为了保证创业者的控制权,必须谨慎引入战略投资者。

(二)控制权的博弈

成功融资以后,由于投资者获得了公司的一部分股权,必然会导致创业者的控制权被稀释。并且,随着后续投资者的不断加入,创业者的控制权还会被不断稀释,甚至可能完全丧失。

"控制权的博弈"案例

二、挖掘和运用投资者资源

在进行融后管理的过程中,创业者的控制权需要得到保证,但投资者的利益也不能

忽视。创业者要善于挖掘和运用投资者资源,绝大部分机构投资者在进行投资时,都会选择投资自身熟悉的产业链,通过机构投资者的资源让公司获得更大发展,也满足了投资者的利益诉求。

(一)人才资源

对于初创公司来说,找一个位于产业链上下游的投资者是增强资源优势的不错选择,这样的投资者不仅可以为创业公司提供资金,还能提供其他方面的资源支持如人才资源。

(二)帮助公司业务发展

让投资者帮助创业公司拓展业务,有助于创业公司的长久发展。如果公司业务拓展进入瓶颈期,投资者可以提出一些有价值的建议,借助投资者的力量帮助公司的业务发展和增值服务。

(三)增值服务

投资者能够提供的增值服务包括:协助壮大创业团队、选择重要管理人员、制订公司的发展战略与经营计划、寻找重要客户和供应商、财务及法务辅导、聘请外部专家、筹集公司发展的后续资金等。

三、财务跟踪与管理

创业者应该以真实、有效的数据为基础,通过对财务报表进行跟踪和分析,清晰地了解公司的资金状况,在此基础上做出更科学的决策,在一定程度上有助于创业者管控公司的财务风险。同时,当发现公司某一时期的财务数据出现问题时,创业者也能够及时做出应对措施,尽可能降低公司的损失。

(一)做好财务报表分析

资产负债表、利润表以及现金流量表被称为"财务三表"。资产负债表能够反映公司某一时点的财务状况;利润表能够反映公司某一时期的利润分配情况;现金流量表能够反映公司现金变化的结果和财务状况变化的原因。创业者需要对其进行跟踪管理,以便及时发现公司的经营风险。

创业者可以从流动负债、长期负债、股东权益三方面入手,通过对资产负债表的分析,了解公司资金流动和长期负债情况,以及现有各类资本投入的不同形态、股权结构以及股东权益中各要素的优先清偿顺序等,并判断公司的资金营运与财务结构是否正常合理、公司的变现、偿债、承担风险、获利能力是否足够。

利润表包括两个部分。第一部分为公司的收入及费用,表明公司在一定时期内的利润或者亏损额;第二部分为公司财务成果的来源,能够表明公司各种利润来源在利润总额中占的比例以及各利润来源之间的相互关系。创业者可根据利润表分析公司的收入项目、费用项目的详细情况,并与公司的财务情况说明书结合起来,还能够根据利润表评估公司的经营业绩、管理的成功程度等。

现金流量表能够表明公司现金流入与流出的信息,同时包括银行存款、短期证券投资、其他货币资金等。创业者可以从公司的现金净流量、公司现金流入量的结构和公司的投资活动与筹资活动产生的现金流量三个方面分析现金流量表,然后进一步分析公司的变现能力和支付能力,并把握公司的生存能力、发展能力和适应市场变化的能力。

(二) 维持稳定的现金流

现金流的全称为现金流量,是指公司在一定时期的现金和现金等价物的流入和流出的数量,最优质的现金流应当保持流动性与收益性的平衡。现金流的来源主要有三种:一是经营活动,如销售产品、市场推广、人员工资;二是投资活动,如购买或变卖固定资产、金融资产;三是融资活动,如银行贷款、股东投入。

(三) 进行财务跟踪

进行财务跟踪工作应了解的事项包括但不限于以下几种:重大合同、(月度、季度、半年度、年度)财务报表、三会(股东大会、董事会、监事会)决议、业务经营信息、重大的投资活动和融资活动、重要管理人员的任免、公司经营范围的变更、其他可能对公司生产经营、业绩、资产等产生重大影响的事宜等。

四、提前制定退出机制

投资者获利的根本来源是流动性的资本在循环流动的过程中进行增值,而退出机制就是实现增值的有效途径。在制定退出机制时,创业者要充分考虑公司和投资者的利益,确保利益分配公平,把握好双方的平衡。一般来说,要为投资者设计股份上市、股份转让、股份回购以及公司清算等退出方式。

(一) 公开发行股票上市(IPO)

通过股份上市退出创业企业是创业资本退出的理想方式,也是收益最高的退出方式。为了减少投资者的风险,创业板市场就应运而生了,除此以外,还有三板股权市场转让、借壳上市、海外上市等。

(二) 股份转让

随着公司不断扩大发展,需要的资金也会更多,如果投资者不想或者没有能力接着为公司投资,他们就可以通过股份转让的形式退出,把自己的股份转让给他人,收回自己的所有资金。这种方式是投资者通常选择的一种退出方式。

(三) 股份回购

投资协议所约定的回购条件触发的情况下,投资者有要求公司或创始人对投资者所持有的公司股权以投资协议所约定的价格回购的权利。投资者所投资的项目中最终能够上市或被并购的一般只是一小部分,对于那些有收入和利润但是不能上市或者被并购的项目,回购条款提供了一个非常好的退出渠道。

（四）公司清算

公司清算是针对失败投资的一种退出方式，一般情况下，投资失败之后，投资者为了尽量多收回一些残留资本，会采取这种退出方式。公司清算意味着公司进入了死亡倒计时，创业者与投资者都会遭受不同程度的损失，为使投资者的投资得到全面的保障，当创业公司走向失败时，创业者也需要设计好投资者的退出机制。

企业清算
程序

五、尽早准备次轮融资

对于发展中的公司来说，融资是保证公司现金流稳定能够持续运营发展的必要支撑。项目早期大多缺乏合理的财务分配，变现渠道还不完善，甚至能够达到盈亏平衡的公司都不多。在这种情况下，一旦资金链断裂，公司没有了现金流，项目就会面临"死亡"。因此，对于创业者来说，融资是一件不能间断的事情，就算公司刚刚进行了天使轮融资，考虑到引入下一轮投资还需要一段时间，创业者也应未雨绸缪，提前制订下一轮的融资计划。

一般来说，当公司银行账户里的资金只能支持公司 18 个月的运营成本时，创业者就需要制订融资计划并及时启动下一轮融资。创业者也可以在创立公司的时候就定好融资规划，这对于公司的运营十分有利。这样，创业者就会知道当公司的运营状况达到某一层级时，启动哪一轮融资，以避免到公司资金流断裂的时候才融资。

项 目 实 训

项目一：资源获取挑战活动

1. 完成时间：一天。

2. 学习任务：用 100 元人民币进行资源获取挑战。

3. 结果形式：创业者通过挑战获得收益。

4. 活动规则：

（1）每个团队发一个信封，里面装有 100 元人民币和资源获取挑战活动要求。

（2）在打开信封前，你的团队可以用尽可能多的时间做计划。但是，一旦打开信封，你就只有 2 个小时的时间在某天（下次上课之前）去赚尽可能多的钱。

（3）信封中的 100 元钱是你的团队拥有的唯一的种子资金。

（4）活动要求是不能从事非法活动；不能购买彩票；不能参与各种形式的抽奖；不能参与赌博；不能募集资金。

项目二：测算创业所需资金

1. 完成时间：一天。

2. 学习任务：模拟测算创业所需资金。

3. 成果形式：填写表格。

4. 活动要求:

小王计划开办一家彩民茶社,既为福彩爱好者提供一处适宜的交流场所,同时也给自己带来可观的收入。小王租到一处 50 平方米的房屋,月租金 4 000 元(季付);简单装修 5 000 元;购买桌椅、茶具等设备共花费 3 000 元;购置彩票书籍、模拟摇奖机及各种茶叶等存货共花费 3 000 元;办理营业执照等经营手续共花费 600 元;订阅一年的彩票相关杂志和报纸等共花费 1 200 元。另外,小王还雇了一名帮工,月工资 1 500 元;他给自己定的工资是 2 000 元/月。他又认真地估算了其他的费用,包括水电费 500 元/月,电话费 50 元/月。

根据以上资料,请你计算一下小王开彩民茶社需要多少创业资金便可以开业?小王现有 2 万元存款,还需向银行贷款多少元(抵押贷款年利率为 8%)?

(1) 估算启动资金

项目	总费用(元)

(2) 估算流动资金(开业两个月达到盈亏平衡)

项目	开业两个月总费用(元)

(3) 计算创业资金总额和贷款额

项目(元)	计算公式	总额(元)

项目三:创办企业的融资计划

1. 完成时间:一星期。

2. 学习任务:了解银行针对创业企业的新型融资方式种类,通过调研熟悉主要的融资渠道。为新企业选择最适宜的筹资方式。

3. 成果形式:融资计划。

4. 活动流程:

(1) 将学生分组,每组形成一个创业团队。

(2) 创业团队分析创业资金需求,初步确定筹资额。

(3) 以小组为单位,选择当地的银行(如中国银行、中国农业银行、中国工商银行、中国建设银行、交通银行和地方股份制银行等)的中小企业部、开展贷款业务的典当公司、风险投资公司、天使投资人等,通过资料收集及访谈,收集和比较这些机构在支持创业和中小企业融资服务方面的具体做法。

(4) 调查所在地区大学生创业资金的支持政策。你所在的省(自治区、直辖市),或者是你计划进入的行业是否对创业活动有相关的扶持政策。

(5) 列出可能寻求的主要融资渠道。请尽力收集这些信息,分析哪些渠道可能为你提供创业资金。创业团队进行可行性分析,最终完成融资计划。

第八章 商业模式

学习目标

1. 掌握商业模式构成要素,优秀商业模式特征,商业模式设计思路。
2. 掌握三种商业模式分析工具。
3. 掌握商业模式画布的内容设计。
4. 掌握商业模式创新方法。

案例导读

Keep——重塑行业赛道

国内知名的线上健身平台 Keep 在短短几年内迅速崛起。Keep 作为行业独角兽的先发优势明显。同时,作为国内唯一的全生态玩家,Keep 在多元化业务与核心课程的带动下,成为行业内的领军者。Keep 挖掘出了大量潜在健身需求人群。对于处于成长期的公司而言,用户规模决定公司价值。用户增长的原始动能,本质是 Keep 所提供服务的稀缺度与专业度,这也是公司的核心竞争力。

Keep 开发了全面的健身解决方案,覆盖用户的整个健身生命周期,从规划健身目标到访问健身课程,再到选择健身装备和健康的食品,以及体重的追踪和心率的检测等内容,全流程一站式地解决用户所有健身问题。Keep 打造了三大产品业务的协同效应,形成了完整的健身生态体系。Keep 分为三大业务板块:自有品牌运动产品、会员订阅及线上付费内容、广告及其他,其中,以自有品牌运动产品和会员订阅及线上付费内容为核心收入来源。产品包含了线上的健身内容、智能健身设备,以及配套的运动产品。Keep 在线上持续发展的同时,开始落地线下健身空间Keepland。

思考题:

1. 哪类人群或企业是这个商业模式的主要客户?
2. 该商业模式提供了什么样的价值?对于客户和利益相关者有何好处?
3. 这个商业模式通过什么渠道来向客户传递价值?

第一节　商业模式认知

管理学大师彼得·德鲁克(Peter Drucker)说:"当今企业之间的竞争,不是产品之间的竞争,而是商业模式之间的竞争"。作为企业存在的最基本要素,商业模式已经成为创业者和风险投资者嘴边的一个名词。所有人都确信,好的商业模式是企业成功的保障。

建立商业模式是一个企业得以运转的底层逻辑和商业基础。商业模式是一个企业的基石,是一个企业的内在价值。如果一个企业没有自己的商业模式,一直在靠外在的资本注入而运转,那么这个企业就没有自力更生的能力,这在竞争激烈的商业市场上是没有生存空间的,更无法达到持续盈利。所以商业模式是一个企业健康发展的根本前提。同时,由于行业各异、宏观和微观经济环境处于不断变化的状态中,没有一个固定的商业模式能够保证企业在各种条件下都能获利。更新、创新适合自己企业的商业模式几乎关系到企业的生死存亡。

一、商业模式的概念、本质和特征

(一) 商业模式的概念

Stewart(2000)认为商业模式是企业获得并保持收益流的逻辑总结。Afuah(2001)指出商业模式是企业比竞争对手更能赚取顾客利润的方式。Rappa(2000)也认为商业模式的根本内涵就是赚取利润。

在很多著作之中对于商业模式的讨论往往模糊了两种不同的含义:方法和概念。这两者实质上是有所不同的:前者泛指一个公司从事商业的方式;而后者指的是这种方式的概念化,提出了一些由要素及其之间关系构成的参考模型。企业经营者比较倾向于把商业模式定位为方法,而研究者比较倾向于把商业模式描述为一种模型。总体上看,商业模式又叫价值创造模式,是一种以顾客为中心的价值创造和获取(包括客户价值创造和产品/服务的质量)的体系。

(二) 商业模式的本质

简单来说,商业模式就是公司通过什么途径或方式来赚钱。例如,饮料公司通过卖饮料来赚钱;快递公司通过送快递来赚钱;网络公司通过点击率(流量)来赚钱;通信公司通过收话费来赚钱;超市通过平台和仓储来赚钱等。企业在现有资源下要解决如何赚钱、赚多少钱以及如何持续性赚钱的根本问题,就需要通过商业模式的设计,创造一套为客户持续创造价值的盈利模式,这就是商业模式的本质。

整个商业模式按照"价值主张—价值创造—价值传递—价值获取"的核心逻辑来完成价值的创造与实现[①]。企业应该做什么、企业创造了什么价值、通过什么方式把价值传

---

① 吕南,罗心.媒体类平台商业模式与价值创造研究[J].西南石油大学学报(社会科学版),2021,23(4):58-66.

递出去、如何将传递出去的价值回收回来,最终实现企业再生产,形成一个良性循环,这样企业才能够维持运行。价值主张处于核心地位,其他要素服务并支撑价值主张的实现。

价值主张是在综合考量目标用户特征、自身资源能力以及竞争环境等诸多因素的基础上,选择应该做什么,以明确未来的发展战略。

价值创造是基于客户需求,提供解决方案。不管是满足消费者的物质需求,还是满足消费者的服务需求,都是提供基于客户需求的解决方案,这是企业存在的根本理由。

价值传递是通过资源配置和活动安排来交付价值。通过资源配置,把价值交付给社会、用户、消费者。

价值获取则是通过一定的盈利模式来持续获取利润。价值传递之后,我们的社会、用户、消费者通过现金或者其他方式交付到企业。价值获取是价值创造的最终环节,也是下一轮价值创造的起点。价值获取最直观地体现于收入来源和成本结构两方面。

(三)商业模式的特征

任何企业、公司经营都有"道、法、术、器"四个层面,商业模式就是"道",是最高境界。如果企业总是在"法、术、器"里找出路的话,就会像爬山一样,总在山脚、山腰打转转,很难直达山巅;而企业只有以"商道"的高度——商业模式,从上往下看时,就会豁然发现,通往山巅的捷径随处可见。企业的出路在于认知的高度,高度决定思路,思路决定出路。

因而,商业模式必须具有以下两个特征:首先,商业模式是一个整体的系统,而不仅仅是一个单一的组成因素,如收入模式、组织架构等都是商业模式的重要组成部分,但并非全部。其次,商业模式的各组成部分之间必须有内在联系,这个内在联系把各组成部分有机地关联起来,使它们互相支持、共同作用,形成一个良性的循环。

二、商业模式的构成要素

商业模式的要素包括以下六点:

(一)定位

一个企业要想在市场中赢得胜利,首先必须明确自身的定位。定位就是企业应该做什么,它决定了企业应该提供什么样的产品和服务来实现顾客价值。定位是企业战略选择的结果,也是商业模式体系中其他部分的起点。

(二)业务系统

业务系统指企业达成定位所需要的业务环节、各合作伙伴扮演的角色以及利益相关者合作与交易的方式和内容,业务系统是商业模式的核心。

(三)关键资源能力

关键资源能力指让业务系统运转所需要的重要的资源和能力。

(四)盈利模式

盈利模式是商业模式的核心逻辑主张之一,它包含于商业模式中。盈利模式指企业如何获得收入、分配成本、赚取利润。简单地说,盈利模式就是企业赚钱的渠道,即通过怎样的模式和渠道来赚钱。盈利模式是在给定业务系统中各价值链所有权和价值链结构已确定的前提下,企业利益相关者利益分配格局中企业利益的表现。

(五) 现金流结构

现金流结构是企业经营过程中产生的现金收入扣除现金投资后的状况。不同的现金流结构反映企业在定位、业务系统、关键资源能力以及盈利模式等方面的差异,体现企业商业模式的不同特征,并影响企业成长速度的快慢,决定企业投资价值的高低、企业投资价值递增速度以及受资本市场青睐程度。

(六) 企业价值

企业价值即企业的投资价值,是企业预期未来可以产生的自由现金流的贴现值,是评判企业商业模式优劣的标准。

图 8-1 直观地解释了商业模式六要素的运行方式。

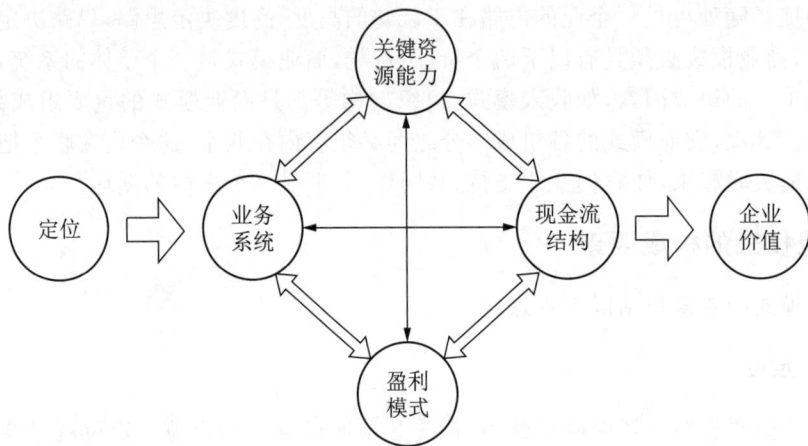

图 8-1 商业模式六要素

商业模式的构成要素中,只要有一个要素不同,就意味着不同的商业模式。商业模式的这六个要素是互相作用、互相决定的。相同的企业定位可以通过不一样的业务系统实现;同样的业务系统也可以有不同的关键资源能力、不同的盈利模式和不一样的现金流结构。例如,业务系统相同的家电企业,有些可能擅长制造,有些可能擅长研发,有些则可能更擅长渠道建设。一个能对企业各个利益相关者有贡献的商业模式需要反复实验、调整和实践,才会同时具备这六个要素。而在合理的时机,调整这六个要素就可以重构企业的商业模式,进而为进入发展瓶颈期的企业重塑活力。①

---

① 梁伟杰."互联网+"实现传统行业商业模式创新的动力——对"共享停车"项目商业模式的剖析[J].科技经济市场,2017(6):136-137.

三、商业模式与盈利模式、企业战略

（一）商业模式与盈利模式的区别和联系

盈利模式和商业模式有相似但又有不同。透过盈利模式可以看到企业背后的商业模式支撑，而商业模式的实现离不开盈利模式的作用①。商业模式和盈利模式的目的都是企业盈利。商业模式是一个复合模式，包括公司做什么产品、定位什么样的客户、用什么市场营销手法；盈利模式是一种策略模式，盈利模式只是商业模式的一个环节。例如，免费是一种新型的商业模式而不等同于盈利模式。总体上看，商业模式是一种简化的商业逻辑，而盈利模式是商业模式的核心逻辑主张之一，它包含于商业模式中。

（二）商业模式和企业战略的关系

1. 商业模式与战略共同主导企业的竞争优势

一般来说，在某个时段，企业只有一个商业模式，但可能同时存在多个企业战略。作为企业价值创造的基础地位，商业模式总是存在的，而企业战略并不永远存在。企业战略是指一个公司指导其在自己所在行业如何竞争的战略的总和；恰当的企业战略是一个公司在自己所处行业中获得可持续竞争优势的最佳方法。捕捉商业机会的（初创）企业未必有战略，却一定要有商业模式；企业遇到重大情况需要采取行动时，则必定需要战略。从这个意义上讲，商业模式的重要性居首位，而企业战略则位居第二。在商业模式趋同的情况，（战略）核心能力决定企业成败；在环境相同、资源相近的情况下，竞争胜负取决于商业模式。

2. 商业模式是战略的应用工具

商业模式是一个企业创造价值的核心逻辑，将战略、策略、战术打包成怎样赢利的一整套方法，因此商业模式就是战略的应用工具。商业模式能够更有效地检验战略落地的可行性，提前设想未来的盈利模式、自身资源能力的匹配性以及组织新生态的难度等，故其对于战略落地的可行性拥有较强的预判。战略则是将潜能转变为现实的重要手段，在既定商业模式基础上选择恰当战略更有助于发挥其商业模式所蕴含的成长潜能。商业模式是衔接战略制定与战略实施的中介平台；战略的制定以商业模式建构为基础，而战略实施则建立在商业模式的运行和改进的基础之上。

3. 所关注的侧重点不同

商业模式关注的是企业业务活动、交易结构设计与利益相关者规划层面的问题。战略关注的是企业业务选择、企业增长与行业竞争等层面的问题。所以，战略重目标，商业模式重路径、重布局。

商业模式侧重于创造顾客价值的基础架构和系统，本质上在于回应"企业提供什么"以及"如何提供"这两个基本问题，而战略则侧重于回应环境变化和竞争，进而通过恰当的企业行为选择来赢得优势。

商业模式以价值创造为核心，而战略则是对所创造价值的保护机制，落脚于对外部

---

① 郝德海.互联网教育企业盈利模式创新研究[D].中国石油大学(北京),2016.

环境或竞争的回应。商业模式是企业创造价值的基础架构和体系,而战略则是在此架构基础上,在环境和竞争约束条件下以效率最大化为目标的行为与活动选择。

四、商业模式的类型

(一)店铺模式

最古老也是最基本的商业模式就是店铺模式,其指在具有潜在消费者群的地方开设店铺并展示其产品或服务。一般来说,服务业的商业模式要比制造业和零售业的商业模式更复杂。

(二)"饵与钩"模式

随着时代的进步,商业模式也变得越来越精巧。"饵与钩"模式,也称为剃刀与刀片模式,或是搭售模式,它出现在 20 世纪早期。在这种模式里,基本产品的出售价格极低,通常处于亏损状态;而与之相关的消耗品或者服务的价格则十分昂贵。比如说,剃须刀(饵)和刀片(钩),打印机(饵)和墨盒(钩),等等。这个模式还有一个很有趣的变形:软件开发者们免费发放他们的文本阅读器,但是对其文本编辑的功能的定价却高达几百美金。

(三)长尾模式

长尾模式是指市场定位于"多样少量"的模式,并把这种量少样多的产品称为利基产品,把足够多的非热门产品组合到一起,实际上就可以形成一个堪与热门产品匹敌的大市场。诸如亚马逊、Youtube、Netflix、Google 都是最典型的长尾公司。

(四)硬件+软件模式

硬件+软件模式指将硬件制造和软件开发进行结合,以软件使用增加用户对硬件使用的黏性,并以独特的系统在客户端承载这些软件。最为典型的硬件+软件模式就是苹果手机、苹果电脑与苹果的操作系统(iOS、macOS)的封闭式结合。

(五)电子商务模式

电子商务模式是指以信息网络技术为手段,以商品交换为中心的商务活动。20 年来,各种模式的互联网公司已经深刻地改变了我们的生活方式,从而衍生出多种多样的互联网商业模式。

1. 电商型:淘宝、京东、拼多多、天猫、美团等

电商公司提供线上交易平台,商家免费或付费入驻,平台开发、推出各类引流和促销活动吸引用户,促成用户购买转化。以各种引流广告费、技术服务费、工具使用费、沉淀资金衍生利息、数据变现收益、交易服务费等为盈利方式。

2. 社交型:微信、QQ 等

通过用户与用户间的密切联系,让自己的软件成为社交沟通的工具,实现流量的锁定留住用户,以各种广告、服务、工具、信息、数据等方式进行多元化的变现。

3. 社区型：微博、抖音、快手、知乎、小红书、豆瓣、微视、Youtube、Tiktok、FaceBook、Twitter 等

通过内容信息＋用户互动吸引用户、留住用户，通过各类广告、会员等方式进行变现。

4. 资讯型：新浪、搜狐、网易、腾讯新闻、新华网、环球网、今日头条、趣头条等

通过实时新闻内容或聚合各类资讯，为用户带去便捷、先进的内容，吸引用户关注、阅读，然后通过各类广告形式进行变现。

5. 资源型：爱奇艺、优酷、腾讯视频、酷狗音乐、起点阅读、千图网等

平台聚合海量垂直的内容资源，吸引目标用户阅览、使用、观看，一般通过广告、会员进行变现。

6. 工具型：百度、支付宝、滴滴、钉钉、企业微信、百度网盘、高德地图、Wi-Fi 万能钥匙、WPS Office、 UC 浏览器，以及各类功能性平台等

为用户提供便捷的各类工具，让用户获得功能价值。一般通过广告、用户付费、会员等形式变现盈利。

7. 游戏型：王者荣耀、和平精英、大话西游、穿越火线、开心消消乐、各类互动游戏等

设定开发吸引用户的游戏情景类型，付费推广游戏软件，一般都是通过增值服务、广告等形式变现。

8. 垂直型：携程网、智联招聘、懂车帝、汽车之家等

聚焦服务于垂直行业用户，为用户提供行业知识、信息，以及相关的工具，通过广告、会员等形式变现。

9. 平台型：八戒网、一品威客、BDwork、慧聪网等

平台化是互联网的主要模式，可以中心化地聚合内容、信息、订单、互动等，可以利用平台提供带有中介性质的服务，一般都是通过交易、广告、会员等形式变现。

10. 机构型：各种组织的官网、各类网上服务网站等

此类型的模式主要是各种机构展示其官方的各种信息，提供官方的相关服务，便于用户联系。商业性的机构通过对此类前端站点进行 SEO 优化，提高搜索引擎的关键词排名，获客后将用户引流到后端，完成转化变现。

第二节　商业模式设计

商业模式设计本质上是一种架构，是研究战略、技术与绩效的动态匹配和因果关系，是不断进行内部活动与资源整合的复杂过程。

一、商业模式设计的原则

（一）客户价值最大化原则

一个商业模式能否持续赢利，与该模式能否使客户价值最大化有必然关系。一个

不能满足客户价值的商业模式,即使赢利也一定是暂时的、偶然的,是不具有持续性的。反之,一个能使客户价值最大的商业模式,即使暂时不赢利,但终究也会走向赢利。所以我们把对客户价值的实现再实现、满足再满足当作企业应该始终追求的主观目标。

(二)持续赢利原则

企业能否持续赢利是判断其商业模式是否成功的唯一的外在标准。因此,设计商业模式时,持续赢利也就自然成为重要的原则。持续赢利是对一个企业是否具有可持续发展能力最有效的考量标准,赢利模式越隐蔽,越有出人意料的好效果。

(三)资源整合原则

整合就是要优化资源配置,获得整体的最优。在战略思维的层面上:资源整合是系统论的思维方式,是通过组织协调,把企业内部彼此相关但却分离的职能,以及企业外部既参与共同的使命又拥有独立经济利益的合作伙伴整合成一个为客户服务的系统,取得 $1+1>2$ 的效果。在战术选择的层面上:资源整合是优化配置的决策,是根据企业的发展战略和市场需求对有关的资源进行重新配置,并寻求资源配置与客户需求的最佳结合点,以凸显企业的核心竞争力。

(四)创新原则

成功的商业模式的要点不一定是在技术上的突破,而是对某一个环节的改造,或是对原有模式的重组、创新,或是对整个游戏规则的颠覆。商业模式的创新形式贯穿于企业经营的整个过程之中,贯穿于企业资源开发、研发模式、制造方式、营销体系、市场流通等各个环节;也就是说,在企业经营的每一个环节上的创新都可能变成一种成功的商业模式。

(五)融资有效性原则

资金已经成为所有企业发展中绕不开的障碍和很难突破的瓶颈,尤其是对中国广大的中小企业来说更是如此。谁能解决资金问题,谁就赢得了企业发展的先机,也就掌握了市场的主动权。许多失败的企业就是没有建立有效的融资模式,如巨人集团,仅仅为近千万的资金缺口而轰然倒下;曾经与国美不相上下的国通电器,拥有过 30 多亿元的销售额,也仅因为几百万元的资金缺口而销声匿迹。所以,商业模式的设计很重要的一环就是要考虑融资模式。甚至可以说,能够融到资并能用对地方的商业模式就已经是成功了一半的商业模式。

(六)组织管理高效率原则

高效率是每个企业管理者都梦寐以求的境界,是企业管理模式追求的最高目标。从经济学的角度衡量,决定一个国家富裕或贫穷的砝码是效率,决定企业是否有盈利能力的也是效率。

按现代管理学理论来看,一个企业要想高效率地运行,首先要解决的是企业的愿景、使命和核心价值观,这是企业生存、成长的动力,也是员工干好的理由。其次是要有一套科学的、实用的运营和管理系统,解决的是系统协同、计划、组织和约束问题。最后还要有科学的奖励激励方案,解决的是如何让员工分享企业的成长果实的问题,也就是向心力的问题。只有把这三个主要问题解决好了,企业的管理才能实现效率。现实中的华为、万科、海尔等大公司在管理模式的建立上都是可圈可点的,是值得我们学习的。

(七) 风险控制原则

设计再好的商业模式,如果抵御风险的能力很差,就会像在沙丘上建立的大厦一样,经不起任何风浪。这个风险指的是系统外的风险,如市场、政策、行业风险,也指的是系统内的风险,如产品的变化、人员的变更、资金的不足等。

(八) 税务筹划原则

税务筹划是在现行的制度、法律框架内,合理地利用有关政策,根据自己企业的整体经营组织构造和社会经济活动,提出一个或者几个解决方案,择出最佳的方案,有效地降低税负,在税收上做到利益最大化。

结合上述商业模式的 8 个核心原则,每个企业在设计的时候都要从自己企业的实际出发,结合具体的情况,综合考察各方面的影响,从解决本企业的发展瓶颈着手,整体考虑,整体安排,从而找到一条适合本企业发展的商业模式,而合适的商业模式对企业经营产生的巨大效益无疑是难以估量的。

二、商业模式的描述——商业模式画布

一个成功的商业模式,都包括哪些要素呢? 商业模式设计的流程又是怎样的? 这就要讲到设计商业模式的一个思维管理工具——商业模式画布。

(一) 商业模式画布介绍

商业模式画布理论最早由蒂姆·克拉克(Tim Clark)、亚历山大·奥斯特瓦尔德(Alexander Osterwalder)和伊夫斯·皮尼厄(Yves Pigneur)在《商业模式新生代》(*Business model Generation*)一书中提出。商业模式画布理论认为商业体是由四个主要部分组成的,分别为:客户、产品或服务、基础设施以及金融能力。而这四个商业部分又可以细分为九个模块,分别是重要伙伴、关键业务、核心资源、价值主张、客户关系、客户细分、渠道通路、成本结构和收入来源。并以画布图形的方式直观地表现出来,作为分析企业商业模式的工具[①]。商业模式画布能够帮助创业者理清创业思路,使得商业模式可视化,使用统一的语言讨论不同商业领域,还能够提供更多灵活多变的计划,而且,它可以将商业模式中的元素标准化,并强调元素间的相互作用。

---

① 王宏利,张耀杰.基于创新融资与战略布局解剖"风口上的小米"[J].产业创新研究,2020.(9):1-5+13.

（二）商业画布内容

商业模式的九个要素相互作用构成有机的整体：

重要伙伴	关键业务	价值主张	客户关系	客户细分
企业为了让商业模式有效运作所需要的供应商和合作伙伴	企业为了让商业模式有效运作所需要执行的关键业务活动	企业为客户创造价值的产品或服务	企业和客户建立的关系以及如何维系关系	企业所服务的客户群体分类
	核心资源：企业为了让商业模式有效运作所需要的核心资源		渠道通路：企业服务流程中的客户接触点	
成本结构：商业模式运作所需要的成本		收入来源：企业向客户提供价值所获得的收入		

图 8-2　商业模式画布图

1. 重要伙伴

重要关系分为以下四种：①在非竞争者之间的战略联盟关系；②在竞争者之间的战略合作关系；③为开发新业务而构建的合作关系；④为确保可靠供应的供应商关系。

我们需要思考：需要和哪些上下游重要企业进行深度合作？谁是我们的重要伙伴？我们正在从伙伴那里获取哪些核心资源？合作伙伴都执行哪些关键业务？谁是我们的重要供应商？

2. 关键业务

关键业务也是创造和提供价值主张、接触市场、维系客户关系并获取收入的基础。关键业务可以分为以下几类：①制造产品；②问题解决；③平台/网络。

我们需要思考：我们的价值主张需要哪些关键业务？我们的渠道通路需要哪些关键业务？需要做哪些关键性的事情才能使得产品和服务能够正常运行？

3. 核心资源

每个商业模式都需要核心资源，这些资源使企业组织能够创造和提供价值主张、接触市场、与客户细分群体建立关系并赚取收入。核心资源可以分为实体资产；知识资产；人力资源和金融资产。

我们需要思考：拥有什么核心资源可以保证所有商业行为的执行和落实？我们的价值主张需要什么样的核心资源？我们的渠道通路需要什么样的核心资源？

4. 价值主张

价值主张是客户由一个公司转向另一个公司的原因。价值主张通过迎合细分群体需求的独特组合来创造价值。价值可以是定量的（价格、服务速度）或定性的（设计、客户体验）：新颖、性能、成本削减、风险抑制、把事情做好、可达性、便利性、可用性、定制化、品牌、身份地位。

我们需要思考：我们提供给客户细分群体哪些产品和服务？向客户传递怎样的价值？我们帮助客户解决了哪些难题？我们满足了哪些客户需求？

5. 客户关系

企业应该弄清楚和每个客户细分群体的关系类型。客户关系的不同类型：个人助理、专用个人助理、自助服务、自动化服务、社区、共同创作。客户关系可以被以下几个动机所驱动：客户获取、客户维系、提升销售额（追加销售）。

我们需要思考：通过什么方式或机制可以保证产品、服务和用户拥有长期的利益关系？我们已经建立了哪些关系？这些关系成本如何？如何把他们与商业模式的其余部分进行整合？

6. 渠道通路

渠道通路可以区分直销和非直销渠道，也可以区分自有渠道和合作渠道，如：销售队伍、自有店铺、在线销售、合作伙伴店铺、批发商等。

我们需要思考：通过什么方式和途径将产品和服务触达用户，并使得用户能够为之买单？通过哪些渠道可以接触我们的客户细分群体？渠道如何整合？哪些渠道最有效？哪些渠道成本效益最好？如何把我们的渠道与客户的例行程序进行整合？

7. 客户细分

客户细分群体的不同类型：①大众市场；②利基市场（指那些被市场中的统治者/有绝对优势的企业忽略的某些细分市场）；③区隔化市场；④多元化市场；⑤多边平台或多边市场。

我们需要思考：目标用户群体是谁？我们为谁创造价值？谁是我们最重要的客户？

8. 成本结构

在确定关键资源、关键业务与重要合作后，成本可以相对容易地计算出来。成本结构可分为成本驱动型与价值驱动型。成本驱动：侧重于在每个地方尽可能降低成本：固定成本、可变成本、规模经济、范围经济；价值驱动：增值性价值主张和高度个性化服务。

我们需要思考：在所有的商业运作过程中都包含哪些成本消耗？什么是我们商业模式中最重要的固有成本？哪些核心资源花费最多？哪些核心业务花费最多？

9. 收入来源

如果客户是商业模式的心脏，收入来源就是动脉。收入来源一般指通过客户一次性支付获得的交易收入。一次性收入获取的方式有：资产销售、使用收费、订阅收费、租赁收费、授权收费、经纪收费、广告收费等。还有另一种经常性收入，是来自客户为获得价值主张与售后服务而持续性支付的费用。

我们需要思考：什么样的价值能让客户愿意付费？他们现在在付费买什么？他们是如何支付费用的？他们更愿意如何支付费用？每个收入来源占总收入的比例是多少？

（三）撰写商业画布时应把握的原则

1. 收集资料尽量详尽

收集资料是必经的一个环节。资料收集应该尽量详尽，不要漏掉看似很微小的信息,因为很多巨大的商业机会可能就潜藏在看似很微小的信息下面。

2. 不要被固有的观念和逻辑框住

在现今的互联网时代,很多独角兽公司之所以发展迅猛,甚至跨界"打劫",就是因为创造出了不同以往的商业模式。所以,在撰写商业画布时,需要抛开以往任何固有的观念和逻辑,去掉惯性思维的枷锁和束缚,不断创新,大胆想象。

3. 切忌轻易否定

任何一个创新的概念和想法都不要被轻易否定。运用最小试错原理,小步快跑,用最小的成本换取可行性,创业公司规模小且灵活是运用这个方法的最好时期,很多商业模式不是画出来的,是试出来的。只有真正地走了一遍流程,才能知道现实中是否可行,所以不要轻易否定和放弃看似不乐观的创意,实践才是检验真理的唯一标准。

商业模式
检验

商业模式画布案例:

重要伙伴 腾讯微信	关键业务 拼多多平台将两个独立但相互依存的客户群体(生产商、消费者)连接在一起	价值主张 以更低的价格提供相同的价值,满足价格敏感型客户群体的需求	客户关系 平台与供应商的客户关系:零元入驻、提供高的曝光度等。 平台与用户的客户关系:私人关系、自动化服务关系以及社区关系	客户细分 三四线及逐渐发展起来的农村互联网用户
	核心资源 品牌:分享式宣传和大力的品牌赞助。 专利权(专利技术):开发完成假货识别算法 人力资源:拼多多拥有大批技术人才		渠道通路 降低商户准入门槛、减少销售中间环节;社交电商模式运营效率极高;拼团模式	
成本结构 拼多多主要营运成本源于销售及市场推广费、管理费用以及研发费用			收入来源 拼多多的收入主要来自在线营销服务收入(广告收入)及交易服务收入(佣金收入)	

图 8-3　拼多多的商业模式画布

第三节　商业模式创新

一、商业模式的演进

20世纪90年代中期,随着互联网的大规模普及,互联网经济取得了蓬勃发展。到了1998年,商业模式本身成了一种专利。

随着工业经济时代演进到互联网时代,商业模式发生了极大的改变。在互联网的不确定性下,以往的商业模式被颠覆,传统意义上可依托的壁垒被打破,任何的经验主义都显得苍白无力。互联网的特质驱动了新商业模式的发展。

商业模式包含了价值创造的逻辑和商业资源的有效协调,由于互联网时代下价值创造的逻辑发生了变化,商业资源的流向也无法避免地发生改变。分销渠道曾经是商业模式的重要组成元素之一,"渠道为王"是工业经济时代商业模式的主旋律,借助他人的渠道或分销商体系进行销售和配送,是工业经济时代厂商完成价值创造和实现价值增值的基本工具。但是,互联网时代出现"脱媒"以后,供需双方可在没有渠道的帮助下进行互动,比如 O2O,通过线下(Offline)的体验然后进行线上(Online)的购买,根本不需要中间环节。曾经作为商业模式重要元素的分销渠道,现在已无法起到创造价值和协调资源的作用。

互联网的世界是通透的,无法通过地理的距离形成区域市场,也无法对厂商进行人为区隔,与此同时,人与人之间的互动变得密切,知识溢出范围增大,知识生产难度下降。促使商业模式的创新不断,商业模式的更替速度加快。加之互联网具有极强的不确定性,通常一个商业模式只能存活一个厂商。但是,互联网时代商业模式创新背后存在共同的逻辑,即以社群为中心的平台模式或称为社群逻辑下的平台模式,简称社群平台。

二、商业模式创新的特征

商业模式创新的重要性已经不亚于技术创新。商业模式创新作为一种新型创新形态,人们关注它的历史很短,也就是 10 年左右。互联网的出现改变了基本的商业竞争环境和经济规则,使大量新的商业实践成为可能,一批基于互联网的新型企业应运而生。如淘宝、亚马逊及 eBay 等,在短短几年时间,就取得巨大发展,它们的赚钱方式,明显有别于传统企业。许多人也随即成为百万甚至亿万富翁,产生了强大的示范效应。

商业模式创新是指为企业价值创造提供基本逻辑的变化,即把新的商业模式引入社会的生产体系,并为客户和自身创造价值。通俗地说,商业模式创新就是指企业以新的有效方式赚钱。新引入的商业模式,既可能在构成要素方面不同于已有商业模式,也可能在要素间关系或者动力机制方面不同于已有商业模式。

我们可以发现商业模式创新企业几个共同特征,或者说构成商业模式创新的必要条件:

第一,提供全新的产品或服务、开创新的产业领域,或以前所未有的方式提供已有的产品或服务。如 Grameen Bank 面向穷人提供的小额贷款产品服务,开辟全新的产业领域。亚马逊卖的书和其他零售书店没什么不同,但它卖的方式全然不同。

第二,其商业模式至少有 4 个要素明显不同于其他企业。如 Grameen Bank 不同于传统商业银行,主要以贫穷妇女为主要目标客户、贷款额度小、不需要担保和抵押等。亚马逊相比传统书店,其产品选择范围广、通过网络销售、在仓库配货运送等。

第三,有良好的业绩表现,体现在成本、盈利能力、独特竞争优势等方面。如 Grameen Bank 虽然不以营利为主要目的,但它一直是赢利的。亚马逊在一些传统绩效指标方面良好的表现,如短短几年就成为世界上最大的网上书店。数倍于竞争对手的存货周转速度给它带来独特的优势,消费者购物用信用卡支付时,通常在 24 小时内到账,而亚马逊付给供货商的时间通常是收货后的 45 天,这意味它可以利用客户的钱长达一个半月。

三、商业模式创新的路径

(一) 价值主张创新

价值主张描述企业的业务是什么? 企业的业务对象是谁? 满足他们何种需求? 因

此,针对价值主张的商业模式创新可以从目标市场创新以及产品、服务定位创新进行。

在目标市场扩展、聚焦或者改变的过程中,首先要明确企业为谁服务,针对顾客需求不断发生变化,企业根据这种变化重新定义顾客,选择新的顾客细分,进而明确企业提供什么产品、服务能更好地满足顾客的这些需求。

(二)价值创造创新

价值创造创新可以通过企业内部价值链创新和外部价值链创新来实现。

价值链是由美国哈佛商学院的迈克尔·波特(Michael E.Porter)在其所著的《竞争优势》(*Competitive Advantage*)中首先提出来的。他认为:“每一个企业都是进行设计、生产、营销、交货等过程及对产品起辅助作用的各种相互分离的活动的集合。所有这些活动可以用一个价值链来表明。”针对企业内部价值链,任何一个企业的价值链都是由一系列创造价值的活动所构成的。这些活动分布于从供应商的原材料获取到最终产品消费时的服务之间的每一个环节,这些环节相互关联、相互影响。对于价值链上的任一环节,都有可以挖掘的盈利空间,而这种挖掘从根本上取决于商业模式的创新。

国内对顾客支持做得最好的莫过于海尔,其依靠庞大而有效的信息化组织保障,海尔建立了闭环式的服务体系,服务创新每次都走在行业的前列,如顾客拨打“海尔全程管家365”的热线,就可以预约海尔提供的先设计后安装、清洗、维护家电的全方位服务。增值的服务已经成为海尔商业模式中不可缺少的部分,提到海尔,人们就会联想到优质服务。

针对外部价值链,这种创新的重点在于打造独特的价值网络(value network)。企业根据利润产生的环节,在价值链中选择合理的位置,与供应商、分销商等发挥协同效应,创造出独特的价值主张。企业可以在全球范围寻求合作伙伴,打造价值网络,以此来更好实现企业的价值创造。因为独特,这种商业模式很难让竞争对手模仿,会给企业带来竞争优势。最为典型的是思科公司,它成功运用了外部资源生产法。思科公司把产品制造的委托设计、委托制造、委托销售设计成整个系统。它利用网络使设计者、供货商看起来就像是自己的一个部门。这样无须建立新的工厂,就可将生产能力扩大四倍,使得新产品推向市场的时间缩短1/3,员工只是传统企业的1/4,每年节省开支达5亿美元。

(三)价值传递创新

针对价值传递的商业模式创新可以从传递主体和传递渠道两方面进行。

改变传递主体即是改变收入介质,企业通过改变收入介质,与竞争者形成差异。提供设计新颖的产品、特别的服务、对产品服务进行捆绑组合及提供综合的解决方案等,能够为顾客创造独特的和附加的价值,获得新的利润来源。

施乐公司在规模比较小的时候,他们造出了一天可以印1 000张的新型复印机,但价格比老式复印机贵了10倍。虽然它的产品质量非常好,但没有人要。于是,他们就以租赁的方式,把新型复印机架到客户的办公室,新型复印机立即就给施乐带来现金流。经过十几年的时间,施乐从一个小的公司变成世界500强。

戴尔消除了分销商的环节,创造了直销商业模式。戴尔通过电话、邮件、互联网以及面对面的方式与顾客直接接触，根据顾客的要求定制电脑。通过直接接触，戴尔能够掌握第一手的顾客需求和反馈信息，为顾客提供"一对一"的服务。围绕直销，戴尔打造了整合采购、装配、输出的高效的运转链条，去除了中间商所赚的利润，极大地降低了成本，取得了巨大的竞争优势。

（四）价值获取创新

价值获取创新即盈利模式创新。价值获取依赖于成本结构和收入方式。因此，可以通过成本构成创新和收入来源创新两个途径实现价值获取创新。

1. 成本构成创新

成本构成创新的关键思想就是做优势、弃弱势，优化资源，降低总成本。还可以选择把弱势环节外包，降低自身成本。

1995 年，王传福准备进入被日系厂商垄断的镍镉电池领域。但一条镍镉电池生产线需要几千万元的投入，王传福手中的 250 万元显得太微不足道了。资金上的窘境迫使王传福想出一个大胆的办法：既然买不起自动化生产线，何不自己动手制造生产设备，把一条生产线分解成很多环节，核心环节用自动化控制，其他环节由人工完成。最终，这条镍镉电池的生产线虽然需要 40～50 名工人，但只花费了 100 多万元。

2. 收入来源创新

收入来源创新是指通过开发新产品或提供新服务来创造收入。这可能涉及研发新技术、设计新产品、改进现有产品或服务，以满足市场的需求。另外，也可以通过开发新的营销策略、拓展新的销售渠道，或者探索新的商业模式来获取收入。创新收入来源可以帮助企业保持竞争优势，并创造更多的商机。

美国出品的芭比娃娃售价仅为 10 美元左右，但会跟踪消费者定期提醒玩具的小主人要给芭比娃娃买新衣服。芭比娃娃的制造商告诉消费者，芭比娃娃的职业身份越多，她在同伴中的地位就越高，而一套系列装的价格一般在 40～50 美元。到了一定时间，芭比娃娃还要结婚，消费者除了需要再买一个男洋娃娃以外，还要为男娃娃买衣服、电动剃须刀等。此后还会有第二代洋娃娃。消费者的钱包被一次次不知不觉地打开。芭比娃娃供应商通过简单的一次销售，却从消费者手中获得了源源不断的利润。

四、大数据时代的商业模式创新趋势

（一）以数字技术为基础驱动商业模式创新

1. 商业模式的趋同化

商业数字化转型带来了新的管理实践，产生了新的经营理念和价值观，推动了技术和组织变革。互联网带来了厂商组织环境的模糊与"混沌"，使厂商的经营处于一种边界模糊、难分内外的环境中。正如管理学家 Tom J. Peters 认为："混沌将导致一场革命，一场必要的革命，向我们自以为熟知的关于管理的一切知识提出挑战"。

人工智能的应用使越来越多的技术商和创业企业以与大数据分析、人工智能（AI）、区块链、物联网和机器人技术等新兴数字技术的融合作为切入点服务于传统制造业和服务业。信息技术的深度应用正推动制造业服务化转型与新的价值创造，新一代人工智能与业务场景的融合,将开发更智能化及网络化的新产品,以"一切皆服务"为宗旨的商业模式创新已在各个行业展开。制造业企业向零售业渗透,服务业企业向制造业渗透。面对快速同质化的市场,一些零售业知名企业独辟蹊径,通过逆向整合产业链,进入制造业,最大限度地降低和制造商的交易成本,从而保持低价优势。屈臣氏零售业拥有大量物美价廉的自有品牌商品:①屈臣氏食品饮料公司生产的产品,包括屈臣氏蒸馏水、果汁先生、新奇士、沙士、碧泉等;②委托合作生产厂家生产的商品,即 OEM。

2.交易结构去中心化

互联网推动去中心化(decentralization)。这不仅相对于中心化媒体,甚至与早期的门户和搜索互联网时代相比,如今的互联网已经从少数人建设或机构组织内容然后大众分享转变为共建共享。自媒体、微信、微博等更适合大众参与的服务出现,信息由大众产生、大众参与、大众共有,使得互联网内容的来源更多元化。在"互联网+"时代,每个人都是一个中心,一个企业需要提供的往往只是场所,或者称为"平台"。每个人都可以成为内容的生产者,非依赖过去某些特定的个人或机构。

3.资产轻质化指标多元化

在资产轻质化方面,这是"互联网+"时代首先表现出的趋势。互联网作为一种低成本的基础设施,越来越多地参与到企业的经营活动中,代替了企业的一部分重资产,如线下渠道和销售团队;同时优化了企业的一部分重资产,如客户反馈收集系统、产品设计系统等。在指标多元化方面,资本市场越来越不满足于依赖固有的指标体系去评价一个企业。互联网时代的商业模式具有极强的不可复制性,没有一模一样的东西,也没有完全相同的商业模式。

(二)以消费者与企业共同创造价值来驱动商业模式创新

互联网思维对于商业来说是一次划时代的革命,经济运行核心已经从政府和厂商转向互联网经济下的顾客。在未来价值载体的发展上传统的供应端与消费端会得到极大的融合,供应端将成为两端沟通的平台提供商,而产品的设计乃至生产将由供应端与消费端共同决定[①]。

工业经济时期,通常情况下,在价值链内部所开展的活动主要体现在生产、技术开发、采购、管理以及营销等多个方面。企业通过价值链内部各项活动来创造价值,这属于一种比较稳定的商业模式。

但是,数字经济时代,通过数字技术应用而获取到的商业机会,将重点放在了基于消费者价值需求以及价值创造两个方面。消费者价值需求主要是更好地满足消费者需求与体验,这就要求对消费者本身的使用感受以及体验进行准确判定,在此基础上对产品进行合理设计与完善;在价值创造方面,消费者作为价值创造的基础条件,企业一定要与消费者保持长期沟通关系,价值定位要从产品思维转换为用户思维,形成基于消费者价值创造下的商业逻辑。由于互联网时代环境的不确定性,厂商已经没有坚固的堡垒可以依托和支撑,使得厂商的商业模式具有高度的随机性和不确定性,只能随时求新求变。

---

① 罗珉.互联网时代的商业模式创新:价值创造视角[J].中国工业经济,2015(1):95-107.

（三）以跨界商业逻辑驱动商业模式创新

数字经济时代商业模式的创新发展,其竞争不再局限于产品和服务上,而是扩展到跨界融合上。例如:华为公司与赛力斯公司的合作加快了传统汽车业的智能化发展。在未来,行业边界变得模糊,跨界难度降低,甚至会逐渐成为一种新常态。对于企业来说,应该利用自身的竞争优势,遵循合作、共享、共赢的原则,进一步完善商业生态系统。未来,基于数字经济的跨界融合,要依靠实体企业转型发展,吸收数字经济的创新思想。通过对数字技术以及虚拟网络平台的充分利用,实现不同主体以及不同领域之间的跨区域合作,在此基础上可以对产业交易边界进行有效融合,这样就能转变以往的竞争关系,变成合作共赢的关系,最终导致商业逻辑在原来的基础上发生转变,从而驱动企业寻找更合适的商业模式。

项 目 实 训

项目一:商业模式画布设计

1. 完成时间:1 天。

2. 学习任务:训练小组团队设计创业项目的商业模式。

3. 成果形式:商业模式画布。

4. 游戏步骤:

（1）按照下图式样把它画下来,确保大家都有马克笔以及不同颜色和大小的便笺条。

商业模式画布示例:

重要伙伴	关键业务	价值主张	客户关系	客户细分
	核心资源		渠道通路	
成本结构			收入来源	

图 8-4　商业模式画布示例

（2）开始构建商业模式时,大家描述企业所服务的客户细分市场。参与者根据客户细分的不同,将不同颜色的便笺条粘在画板上。

（3）接下来,参与者描述企业对每个客户细分的理解,反映出每个客户细分的价值主张。参与者应使用相同颜色的便笺条代表价值主张和对应的客户细分。如果一个价值主张涉及两个差异很大的客户细分,那么应当分别使用这两个客户细分对应的便笺条颜色。

（4）映射出整个商业模式后,开始评估该模式的优、缺点。将绿色(优点)和红色(缺点)的便笺条贴在商业模式中运行良好的模块和有问题的模块旁边。除了用颜色,也可以在便笺条上标出"＋"和"－"符号。

（5）参与者通过前面步骤所产生的画板,或选择对现有商业模式进行改进,或创建出另外一个全新的模式。在理想情况下,参与者应使用一个或几个商业模式画板来体现改进的商业模式或新的替代模式。

项目二:企业商业模式访谈

1. 完成时间:一天。

2. 学习任务:结合本章内容,设计一份访谈提纲,找一家你身边的与你们小组创业项目相关的企业进行商业模式分析。

3. 成果形式:访谈报告。

4. 实训要求:

（1）分析该企业商业模式的九大要素及相互关系。

（2）收集商业模式方面的执行情况,在收集资料时,如需调研访谈,则做好记录,如果对方允许,最好录音。

（3）实地调研结束后仔细整理资料,对照访谈前你预想的答案,你收获了什么?

（4）回头看看你在项目一中分析的商业模式,你们小组设计的商业模式在哪些地方需要修改。

第九章 创业计划书

学习目标

1. 了解创业计划书的主要作用。
2. 掌握创业计划书的主要内容，以及撰写创业计划书的注意事项与技巧。
3. 掌握创业计划路演 PPT 制作要点。

案例导读

成功创业的基石——创业计划书

1. 小王和小李是某高校机械工程专业的大三学生，两人在专业老师的指导下设计了一款针对聋哑人使用的智能概念手表，该智能手表能够帮助听障人士与超市售货员对话，辅助他们顺利过马路等，具有很好的应用价值，并已申请了实用新型专利。本来，两人打算通过创新创业大赛把产品设计思路展示出来并获得企业人士的投资，以便能够开发出产品样机，但在竞赛的申报材料准备中对创业计划书的认识理解不足，对产品的市场需求分析、可行性分析及商业模式等阐述不够，不能帮助企业人士和专家评委快速有效地捕捉到产品价值，最终该项目在复赛中淘汰出局，赛后也没有相关企业对该项目抛出"橄榄枝"。

2. 云南省某应用型本科高校学前与特殊教育专业五名大三学生在校外特殊教育辅导机构做兼职老师，在兼职过程中不仅提高了自身的专业技能和理论深度，也培养了他们社交能力和管理水平。2018 年 4 月，兼职快满一年，这五名学生也成了即将毕业走向职场的大四毕业生。因为有一年的教学实践经验，加之，国家政策对毕业生创业的政策扶持，这五名学生决定创业——开办专业的学龄前特殊儿童康复教育机构。

对于身无分文的大学生而言，创业起步阶段最缺少的是资金，在老师的指导下，他们历时两个月，撰写出了一份既详细又可行的创业计划书。一方面，他们的计划书深入地分析了市场需求、项目产品、运营方案、品牌营销、风险管理和资金运作等商业模式中的关键内容；另一方面，他们的创业计划书也根据特殊儿童康复教育机构的现实情况，制定了有针对性的执行方案和发展路径，突出每一个阶段的重点任务并层层分解，形成了切实可行的行动路线。2018 年 6 月，在云南省第四届"互联网＋"大学生创新创业大赛上，博得了现场评委及投资者的青睐，最终以金奖得主获得了现场投资机构的首轮融资;在 2018 年 10 月厦门举办的第四届中国"互联网＋"大学生创新创业大赛以国赛银奖获得第二轮融资。现在五位毕业生也成功实现了他们的创业梦,成了"学龄前特殊儿童康复教育机构"的经营者,公司已顺利入驻昆明市经景路浩宏创业园内。

思考题:

1. 创业计划书的作用?

2. 创业计划书包含哪些内容?

3. 创业计划书路演 PPT 制作要点有哪些?

第一节 创业计划书概述

一、创业计划书的概念

广义地理解,创业计划书是创业者在对市场进行广泛深入的调查分析后,以盈利和发展为主要目标,把自己的产品(服务)推向市场的一整套计划。其是全面阐述公司或项目发展前景,产品、市场、竞争、风险及投资收益和融资要求的书面材料。

狭义来讲,创业计划书是一份把产品(服务)打入市场从而获利的目标规划与行动方案,用来指导创业者自身有策略、有步骤地执行具体措施,以现实短期目标和长期战略。创业计划通常是各项职能规划如市场营销、财务、制造、人力资源等的整合体。

从另外一个角度分析,创业计划书还是一份融资报告,用来向潜在投资者、风险投资公司、合作伙伴等外界投资机构展示产品(服务)的内涵、功能和价值,帮助他们了解掌握该产品的市场规模、获利空间和成功的可能性,以便取得合作支持或风险投资的可行性商业报告。

二、创业计划书的作用

本质上来讲创业计划书描述的是一个组织的基本哲学。以价值理念驱动 IBM 的托马斯·沃森这样说过:"一个组织的基本哲学思想对组织的作用比技术资源、经济资源、组织机构、创新和抓住时机的作用更大。"一份详尽的创业计划书,就像是一张业务发展的指示图,一般会提出创业项目头三年内所有短期和中期决策的指导方针。

(一) 帮助创业者准确定位、厘清思路

创业计划书能够帮助投资者在一个充满不确定性的商业环境中建立长远目标,并使其能够针对现今商业环境中的各种变化作出前瞻性的商业决策。制订创业计划可以使创业者将总体战略与具体的思路有机结合起来。也许有一些创业者只是在自己的脑海里形成了一幅蓝图,但是如何实现,就需要制订一份创业计划书,创业者才能对这一项目有更加清晰的认识,以使自己不会轻易偏离预定的方向。

1. 自我介绍

介绍产品(服务)是什么是创业计划书的基础功能。创业计划书对于产品(服务)而言,就好比一个人在应聘过程中的自我介绍,一方面讲清楚企业(项目)的产品(服务)是什么,能够解决什么样的社会问题,满足什么样的市场需求和创造的具体价值。

2．指导纲要

创业计划书有远景规划功能。创业计划书的一个突出作用是制订远期的战略规划。一方面，对战略目标而言，明确了创业项目大致的发展方向、发展路径的选择和发展策略。另一方面，创业计划书还有近期指导功能。创业计划书中的战略规划是企业发展方向的引领，发挥了"如何做正确的事"的功能；而战术执行是企业在不同阶段应该怎么执行开展具体工作，是操作层面的内容，发挥了"如何正确地做事"的功能。所以，创业计划书某种程度上是一份创业者近期工作开展的行动指南，能够让创业者在工作开展的各阶段有基本可参照的"时间表"和"路线图"。

3．市场调查报告

市场调查分析是创业计划书的关键功能。市场调查分析是创业者通过全方位调查研究后，经过系统分析论证，形成了客观、翔实的数据报告，以帮助其自身认识到产品的市场规模、竞争态势、发展趋势等。创业计划书除了发挥向外界展示产品（服务）的价值特点的功能外，更为关键的是要向创业者本身提供客观的数据支撑和可行的行动方案。通过全面有效的市场调查后对调查结果进行深度数据分析是对这一功能的本质要求，一方面用简单明了、直观形象的图表数据呈现给团队以便其对项目情况有客观的把握，并有针对性地制定执行方案和发展策略；另一方面创业计划书不仅包含了产品（服务）全部的现状和未来发展的规划方向，同时还提供了的效益评价体系和管理监控指标。帮助社会人士快速有效地获取项目的真实情况和潜在价值，从而做出是否投资的决策。

4．风险评估

创业计划书的必要功能是对产品（服务）进行风险评估。这一部分是在调查分析的基础上，结合企业所处的内外部环境，对企业面临的风险进行识别并对这些存在的风险的影响程度给予深度的评估。外部环境一般包括：政治环境、政策环境、经济环境、行业发展环境、法治环境、资源环境、气候环境等；内部环境一般包括：资金运作情况、组织结构情况、核心技术情况、人力资源情况、商业模式情况等。创业计划书需要结合项目本身的实际情况，系统识别存在的风险存在点，并采取科学的方法体系深度评估风险点发生的可能性，最后形成简要的风险评估报告用来指导应对策略的设计与执行。它会时刻提醒创业者应该注意什么问题，规避什么风险，并最大程度地帮助创业者获得外界的帮助。

5．营销策划

创业计划书的延伸功能是商业模式的制定和品牌的开发。根据市场分析报告和风险评估报告，首先制订出区别于其他竞争者的盈利模式是创业计划书的内涵延伸，其次开展有针对性的品牌塑造以积淀产品的认可度和影响力，最后围绕商业模式和品牌塑造两个方面建立配套的产品营销体系。在这一部分功能中最应引起重视的是营销体系的差别化，营销的本质在于塑造产品的品牌，而品牌的形成中最忌讳的是与其他产品的同质化竞争，所以在创业计划书产品营销部分的制订时要围绕产品发展定位和自身实际，形成个性化与差别化的营销体系。

（二）帮助创业者凝聚人心有效管理

对于创业团队而言，创业计划是他们的发展蓝图、发展愿景、发展目标和动力源泉，通过描绘新创企业的发展前景和成长潜力，可以使管理层和员工对企业及个人的未来充满信心,能够在困难阶段产生一定的精神鼓舞和团队合力。创业计划书帮助创业团队明确将要从事的项目和活动,从而帮助大家了解自己在未来将要充当什么角色,完成什么工作,以及完成这些工作需要的岗位胜任力等一系列问题。因此,创业计划书对于吸引所需要的人力资源和凝心聚力具有重要作用。

(三)帮助创业者对外宣传获得融资

创业计划书是吸引风险投资和战略合作伙伴的重要媒介工具。一份好的创业计划书会增加风险投资家、合作伙伴、员工、供应商、分销商对创业项目的信心,而这些信心正是创业者走向创业成功的基础。对于风险投资家来说,创业计划书是评价创业项目是否真正有投资或者经营价值的重要依据,它可以使出资者了解创业企业的经营状况和经营目标,从而说服出资者为创业企业提供资金。创业计划书的好坏往往决定了融资的成败,在一定程度上也是对创业项目进行融资宣传的文件。

三、创业计划书的基本要素

创业计划书没有固定的格式,但需要有实在的内容、经得起推敲的逻辑和较强的可行性,否则只是海市蜃楼和空中楼阁,难以落地。尽管其形式多变,但核心内容至少需要包含六个要素(C)。

(一)概念(concept)

概念指在计划书里边,要让别人可以很快地知道创业项目的产品(服务)是什么?解决了市场上的什么需求。

(二)顾客(customers)

接下来要明确产品(服务)的对象是谁? 即谁是顾客? 顾客范围的界定。

(三)竞争者(competitors)

你的产品(服务)市场上有没有相同的? 这些竞争者跟你的产品(服务)的关系是直接的还是间接的? 同时,有没有其他的替代品。

(四)能力(capabilities)

自己有没有能力完成产品(服务)? 如果没有这个能力,至少合伙人要会做,再不然也要有鉴赏的能力,否则最好不要做。

(五)资本(capital)

创业者必须清楚自己的资本来源在哪里? 自有的部分有多少? 需要融资的部分有多少?

(六)可持续经营(continuation)

当你的产品(服务)做得不错在市场上生存下来后,将来的持续发展计划是什么?

任何时候要掌握这六个要素,随时检查,随时更正。

第二节 创业计划书的内容

一、创业计划书的基本内容及规范

(一)创业计划书封面

封面包括项目名称、团队名称、时间、主创业者的联络方式及企业网址等信息等要素,如果企业已有徽标或者商标,就把它置于封面页。

(二)目录页

目录页列出了创业计划书和附录的组成部分及对应的页码。在设计技巧上,可以结合产品(服务)特点,对封面和目录页进行适当的修饰和美化以便给读者留下较好的第一印象。

(三)正文部分

1. 摘要

摘要一般要包括以下内容:项目或企业背景、项目或企业规划、市场分析、行业竞争分析、组织与人事分析、财务分析及风险分析。摘要位于创业计划书的最前面,它浓缩了创业计划书的精华,涵盖了计划的要点,以求一目了然,以便读者能在最短的时间内评审该计划并作出判断。摘要要求简明、生动。特别要详细说明本项目的独特之处以及产品(服务)获取成功的市场核心因素。

2. 产品与服务描述

产品与服务描述主要介绍拟投资产品(服务)的背景、目前所处发展阶段、与同行业其他同类产品(服务)的比较,本产品(服务)的新颖性、先进性和独特性等。产品介绍通常应包括以下内容:产品的概念、性能及特性;产品的市场竞争力;产品的研究和开发过程;发展新产品的计划和成本分析;产品的市场前景预测;产品的品牌和专利。

一般来说,产品介绍要附上产品原型、照片或其他介绍,并要回答以下问题:①顾客希望企业的产品能解决什么问题?顾客能从企业的产品中获得什么好处?顾客为什么会选择本企业的产品?②企业的产品与竞争对手的产品相比有哪些优缺点?企业为自己的产品采取了何种保护措施?企业拥有哪些专利、许可证?与已申请专利的厂家达成了哪些协议?③为什么企业的产品定价可以使企业获得足够的利润?为什么用户会大批量地购买企业的产品?④企业采用何种方式去改进产品的质量、性能?企业对发展新产品有哪些计划?

在进行投资项目评估时,投资人最关心的就是创业企业的产品、技术或服务是否能满足顾客的需要,即是否拥有巨大的市场潜力,这也直接关系到风险投资能否收到满意的回报。所以,在产品(服务)介绍部分,创业者既要对产品(服务)作出准确而详细的说明,又要让说明通俗易懂,使不是专业人员的投资者也能明白。但应该注意,每一项承诺都是"一笔债",都需要努力去兑现。要牢记,创业者和投资家所建立的是一种长期合作的伙伴关系。如果创业者不能兑现承诺,不能偿还债务,企业的信誉必然会受到损害。

3.行业及市场情况

行业及市场情况主要介绍行业发展历史、现实及趋势,进入该行业的技术壁垒、贸易壁垒、政策限制等,行业市场前景分析及预测。市场状况方面编制的目的就是让投资者相信本产品(服务)有光明的市场前景。具体内容包括:①行业发展分析:行业整体与细分领域的发展现状、整体规模和未来发展容量、现有产品的价格及竞争力、市场容量与市场占有量等状况;②市场定位分析,说明创业项目可推广应用的行业细分领域、范围、容量、竞争强度、行业壁垒、目标客户群体等;③市场需求分析,市场需求产生的动力;④竞争产品分析,现有的和潜在的竞争对手分析,竞争的优势分析等。如果预测的结果并不乐观,或者预测的可信度让人怀疑,那么投资者就要承担更大的风险,这对多数风险投资家来说都是不可接受的。

4.经营与管理

经营与管理主要介绍本产品(服务)的基本情况,如名称、预计注册名称、注册资本及时间等;还有企业主要股东情况、企业组织机构设置、企业管理者的具体构成、核心员工的构成及其招聘来源等。有了产品之后,创业者要做的就是建设一支有战斗力的管理队伍。企业管理的好坏直接决定了企业经营风险的大小;而高素质的管理人员和良好的组织结构则是管理好企业的重要保证。因此,风险投资家会特别注重对管理队伍的评估。在创业计划书中,必须要对主要管理人员加以介绍,介绍他们所具有的能力,他们在本企业中的职务和责任,他们过去的详细经历及背景。企业的管理人员应该是互补型的,而且要具有团队精神。一个企业必须要具备负责产品设计与开发、市场营销、生产作业管理、企业理财等方面的专门人才。此外,在创业计划书中,还应对公司结构作简要介绍,包括公司的组织机构图;各部门的功能与责任;各部门的负责人及主要成员;公司的报酬体系;公司的股东名单,包括认股权、比例和特权;公司的董事会成员;各位董事的背景资料。

5.营销策略

营销策略主要包括:市场机构和营销渠道的选择;营销队伍和管理;促销计划和广告策略;价格决策。营销是企业经营中最富挑战性的环节,影响营销策略的主要因素有消费者的特点、产品的特性、企业自身的状况及市场环境方面的因素,但最终影响营销策略的是营销成本和营销效益。对创业项目来说,由于产品(服务)的知名度低,很难进入其他企业已经稳定的销售渠道中去。因此,企业不得不暂时采取高成本、低效益的营销战略。

6.制造计划

生产制造计划应包括以下内容:产品制造和技术设备现状;新产品投产计划;技术提升和设备更新的要求;质量控制和质量改进计划。在寻求资金的过程中,为了增大企业在投资前的评估价值,创业者应尽量使生产制造计划更加详细。如果是非制造业,则不需要产品制造,可以制订相应的经营计划。如果是制造业,产品制造就是核心环节之一。

7.融资说明

融资说明主要是融资数量、来源和途径、近期收益率、资方的权利、如何收回投资、与创业项目有关的税种和税率、企业享受哪些政府提供的优惠政策及未来可能的情况等内容。详细说明筹资/融资款项要如何运用？是要拿来营运周转？还是添购设备、备料进货或是技术开发？要何时用？还有供货商、规格、品牌、价格、数量、运费、税金等需求如何细化、量化？筹融资款对创业项目的获利有何贡献？未来3年的损益表、资产负债表和现金流量表要做好预估。第一年报表要以每月为基础，第二、三年则以每年为基础。

8. 财务计划

财务计划包括产品形成规模销售时，毛利和纯利的具体比率；短期、中期、长期的项目盈亏平衡表、项目资产负债表、项目损益表、项目现金流量表、项目销售计划表、项目产品成本表等。

9. 风险评估与防范

风险评估与防范详细说明创业项目在实施过程中可能遇到的各种风险及控制风险、防范风险具体手段。具体包括政策风险、行业风险、技术开发风险、经营管理风险、市场开拓风险、生产风险、财务风险、对公司关键人员依赖的风险等。每项具体的风险都要单独叙述控制的对策和方法。

10. 项目实施进度

项目实施进度主要详细说明项目实施计划和进度，必须注明起止时间，有明确的描述和时限。

创业计划书编写的目的是为创业融资、宣传提供依据，同时作为创业实施的规划方案。因此，创业计划书的编写除尽可能展现创业项目的前景及收益水平外，还要展现出创业项目的可实现性。在创业计划书中要做好成长与发展规划：下一步要怎么样，三年后要怎么样，五年以后要怎么样，这个计划是要能持续经营的，所以在规划时要尽可能够做到让投资者觉得真实、可行。最后是其他特别需要注意的事项和相应的附录。

二、创业计划书结构

商业或项目计划书提纲（中国国际大学生创新大赛模板）

第一章　执行总结（此章节是后续各章节的总结和提炼）

1.1　项目或企业背景

1.2　项目或企业规划

1.3　市场分析

1.4　行业竞争分析

1.5　组织与人事分析

1.6　财务分析

1.7　风险分析

第二章　项目或公司简介

2.1　项目或公司概述

2.2　项目或公司服务及业务简介

2.3　发展规划

第三章 市场与竞争分析

3.1 市场现状

3.2 市场前景

3.3 目标市场

3.4 市场营销策略或商业模式阐述

3.5 竞争分析

第四章 运营分析

4.1 生产组织

4.2 质量控制

4.3 组织管理

4.4 人事管理

第五章 财务分析

5.1 投融资分析

5.2 财务预算

5.3 财务分析

第六章 风险分析

6.1 风险识别

6.2 风险防范及措施

6.3 风险资本退出

第七章 团队介绍

附录:各类附件证明材料

第三节 创业计划书的撰写

一、创业计划书的撰写步骤

创业方案形成是一个展望项目的未来前景,细致探索其中的合理思路,确认实施项目所需的各种必要资源,再寻求所需支持的过程,可以分为以下三个阶段。

(一)准备阶段

创业计划书的编写涉及的内容较多,因而制订创业计划前必须进行周密安排。主要有如下一些准备工作:①确定创业计划的目的与宗旨;②组成创业计划小组;③制订创业计划编写计划;④确定创业计划的种类与总体框架;⑤确定创业计划编写的日程安排与人员分工。

(二)资料准备阶段

这一阶段的工作主要是:学习经验、创业构思和市场调研三个方面。以创业计划总体框架为指导,针对创业目的与宗旨,搜寻内部与外部资料。具体包括创业企业所在行业的发展趋势、产品市场信息、产品测试资料、实验资料、竞争对手信息、同类企业组织机构状况、行业同类企业财务报表等。资料调查可以分为实地调查与收集二手资料两种方法。市场调研可以得到创业所需的一手真实资料,但时间及费用耗费较大;收集二手资料较易,但可靠性较差。创业者可根据实际需要灵活选择资料调查方法。

(三)创业计划的形成

创业计划形成阶段要完成以下四项任务:

第一,拟定创业执行纲要。主要是创业计划各部分概要。

第二,草拟初步创业计划。依据创业执行纲要,对创业项目的市场竞争及销售、组织与管理、技术与工艺、财务计划、融资方案以及风险分析等内容进行全面编写,初步形成较为完整的创业计划方案。

第三,修改完善阶段。创业计划小组在这一阶段对创业计划进行广泛调查并征求多方意见,进而形成一份较为满意的创业计划方案。

第四,创业计划定稿。进行检查,并印制成正式创业计划文本。

二、创业计划书的撰写原则

一份好的创业计划必须呈现竞争优势与投资者的利益,同时也要具体可行,并提供尽可能多的客观数据来加以佐证。具体编写过程中应把握以下八条原则。

(一)市场导向原则

利润来自市场的需求,没有明确的市场需求分析作为依据,所编写的创业计划将是空泛的、无意义的。因此,创业计划的编写应以市场为导向,要充分显示对于市场现状的把握与未来发展的预测,同时要说明市场需求分析所依据的调查方法与实事证据等。

(二)文字精练原则

简明、全面地介绍基本情况。例如,项目概述、技术发展、市场状况、财务规划、管理团队等内容,创业者要在计划书中以一定的方式表达出来,而且要力求简明。创业计划应该避免出现与主题无关的内容,直接切入主题,并清晰明了地把自己的观点亮出来。投资者没有时间,也不愿意花过多的时间来阅读一些对他来说毫无意义的东西。创业计划书文字精练、观点明确,才较容易引起投资者的注意和兴趣,提高融资成功率。

(三)前后一致原则

创业计划的内容复杂繁多,容易出现前后不一、自相矛盾的现象,从而使人对计划产生怀疑。所以整个创业计划前后的基本假设或预估要相互呼应,保持一致。

(四)呈现竞争优势原则

突出创业项目的独特性,独特性可以表现在管理团队上,也可以表现在产品或服务上,还可以体现在融资上。正是因为这种独特性才使投资者放弃其他投资选择的。编写创业计划书的重要目的之一是为投资人或贷款人提供决策依据,借以融资。因此,创业计划书要呈现出具体的竞争优势,显示经营者创造利润的强烈愿望,并明确指出投资者预期的报酬。但同时也应该说明可能遇到的风险或威胁,不能只强调优势和机遇而忽略不足与风险。

(五)便于操作原则

创业计划书是创业者拟定的创业行动蓝图,因此,它必须具有很强的可操作性,以便于实施。特别是其中的营销计划、组织结构、管理措施、应对风险的方法和策略等,必须具有可行性和可操作性。

(六)通俗易懂原则

计划书中应尽量避免技术性很强的专业术语。这些术语不是谁都可以看得明白的,而且风险投资者更关心计划能为他们带来多大效益。过多的专业术语会影响读者的兴趣,让他们觉得太深奥。即使不得已使用专业术语,也应该在附录中加以解释和说明。

(七)实事求是原则

创业计划中的所有内容必须实事求是,即使是财务规划也要尽量客观、真实,切勿凭主观意愿进行估计。在创业计划中,必须事先进行大量的调查和科学分析,尽量陈列出客观、可供参考的数据与文献资料。在计划书的整个编制过程中,创业者要时刻体现为投资者着想的原则,在内容的选择上也要遵守这一原则。创业者和投资者最终的关系是合作的关系,从这一点来讲,为投资者着想就是为自身着想。创业计划书是风险投资评估创业项目的主要依据,如果可以从投资者评估的视角来制作计划书,会给投资者留下好感,为最后赢得资金奠定基础。

三、创业计划书应注意的问题

(一)执行总结是关键

执行总结起到了提纲挈领的作用,是创业计划书的灵魂,它包括了整个商业计划的精髓,目的在于最快地让投资方了解计划书的主要内容。一份创业计划书一般有几十页到上百页,完整描述了创业机会和创业过程。但是,创业计划书的读者无一例外是先看计划书的执行总结部分,如果对这个项目感兴趣,才会接着往下看。所以,可以明确的是,一份优秀的创业计划书必须要有优秀的执行总结。否则,创业计划书很可能在被仔细阅读完之前就已经被放弃。执行总结的写作应该符合简洁概要和引人注目两个原则。在语言上应该精练,高度概括;在内容上应该条理清晰,亮点突出;在形式上既可以严谨规范,也可以适当灵活、追求新意。

(二)产品服务求差异

创业计划书一定要把自己的产品和服务讲清楚,让人相信你的产品和服务是有前景的。而同质化、没有新意的产品和服务是难以成功的。想要吸引创业计划书的读者,乃至创业获得成功,要么是能够提供一种全新的产品或者服务满足某种需求;要么是产品和技术与目前的相比较有突出的优势；要么在产品和服务没有创新，但是创新了一种新的商业模式。投资者会非常看重计划书的创意。所以，作者需要把创意用最有感染力的方式传达给投资者。作者不仅要真实可信地讲述产品和服务，还要清楚地描绘出这个产品和服务的创意在哪里，解决了什么需求痛点，为什么会有前景。

（三）机会风险要识别

投资者对于创业机会是非常敏感的，创业计划书中，创业者要清醒认识到可能存在的风险，不能夸大收益，对风险避而不谈。在创业计划书中清晰地识别并阐述这些机会与风险，有助于展现你的专业性与深度思考，也能为未来的经营提供有力支持。寻找机会可以从市场需求、竞争分析、技术或行业趋势、消费者洞察等方面进行。在识别风险方面，需要考虑市场风险、财务风险、法律法规风险、操作风险。

（四）战略规划合情理

战略规划是企业未来发展的指引，要把每一步发展思路写清楚，不能只提一个遥遥无期的远景目标。很多人在撰写创业计划书的时候都有一个毛病，喜欢把战略规划写得气势宏大，动不动就提"国内第一""行业领军者""打入国际市场"，这样的词句很容易让投资者产生不信任的感觉。无论自身实力怎样，机会如何，未来都是难以预料的，所以战略规划务必谨慎。

（五）营销策略切可行

营销策略要让人觉得切实可行，拿到方案就可直接操作。创业计划书作者不仅要系统地掌握市场营销理论和分析工具，而且要有丰富的市场营销实战经验，一定要把市场需求，产品或服务的特性，自身条件等统一起来，要稳扎稳打。这样才能写出既有理论高度，又和实际紧密结合的营销策略。

（六）投资回报讲明晰

在财务分析部分，创业计划书要明确投资和收益，各种财务指标要齐备，数据来源和计算方法要有根有据，最好能列出财务数据预测的方法和根据。财务预测不可能精确，但是要力求实事求是，有理有据，尽可能合理地推断收入和成本。创业计划中可能会涉及风险投资、银行、其他企业、政府、科研机构等各方的合作，各方投入自身资源，同时期望获得一定的投资回报，所以，创业计划书不仅要列出利益分配方案，而且要对可能出现的利益冲突提出解决方案。

（七）证据确凿再推断

创业计划书中的每一个陈述都要有证据支持。创业者可以找到支持项目产品（服务）市场容量、市场发展走向等相关的二手数据，但是必须注明数据来源。更重要的是，创业者需要开展调研活动并与潜在客户沟通，从而发现客户的真实需求，获得各种有价值的一手数据。

（八）图文排版皆斟酌

一份图文并茂的创业计划书要远比一堆干巴巴的文字更吸引人，更有助于准确地表达。虽然创业计划书没有固定的格式和模板，但是要遵循良好的视觉效果、语句通顺、逻辑严谨、通俗易懂、排版准确等要求。图和表的最大特点就是直观，有效弥补了文字写作的不足，虽然图和表的合理利用能为创业计划书增色，但是，并非图表越多越好，本着用图表是否能有利于读者理解，有利于表现内容的评判原则，我们要选择好在什么时候用图表、怎么用图表。另外，创业计划书不能存在错别字、用词不恰当等低级错误。

（九）详略得当才合理

一份好的创业计划书应该是有详有略，重点突出。一方面，创业计划书中内容应该根据项目本身的特点来安排轻重。每份创业计划书中的亮点可能就几个，其他内容也许只是为了保持框架的完整性而存在，没有自己的特色。另一方面，要考虑读者会对哪些方面感兴趣，设想他最想看到的是什么。另外，在写作计划书的时候，一定要把每一个想要表达的重点都放在显著的位置，让读者能够容易看到，容易理解。

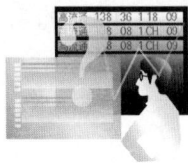

项 目 实 训

项目一：中国国际"互联网＋"大学生创新创业大赛作品分析

1.完成时间：1天。

2.学习任务：收集5篇中国国际"互联网＋"大学生创新创业大赛网络创业计划书，分析各计划书的优势及劣势？了解创业计划书撰写的要素、基本内容、应注意的问题以及展示要点。

3.成果形式：表格填写（表9-1）。

表9-1　项目成果

编号	项目名称	优势	劣势
1			
2			
3			
4			
5			

项目二：撰写项目创业计划书

1.完成时间：两周。

2. 学习任务:将学生分组,每组形成一个创业团队,结合专业和兴趣撰写一份创业计划书。

3. 成果形式:创业计划书。

4. 项目要求:

（1）要求内容完整、结构合理、逻辑清晰、简明扼要、版面美观大方。

（2）每个创业团队围绕本小组的创业项目,做好人员分工,按创业计划书要求,分别撰写所负责的部分。

（3）小组成员撰写完成后,集体研讨修订创业计划书内容。

（4）制作PPT,在课堂上进行路演:每个学生小组选派一人作为代表(或多人合作)上台展示创业计划。

第三篇

就业指导

第十章　就业政策及就业去向

学习目标

1. 了解当前我国就业政策。
2. 掌握招聘信息收集的途径及方法。
3. 掌握大学毕业生主要就业去向。
4. 了解毕业手续办理程序。

案例导读

小丽是一名刚毕业的大学生,她的愿望是找一份收入稳定而体面的工作,经过努力以后成为一名行业精英。但由于当前就业形势严峻,她选择了考研,经过一年的紧张复习后还是没考上。于是决定先找工作,可是去到招聘会现场发现大部分招聘岗位都是销售、营业员、客服、主播等,离她心目中的工作岗位差距太大。她又决心投入考编大军,为了增加考上的可能性,她向父母要了 2 万元钱报了培训班,全身心复习报考事业单位,成绩公布了,离进入面试还差 10 多分,她还是没有考上。焦虑的她看着茫茫人海不知道该何去何从。

思考题:

1. 小丽的求职目标与当下的就业形势、社会需求相符合吗?
2. 请你给小丽提一点建议。

第一节　就业制度与政策

一、我国大学生就业制度演变

纵观中华人民共和国成立 70 年来,我国大学生就业制度先后经历了三个阶段:

(一) 计划经济条件下的统包统分阶段(1949—1984 年)

中华人民共和国成立之初,百废待兴,各行业人才非常缺乏,作为国家培养的高级专门人才的大学生,在当时属于一种稀缺的社会资源,为了更好地发挥这一稀缺资源在国家经济建设中的作用和满足社会经济发展的需要,国家对人才实行统包统分的就业政策。优点是能够汇集有限的人才资源集中力量办大事,对我国社会主义各项事业建设起过积极的促进作用。缺点是不能鼓励与调动学生学习的积极性,学校、用人单位缺乏输送人才、使用人才的自主性,不利于人才资源的开发、利用[①]。

(二)商品经济条件下的双向选择过渡阶段(1985—1999 年)

随着世界范围内新技术革命的兴起,我国改革开放不断深入,社会主义商品经济不断发展,我国对高等学校毕业生的就业制度分步骤、分层次地进行了改革。具体为1985 年开始就实行了用人单位与高校直接见面,实现"供需见面",尽力做到学以致用,人尽其才。1989 年开始有的学校直接请用人单位直接到学校摆摊设点,举行毕业生分配洽谈会,让毕业生和用人单位洽谈双向选择。这一阶段的特点是,大学生就业主要还是实行分配制度,但是增加了用人单位和毕业生的选择自主权。优点是将竞争机制引入高校,增强大学生就业动力和活力,使毕业生的就业逐步走向市场化。缺点是由于人才市场的不规范、不稳定,公平竞争、择优录取的竞争原则未能充分体现。

(三)市场经济条件下的自主择业阶段(2000 年至今)

随着社会主义市场经济体制的建立和劳动人事制度的改革,除对师范院校和某些艰苦行业,边远地区的毕业生实行一定范围内定向就业以外,通过建立人才劳务市场,大部分毕业生采取"自主择业"的就业制度。与此相配套,建立毕业生需求信息、就业咨询指导、就业介绍等社会中介组织,为毕业生就业提供服务。优点是增强了毕业生竞争意识、自主意识、有利于人才的充分流动和合理利用;缺点是就业压力加大,毕业生为了早日找到合适的工作,很早就开始着手找工作,耽误了学业后期的学业任务完成;同时,在一些不正确观念的误导下,过分强调自身利益的实现,忽略了国家和社会的需要[②]。

从我国就业制度的演变可以看出,就业制度随着社会经济体制变化而变化,所以无论是用人单位、高校、还是毕业生都要做出改变,以适应社会经济的变化。

二、具体就业政策

就业是最基本的民生,《中华人民共和国就业促进法》中指出,县级以上人民政府把扩大就业作为经济发展和社会发展的重要目标,纳入国民经济和社会发展规划,并制定促进就业的中长期规划和年度工作计划;在党的二十大报告中习近平总书记指出"实施就业优先战略","强化就业优先政策"。为贯彻落实党中央、国务院关于高校毕业生就业创业工作的决策部署,教育部高校学生司会同相关部门编印了《高校毕业生等青年就业创业政策汇编》(以下简称《汇编》),帮助广大高校毕业生和用人单位知晓政策、享受政策,助力高校毕业生就业创业。《汇编》系统梳理了国家有关部门出台的促进高校毕业生就业创业现行政策,聚焦高校毕业生求职就业需求,分为企业就业、基层就业、自主创业、能力提升、应征入伍、就业见习、就业服务、就业手续、权益维护等九方面内容。为便于高校毕业生和企业快速查阅相关政策,《汇编》还归纳整理了就业有关政策清单,包

---

① 孟彬.新中国成立 70 年我国大学生就业政策变迁[J].河北师范大学学报(教育科学版).2019, 21(2):63 - 72.
② 孟庆新.大学生就业指导[M].北京:高等教育出版社.2018:14 - 19.

括 6 项面向企业(单位)吸纳高校毕业生就业的补贴、税收优惠等政策,以及 9 项面向高校毕业生的补贴、资助等政策。各省(自治区、直辖市)政府相应出台了一系列促进高校毕业生就业的政策,同学们可关注当年最新就业政策。

三、招聘信息收集及分析

在市场经济条件下,大学生作为一种资源,其配置是由市场机制来决定的,大学生的就业去向主要是由他们所掌握的就业信息来引导的。因此用人单位信息的多寡优劣,对大学生来说,就是求职生命线。招聘信息包括单位的性质、企业文化,现状及发展趋势、招聘的岗位及要求、所提供的待遇、招聘的时间和方式等。大学生想要提高面试成功的概率与就业的质量,就需要对招聘信息进行整理、分析。

(一)招聘信息收集渠道

1. 政府教育部门与毕业生就业指导部门

我国教育部成立了"国家大学生就业服务平台",收集了大量的招聘信息,及时精准地推送给毕业生。另外各级教育和人事部门都成立了毕业生的就业管理指导机构,这些部门会定期收集所在地用人单位的需求信息,然后通过各种渠道发布出去,这类信息的地域性较强。

2. 校园招聘活动

校园招聘活动主要是指以学校为主体举办的招聘宣讲会、双选会。往往具有时间集中、信息量大、针对性强、双方了解直接的特点,是毕业生了解招聘信息、成功择业难得的机会。专业更对口,用人单位更有选人的诚意,应格外重视。

3. 人才交流中心和人才市场

在就业旺季,各地人才市场都会举办招聘会、发布招聘信息。此途径获得的招聘信息具有较强的地域性。同时他们还会为毕业生就业提供各种咨询与服务。

4. 网络

当今的互联网时代,通过网络获取招聘信息是主要途径。根据招聘提供信息的主体分为三大类。第一类就是各级各类政府网站,比如"中国公共招聘网""中央和国家所属事业单位公开招聘服务平台""国家公务员局""云南省公务员招录专题网"等;第二类是各人力资源公司创办的网站或者微信公众号等,具有招聘信息多而全的特点,最常见的有"猎聘人才网""前程无忧",第三类是一些大型企业官方网站,会公布该企业的招聘信息。毕业生可从上述网站方便快捷获取大量招聘信息,但是需要注意甄别信息的真伪。

5. 家长或亲友

家长和亲友参与社会活动较多,获取的信息也较多,毕业生可加强与他们的联系了解针对性更强的社会需求信息。

6. 老师和校友

学校老师通过实践性教学工作,与一些专业对口的单位总有一些联系;本校校友大多在专业对口单位工作,通过他们了解到的就业信息,更具有准确性,他们引荐往往可信度更强,成功率更高。

7. 社会实践与毕业实习

通过平时的各种课外实践活动及毕业实习,了解用人单位并让用人单位了解自己,这也是毕业生在求职择业过程中,增进彼此了解的最好途径。

(二) 招聘信息整理

网络时代收集就业信息已经相当方便与快速,但所收集到的大量信息都是杂乱无章的,如果不加整理将难以发挥作用。把收集到的信息整理后方便做对比分析,提高了信息利用效率。收集到的招聘信息可以从以下三个方面去整理。

第一,信息的真伪辨别。无论从哪个渠道获取的就业信息,首先要判别这些信息的真实可靠性。

第二,信息的方向与积累。信息收集要有重点方向和具体目标,以避免收集范围过大浪费时间和精力。同时要注意信息的积累,使之能反映当前就业的动向和趋势。

第三,信息的比较和筛选。信息收集后必须做出比较和筛选,由重要至次要做一个排序。最后可以将有用信息整理到表 10-1 类似的表格中。[①]

表 10-1　求职信息整理表

企业名称	网址	地域	服务领域	电话	招聘岗位	招聘要求

(三) 招聘信息分析

当搜索到心仪的岗位招聘信息时,需要对其进行详细的分析,考虑自己与该用人单位、该职位是否匹配。同时设计简历也是准备面试的基础。下面介绍分析的方法和步骤。

1. 岗位职责分析

岗位职责指一个岗位所需要去完成的工作内容以及应承担的责任范围,简单来说就是需要做些什么事。岗位职责分析分两步走,第一步,找出每个岗位职责中的动宾结构;第二步合并职责同类项。

下面以"云南找工作"微信公众号 2023 年 11 月 30 日,发布的东方航空云南有限公司 2024 年部分岗位招聘公告为例介绍岗位职责分析的方法和步骤。

东方航空云南有限公司 2024 年部分岗位招聘公告

一、招聘岗位
市场营销
二、报名方式
登录东航招聘网(job.ceair.com)校园招聘栏目→工作地点(昆明)→所属单位:东方航空云南有限公司→选择岗位→投递简历。
报名时间:持续报名中(截止日期:2023 年 11 月 30 日 23:59:59)

---

① 刘鑫,等.大学生就业指导[M].成都:电子科技大学出版社,2020:125 – 126.

三、岗位描述及招聘条件

岗位描述：

1. 负责制定集团客户沟通计划，实时掌握集团客户的动态。

2. 负责为中小企业、辅业旅行社提供业务支持。

3. 负责定期分析中小企业客户的发展状况。

4. 负责在线旅行平台商务合作管理，接口准入谈判以及商务协议的拟定及报批。

5. 负责 B2T 团队各项产品推广，跟踪并及时根据市场反馈进行评估及产品优化。

6. 负责承接国内区域销售单位的销售指标，跟踪分析国内区域销售情况，指导国内区域销售单位的销售工作(含国际销售工作)。

7. 负责承接海外营销中心和营业部的销售指标，跟踪分析海外区域销售情况，指导海外区域销售单位的销售工作。

8. 负责分解短期市场专项指标任务并提供相关指标完成值。

9. 负责销售机构服务质量管理工作，对各销售单位服务质量考核结果进行分析、评估。

10. 负责收集汇总和协调解决各国内销售站点提出的相关建议和问题。

招聘条件：

学历：2024 年应届本科及以上学历。

专业：经济与贸易类、工商管理类、金融学类、外国语言文学类、数学类、计算机类等相关专业应届毕业生优先。

英语：大学英语四级(CET-4)及以上水平，六级(CET-6)优先。

第一步，根据岗位描述找出岗位职责中的动宾结构。①制定客户沟通计划；②掌握客户动态、分析客户发展状态；③管理商务合作(商务合作协议的拟定和报批)；④推广产品、优化产品；⑤分析销售情况、完成销售指标；⑥分析、评估、管理销售单位的服务质量；⑦协调销售站点提出的意见和建议；⑧介绍、办理产品服务；⑨对接、服务客户。

第二步，将上面的岗位职责，按照工作的性质整理成这些职责合并同类项到三项。之所以要将职责信息合并成三条或者三条以内，是因为三是一个非常合适的数字，比三少会觉得很单薄，比三多又觉得多了，不方便记忆，所以归纳总结成三条是最合适的。

岗位职责总结：职责一：分析、评估客户动态、销售单位服务质量、销售情况；职责二：制定沟通计划，管理销售单位，管理商务合作；职责三：完成销售指标。

2. 任职资格分析

任职资格是为了保证工作目标的实现，任职者必须具备的知识、能力、品质等方面的要求。结合岗位职责及招聘条件分析，完成这个工作需要的知识、技能/能力、素质。千万不要被要求吓得退缩，因为任何人去完成任何一个岗位的工作都是需要学习、磨合的。任职资格分析表，如表 10-2。

表 10-2　任职资格分析表

项　目	具体要求
K 专业知识	经济与贸易、工商管理类、金融学类、数据分析、外语知识，大学本科大专以上

项　目	具体要求
S技能	熟练使用数据统计分析软件 大学英语四级以上水平
A通用能力	表达沟通能力 分析判断能力 文字撰写能力 管理能力
T素质	具有团结精神 服务意识强 抗压能力强

第二节　大学生主要毕业去向

一、升学

大学生的升学是指通过考核/审核取得资格以后进入高一层级的学历教育机构继续深造，以取得更高学历、学位。下面主要介绍以本科学历为起点的升学。

（一）硕士研究生

硕士研究生是由高等学校和科学研究机构招收，培养热爱祖国，拥护中国共产党的领导，拥护社会主义制度，遵纪守法，品德良好，具有服务国家服务人民的社会责任感，掌握本学科坚实的基础理论和系统的专业知识，具有创新精神、创新能力和从事科学研究、教学、管理等工作能力的高层次学术型专门人才以及具有较强解决实际问题的能力、能够承担专业技术或管理工作、具有良好职业素养的高层次应用型专门人才。

1. 分类

硕士研究生按培养目标分为学术硕士与专业硕士。学术硕士按学科设立，培养学术研究人才。其以学术研究为导向，偏重理论和研究，重点培养学生从事科学研究和创新工作的能力和素质。学术硕士一般为全日制学习方式。专业硕士以职业需求为目标，以综合素养和应用知识与能力的提高为核心。教学过程注重培养学生研究实践问题的意识和能力。在具体的学习过程中，要求有为期至少半年的实践环节。专业硕士的学习方式为全日制或者非全日制。

2. 报考时间及方式

考试报名时间一般为每年 10 月，在规定时间登录中国研究生招生信息网（网址：https://yz.chsi.com.cn），按照网上公告要求报名。

3. 考核方式

全国硕士研究生招生考试分初试和复试两个阶段进行。

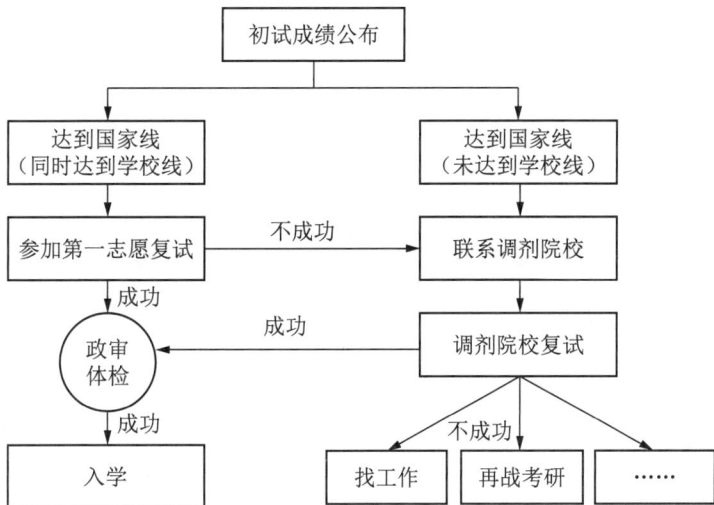

图 10-1 考研流程

（1）初试。初试方式均为笔试，分为全国统一考试（含联合考试）、单独考试以及推荐免试。

全国统一考试的部分或全部考试科目由教育部教育考试院（原教育部考试中心，下同）负责统一命题，其他考试科目由招生单位自行命题；单独考试由具有单独考试资格的招生单位进行，考生须符合特定报名条件，考试科目由招生单位单独命题、委托其他招生单位命题或选用全国统一命制试题；推荐免试是指依据国家有关政策，对部分高等学校按规定推荐的本校优秀应届本科毕业生及其他符合相关规定的考生，经确认其免初试资格，由招生单位直接进行复试考核的选拔方式。

（2）复试。复试是硕士研究生招生考试的重要组成部分，用于考查考生的创新能力、专业素养和综合素质等，是硕士研究生录取的必要环节，复试不合格者不予录取。复试的内容主要包括：自我介绍，英语笔试和面试，专业课笔试和面试，综合素质面试等。

（3）调剂。通过了国家划定的初试分数线、具有复试资格而在第一志愿学校又没有复试机会的考生，可以把自己的相关资料和情况简介传达给相关专业生源不足的院校。

考生调剂基本条件：符合调入专业的报考条件；初试成绩（含加分，下同）符合第一志愿报考专业在调入地区的全国初试成绩基本要求；调入专业与第一志愿报考专业相同或相近，应在同一学科门类范围内；初试科目与调入专业初试科目相同或相近，其中初试全国统一命题科目应与调入专业全国统一命题科目相同。

图 10-2 考研调剂流程

（二）博士研究生

博士研究生是高等学历教育中最高的教育等级。博士研究生由具有博士学位招生权资格的学校或者科研院所，按照教育部下达的招生计划，自主命题考核自主招生。培养方式有全日制、非全日制。一般博士研究生招生的三种方式为：

（1）本科毕业生直接攻读博士学位。国内优秀应届本科毕业生可在本校直博。

（2）硕博连读。面向已按学科培养方案要求修完全部硕士学位课程、各科成绩优秀的本校二年级非定向就业在读优秀硕士研究生，经导师同意可申请硕博连读生。

（3）"申请-考核"制。面向已获硕士学位人员和应届硕士毕业生（最迟须在录取当年入学前取得硕士学位）。

（三）出国留学

申请出国自费留学不受学历、年龄的限制，凡具备条件者，均可申请自费到国外上大学专科、本科、读研究生或进修。一般都需要满足一定的成绩及经济条件要求。

二、主要政策性岗位就业

（一）公务员

公务员，是指依法履行公职、纳入国家行政编制、由国家财政负担工资福利的工作人员。公务员除了要具备专业知识、心理身体素质以外还应该要有较强的政治素质。应具有远大的共产主义理想坚定正确的政治方向；能坚持全心全意为人民服务；遵纪守法，树立清正廉洁的公仆形象。

1. 分类

（1）按照考录机关的层级、隶属关系，公务员考录的职位可以分为中央和地方两大序列，即国考和省考。

（2）按照机构的性质和职能，中央和地方两大公务员考录序列，又可以分为多种类别。

第一，国考是中央公务员考录序列，可以分为中央党群机关、中央国家行政机关、中央国家行政机关直属机构和派出机构、国务院系统参照公务员法管理事业单位四个系统。

第二，省考是各省（自治区、直辖市）的公务员考录序列，职位分类与中央四大系统有着对应的关系，也可以分为党群机关、行政机关、行政机关直属机构和派出机构，参照公务员法管理事业单位四个系统；可以分为省、市、县、乡四个层级。

（3）国家公务员与地方公务员的区别。

一是组织单位不同。国考与省考的根本区别是由考试组织部门、招录单位和地域范围决定的。国考的全称是中央机关及其直属机构招录公务员考试，是由中共中央组织部、人力资源和社会保障部、国家公务员局组织，为中央、国家机关及其直属机构招录公务员，招考人员是面向全国的。而省考是以各省（自治区、直辖市）为单位，由省（自治区、直辖市)委组织部、省(自治区、直辖市)人力资源和社会保障厅以及省(自治区、直辖市)公务员局组织,为省、市、县、乡四级机关招录公务员,招考范围在本省(自治区、直辖市)内。

二是考录机关不同。按照考录机关的层级、隶属关系,公务员考录的职位可以分为中央和地方两大序列。简单来说,考录机关就是录用公务员的单位。

三是招考范围不同。国考和省考的招考对象均为符合各项条件的我国公民,但是具体的招考对象是不同的。国考招考范围具有全国性,基本上是没有户籍的限制;而省考的招考范围则相对小一些,招考范围是在本省(自治区、直辖市),部分省(自治区、直辖市)、部分职位会有户籍上的限制。

四是考试内容和难度不同。国考和省考的考试科目是一样的,包括行政职业能力测验和申论,但是考试内容和考试难度根据公务员应当具备的基本能力和不同职位类别是有所不同的。

五是录用待遇不同。因地域范围、部门(行业)类别及单位层级不同,薪酬及晋升空间会有所差异。

2. 报考时间及方式

(1) 国家公务员。报名时间一般为每年10月,在规定时间登录(网址:http://bm.scs.gov.cn/pp/gkweb/core/web/ui/business/home/gkhome.html)报名。

(2) 省级公务员。各省(自治区、直辖市)招录公务员的工作安排不尽相同,报名时间一般是每年1月至3月。届时,报考哪个省份(自治区、直辖市)就到哪个省份(自治区、直辖市)公务员报名官网进行报名。例如:云南省是通过云岭先锋首页的"云南省公务员招录"专栏(网址:http://www.ynylxf.cn/topicweb/ynskslygwy/index.html)登录报名系统。

3. 考核方式

公务员录用考试采取笔试和面试等方式进行,重点测查用习近平新时代中国特色社会主义思想指导分析和解决问题的能力。

(1) 笔试:公务员笔试分为公共科目和专业科目。公共科目是所有考生必须考的科目。而专业科目是部分要求有专科科目考试的岗位要考察的科目,比如人民警察、中国银保监会等。

公共科目包含行政职业能力测验和申论。

行政职业能力测验包括:常识判断、言语理解与表达、数量关系、判断推理和资料分析等。

常识判断主要测查报考者应知应会的基本知识以及运用这些知识进行分析判断的基本能力。重点测查对国情社情的了解程度、综合管理基本素质等,涉及政治、经济、法律、历史、文化、地理、环境、自然、科技等方面。常见的题型为选择题。

言语理解与表达主要测查报考者运用语言文字进行思考和交流、迅速准确地理解和把握文字材料内涵的能力。其包括根据材料查找主要信息及重要细节;正确理解阅读材料中指定词语、语句的含义;概括归纳阅读材料的中心、主旨;判断新组成的语句与阅读材料原意是否一致;根据上下文内容合理推断阅读材料中的隐含信息;判断作者的态度、意图、倾向、目的;准确、得体地遣词用字等。常见的题型有:阅读理解、逻辑填空、语句表达等。

数量关系主要测查报考者理解、把握事物间量化关系和解决数量关系问题的能力。其主要涉及数据关系的分析、推理、判断、运算等。常见的题型有：数学推理、数学运算等。

判断推理主要测查报考者对各种事物关系的分析推理能力。其涉及对图形、语词概念、事物关系和文字材料的理解、比较、组合、演绎和归纳等。常见的题型有：图形推理、定义判断、类比推理、逻辑判断等。

资料分析主要测查报考者对各种形式的文字、图表等资料的综合理解与分析加工能力。这部分内容通常由统计性的图表、数字及文字材料构成。

申论：主要测查报考者的阅读理解能力、综合分析能力、提出和解决问题能力、文字表达能力。

阅读理解能力要求全面把握给定资料的内容，准确理解给定资料的含义，准确提炼事实所包含的观点，并揭示所反映的本质问题。

综合分析能力要求对给定资料的全部或部分的内容、观点或问题进行分析和归纳，多角度地思考资料内容，作出合理的推断或评价。

提出和解决问题能力要求借助自身的实践经验或生活体验，在对给定资料理解分析的基础上，发现和界定问题，作出评估或权衡，提出解决问题的方案或措施。

文字表达能力要求熟练使用指定的语种，运用说明、陈述、议论等方式，准确规范、简明畅达地表述思想观点。

（2）面试：公务员面试是一种经过组织者精心设计，在特定场景下，以考官对考生的面对面交谈与观察为主要手段，由表及里测评考生的知识、能力、道德等有关素质的一种考试。最常用的是结构化面试和无领导小组讨论两种形式。结构化面试主要是通过与考生面对面的交流，测评考生的知识、能力、道德等有关素质是否与职位要求相匹配。无领导小组讨论主要考查考生的综合分析能力、言语表达能力、应变能力、计划组织协调能力、人际交往的意识与技巧、自我情绪控制、求职动机与拟任职位的匹配性、举止仪表和专业能力。

（二）事业单位

事业单位是国家为了社会公益目的，由国家机关举办或者其他组织利用国有资产举办的从事教育、科技、文化、卫生等活动的社会组织。所以事业单位工作人员除了要具备专业知识、心理身体素质以外还应该要有良好政治素养，以保障能够将国家政策、措施落实到位，服务人民。

1. 报考时间及方式

事业单位考试不同于公务员考试，考试周期不定，考试时间和考试次数是由各单位自行决定，小型的事业单位考试是由各单位自行组织。每年5月、10月会有多个省份事业单位在相同时间内招考。例如：云南省通过云南人力资源和社会保障局的"云南人事考试"专栏（网址：http://hrss.yn.gov.cn/ynrsksw/）登录报名系统。

2. 考核方式

每年会有多个省份（自治区、直辖市）事业单位在相同时间内，以同样内容、相同评分标准的形式进行考试,俗称事业单位联考。下面以云南省事业单位联合考试为例来介绍,考试分为笔试和面试两个阶段。

(1)笔试。笔试主要测查工作岗位所需的基本能力和综合应用能力。所有岗位笔试均参加云南省统一组织的职业能力倾向测验和综合应用能力两个科目考试,采取闭卷的方式进行。考试范围以《事业单位公开招聘分类考试公共科目笔试考试大纲》为主。根据报考岗位的性质、工作要求不同,分为综合管理类(A 类)、社会科学专技类(B类)、自然科学专技类(C 类)、中小学教师类(D 类,又划分小学教师、中学教师)和医疗卫生类(E 类)。

(2)面试。面试主要考察思维逻辑能力、语言表达能力、综合分析能力。多采用结构化面试,考试题型分为自我认知类、综合分析类、组织管理类、人际交往类、应急应变类。

(三)特岗教师

特岗教师是中央为解决中西部地区"两基"攻坚县、县以下农村学校师资不足,而招聘高校毕业生从事农村义务教育工作的特殊政策。实行公开招聘,合同管理,合同期为3 年。招聘的对象以普通高校本科及以上毕业生为主,具有教师资格证的毕业生,对于当地生源会有优先录取的原则。以下介绍主要以云南省为例。

1. 报名时间及方式

报名登录云南省招生考试工作网(网址:http://work.ynzs.cn/ZSGL/Login.jsp),报名时间一般为每年 5—6 月,以当年招录省份(自治区、直辖市)发布的时间为准。

2. 考核方式

由设岗所在县市组织考试,一般由笔试和面试组成。

(1)笔试。考试分小学和中学 2 个类别,分学科使用不同试卷。笔试成绩满分为120 分,其中 100 分为报考学科的专业基础知识,20 分为教育学、教育心理学知识。笔试命题范围和内容沿用省(自治区、直辖市)教育厅组编的《云南省 2014 年特岗教师招聘考试大纲》,重点考察应聘人员的综合专业知识水平和能力。教育学、教育心理学部分采用教育部人事司、教育部考试中心制定的原中小学教师资格考试用的《教育学考试大纲》和《教育心理学考试大纲》。

(2)面试。以县为单位,分岗位和学科确定最低控制线,根据笔试成绩从高到低,按照 1:2 的比例确定各岗位学科面试人员。面试内容由设岗县教育体育局参照当地现行教师面试办法自行确定,一般以分学科说课或讲课形式,重点考察应聘人员的教育教学能力。

(四)三支一扶

三支一扶是指大学生在毕业后到农村基层从事支农、支教、支医和扶贫工作,缓解艰苦边远地区农技、教育、医疗、扶贫等人才紧缺状况。采取公开招募、自愿报名、组织选拔、统一派遣的方式。招募对象和条件一般为应届毕业生及毕业两年内未就业的往届毕业生,学历要求大专以上。要求政治素质好,热爱社会主义祖国,拥护党的基本路线和方针政策。以下介绍以云南省为例。

1．报名时间及方式

每年4月至5月，省（自治区、直辖市）人才社会保障厅在云南人才和社会保障网（网址：http://hrss.yn.gov.cn）"三支一扶"专栏发布招募公告，有关招募政策、岗位需求以及相关报名事宜、政策解答等均可通过公告查询。

2．考核方式

考试分笔试和面试。

（1）笔试。笔试科目为职业能力测试和综合知识，笔试不指定考试复习用书。职业能力测试主要考查考生的数量关系、言语理解与表达、判断推理、资料分析等能力。综合知识考试内容主要包括政治常识、党的建设、法律知识、乡镇行政管理、乡镇经济管理、乡镇机关公文写作、省情等。试卷由客观题和主观题两部分组成。

（2）面试和考核。按计划设定一定比例，以县（市、区）为单位按岗位分类从高分到低分确定入围进入面试、考核人员名单。面试和专业科目考试由招录机关确定考试方式和题型。

（五）大学生志愿服务西部计划

大学生志愿服务西部计划从2003年开始实施，每年招募一定数量的普通高等学校应届毕业生或在读研究生，到西部基层开展为期1～3年的教育、卫生、农技、扶贫等志愿服务，按照公开招募、自愿报名、组织选拔、集中派遣的方式。西部计划志愿者服务期具有一定的灵活性，首次签约期为1年或3年。签约1年的志愿者在服务期满后可以于下一年度3月向服务县项目办提出延期服务申请。

1．报名时间及方式

报名时间为每年4月17日至5月25日。报名学生登录西部计划网站（网址：http://xibu.youth.cn/）和中国志愿者网站（网址：http://chinavolunteer.mca.gov.cn）查看有关情况，填写《西部计划报名登记表》。5月26日起，各高校项目办在省级项目办指导下，选拔志愿者。6月下旬，招募省级项目办审核本省（自治区、直辖市）录取的志愿者名单，并及时反馈至服务省级项目办，同时报全国项目办。

2．考核方式

考核方式分为笔试、面试两个阶段，主要考察报名学生的政治思想素质、学习成绩、志愿服务经历等情况，并组织对报名的高校毕业生开展笔试、面试工作择优选拔志愿者。笔试科目为"公共基础知识"，总成绩为100分。考试内容为：时事、政治、法律、经济、管理、科技、人文、计算机应用、公文写作等方面的相关基础知识；面试以招募省（自治区、直辖市）在高校选拔的基础上进一步集中选拔。

三、应征入伍

应征入伍是指部队每年从应届高校毕业生中征收义务兵。根据国家关于征集普通高等学校应届毕业生入伍服义务兵役工作的总体部署和安排，每年高校毕业生入伍预征工作在5—6月份进行。冬季征兵在9—12月进行。

1.年龄要求：男性普通高等学校在校生为年满17至22周岁、大学毕业生放宽到24周岁。女性普通高等学校在校生和毕业生为年满17至22周岁。

　　2. 身体要求:公民应征入伍要符合国防部颁布的《应征公民体格检查标准》和有关规定。其中,有几项基本条件:①身高:男性 160 cm 以上,女性 158 cm 以上;②体重:男性不超过标准体重的 30%,不低于标准体重的 15%;女性不超过标准体重的 20%,不低于标准体重的 15%。标准体重=(身高-110)kg。③视力:右眼裸眼视力不低于 4.6,左眼裸眼视力不低于 4.5。屈光不正,准分子激光手术后半年以上无并发症,视力达到相应标准。④内科:乙型肝炎表面抗原呈阴性,等等。

四、市场性岗位就业

(一)民营企业就业

　　国家政策鼓励大学毕业生到企业就业,民营企业是吸纳毕业生就业的主体,其中又以中小微企业为主,因为中小微企业人才相对比较缺乏。民营企业对于招聘人员的要求根据不同的岗位有不同的要求,企业不同职级之间薪酬差异很大,一般根据岗位价值来确定薪酬,企业最低薪酬一般会高于当地最低工资标准。

(二)国有企业就业

　　国企通常是指由国家财政投资或者持有控制权的企业,分为国有独资公司、国有控股公司和国有参股公司。国企就业一般具有工作稳定的特点,受到毕业生的热爱,竞争激烈。招聘的对象大部分为本科及以上的应届毕业生,一般都需要满足应聘岗位的专业要求,有些单位和岗位对英语和计算机等级有明确要求。

　　招聘的时间集中在 9—11 月份。考核方式分为笔试、面试两个阶段,不同的国企招聘考试内容各不相同。国企笔试内容可能会涉及行政职业能力测试、申论和公基等,有些招聘还会涉及岗位相应专业知识掌握能力;面试部分为结构化面试/半结构化面试/无领导小组讨论。

(三)灵活就业

　　灵活就业主要包括未注册的个体经营户、非全日制、新就业形态等三类就业方式。

　　未注册的个体经营户是指从事营利性经营活动的个人,如地摊个体经营者。

　　非全日制就业人员主要包括养老、托幼、家教、保洁、搬运、装修维修等家政服务和打零工人员。

　　新就业形态就业人员包括:一是将互联网平台作为经营载体或信息提供者实现就业的劳动者,依法从事个体经营或个人自主利用自己的体力、专业技能等依法从事劳务、咨询、设计等活动,并取得劳动报酬的劳动者,即"平台个人灵活就业人员"。其与平台企业的权利义务关系适用民事法律调整,如网络主播和网络设计师、写手。二是依托平台就业与平台企业订立劳动合同或符合确立劳动关系情形的劳动者。与平台企业或加盟、代理、外包平台业务的合作企业、劳务派遣企业(以下统称"企业")建立劳动关系或形成事实劳动关系,完成平台企业、平台、平台内经营者等所赋予工作任务的劳动者,即"平台企业就业员工",如淘宝店铺商家。三是依托平台就业,与平台企业不完全符合确立劳动关系情形,根据平台规则完成工作和接受劳动管理,获取劳动报酬的劳动者,即"平台网约劳动者"。工作有较大自主性,劳动过程受到平台企业的管理,如美团骑手和滴滴网约司机。

目前,我国灵活就业形态蓬勃发展、方兴未艾,类型丰富多样,已经覆盖生产生活各领域、高中低端各层次,从业人员达到2亿多人。大学生思维灵活,富有创新精神是灵活就业人员的主力军。根据全国高等学校学生信息咨询与就业指导中心数据统计,2020年和2021年全国高校毕业生的灵活就业率均超过16%。习近平总书记在党的二十大报告中强调要"健全劳动法律法规,完善劳动关系协商协调机制,完善劳动者权益保障制度,加强灵活就业和新就业形态劳动者权益保障。"加强灵活就业和新就业形态劳动者权益保障是构建和谐劳动关系、促进高质量充分就业的重要内容。

五、自主创业

自主创业是指劳动者主要依靠自己的资本、资源、信息、技术、经验以及其他因素自己创办实业,解决就业问题。大学生自主创业应该充分考虑自己的兴趣爱好、专业技能和个人特长,仔细研究行业市场前景和竞争格局,制定合理的创业计划和战略方案。创业是一种具有挑战性和风险的选择,对于有志于成为创业者的大学生来说,需要充分准备、认真考虑和不断努力,才能够在创业的道路上越走越远,获得成功和收获。同时,加入孵化器、创业园等创业平台,借助其提供的资源、服务和指导,提高创业成功的概率。国家出台了很多鼓励自主创业的政策。在今后的就业工作中,全社会应形成牢固的自主创业意识,使自主创业成为就业的主渠道。

毕业生
就业月历

第三节　毕业手续办理

一、毕业生去向登记

(一)毕业生去向登记的意义

(1)毕业去向登记是办理就业手续(档案)的前提,也是为未就业毕业生精准推送就业岗位的重要依据,同时也是就业服务部门进行就业统计、分析就业形势、提升高校毕业生就业服务信息化水平的数据支撑。

(2)填写毕业去向登记是学校就业中心鉴证就业协议书的必要前提。已签订就业协议书的毕业生,须尽快到学校学生事务中心鉴证盖章,鉴证盖章之前,毕业生必须确保已在学校就业网上登记毕业去向。

(3)填写毕业去向登记是确保毕业生毕业离校、办理其他离校手续的必要前提。如果不填写毕业去向登记,就不能正常离校。

(4)填写毕业去向登记是确保学院及时汇总就业信息、学生就业中心准确统计全校就业率。上报的及时性、数据的准确性是衡量我校就业工作的一项最重要指标。

(二)毕业生去向登记流程

通过微信关注"国家大学生就业服务平台"公众号,依次点击"毕业生—网签/去向登记—学生登录",通过学信网账号密码登录进入去向登记与网签平台界面。

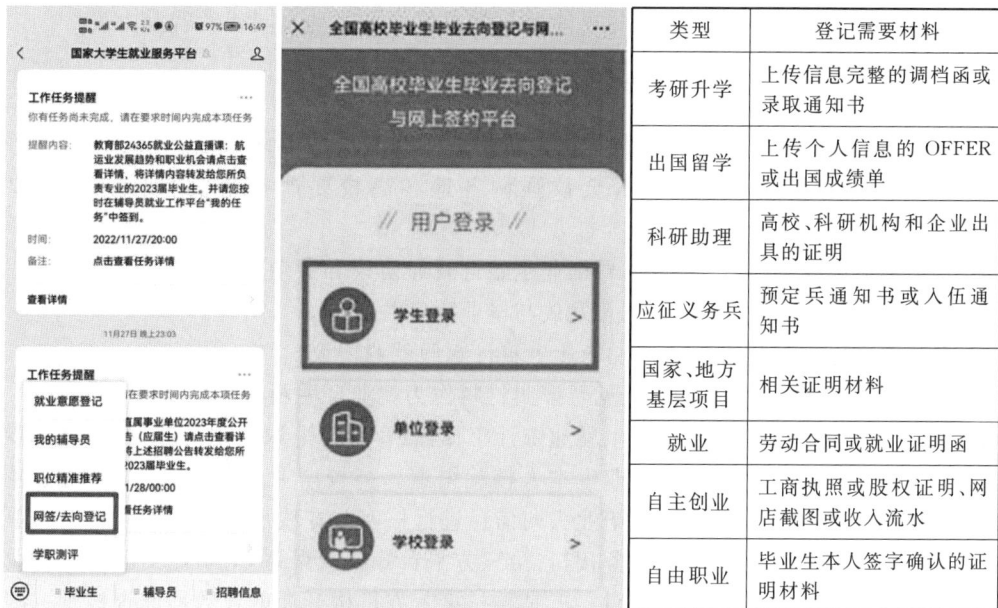

类型	登记需要材料
考研升学	上传信息完整的调档函或录取通知书
出国留学	上传个人信息的 OFFER 或出国成绩单
科研助理	高校、科研机构和企业出具的证明
应征义务兵	预定兵通知书或入伍通知书
国家、地方基层项目	相关证明材料
就业	劳动合同或就业证明函
自主创业	工商执照或股权证明、网店截图或收入流水
自由职业	毕业生本人签字确认的证明材料

图 10-3　各类毕业去向登记所需材料及操作步骤

（三）毕业生毕业去向填写注意事项

（1）单位名称、单位联系人姓名、就业单位地址必须填写完整。单位联系人要填写全名，填写"李先生""刘小姐""人才部"等都不合格；填写的单位名称要与就业材料上所盖单位公章的内容相同。

（2）机构代码即统一社会信用代码，该栏填写的内容一般为 18 位数字和字母组合，不清楚就业单位机构代码可通过企查查、天眼查等网页进行查找搜索。

（3）单位性质、单位行业、工作职位类别、单位所在地、单位联系电话、岗位月度薪酬等内容要填写完整，以便老师进行审核。

（四）电子版就业证明材料照片要求

（1）上传的就业证明材料要清晰、全面，不可只上传证明材料的某页或某个部分。

（2）"实习""顶岗实习"的证明材料不能列入就业统计，上传的就业证明材料不得出现"实习""顶岗实习"等实习字样。

（3）签就业协议形式就业：请谨慎填写"接收毕业生方案"一栏，该栏关乎毕业生档案的转递，具有人事接收权的就业单位才需要填写。具有人事接收权的单位一般为国企、事业单位、机关单位等，私营企业、民营企业、外资企业等就业单位一般不具有人事接收权，该栏内容请留空。

（4）签劳动合同形式就业：要尽量上传劳动合同书的全部内容。若合同书的内容过多，可上传关键的几页，但一定要上传劳动合同的封面及用人单位、毕业生双方签字盖章的页面、约定薪酬的页面。

（5）签非协议类就业：内容填写要完整、真实，"本人签名"一栏一定要手写签名。

签非协议类就业的毕业生之后要尽可能地与用人单位签劳动合同或者就业协议。

(五) 毕业生去向登记纪律要求

2022 年 6 月教育部召开高校毕业生就业工作调度会中要求,各地各高校要努力帮助更多高校毕业生顺利就业。会议强调各地各高校要严格落实"四不准"纪律要求:

(1) 不准以任何方式强迫、诱导毕业生签订就业协议和劳动合同。

(2) 不准将毕业证书、学位证书发放与毕业生签约挂钩。

(3) 不准以户档托管为由劝说毕业生签订虚假就业协议。

(4) 不准将毕业生顶岗实习、见习证明材料作为就业证明材料。

此外为加强和规范高校毕业生就业统计工作,教育部已采取系列措施,并将进一步严格核查就业数据。一是开通毕业生本人核验渠道。高校毕业生可登录"国家大学生就业服务平台"或学信网,对本人毕业去向信息进行核实并在线反馈。二是开展用人单位数据比对。教育部通过国家政务接口、第三方平台等权威渠道,对毕业生已签订就业协议的用人单位数据进行核查比对。三是委托第三方机构开展就业数据调查核查。四是开通举报电话和邮箱。教育部和各省级高校毕业生就业主管部门已开通举报电话和邮箱,接受举报。

二、团员档案及组织关系转接

(一) 团员档案

1. 主要材料

团员档案主要包括中国共产主义青年团入团志愿书、入团申请书、入团积极分子培养考察(团校学习结业)材料、团员证、团员登记表、团内奖惩材料等。

2. 作用

团员档案是团员人事档案中一份正式档案材料,应当十分珍视。2018 年中共中央办公厅印发的《干部人事档案工作条例》明确提出,《中国共产主义青年团入团志愿书》、入团申请书等团员档案材料纳入干部人事档案管理。

(二) 组织关系

1. 含义

团员组织关系是指团员对团的基层组织的隶属关系。

2. 转接组织关系的重要性

《中国共产主义青年团章程》明确规定,团员由一个基层组织转移到另一个基层组织,必须及时办理组织关系转接手续。无论是继续学习深造,还是参加工作,或是暂时待业,都应及时转接组织关系、交纳团费、参加组织生活。这是每个团员应尽的基本义务。不及时转接组织关系容易造成团员与组织失去联系,无法参加组织生活、行使团员权利、履行团员义务;无法参加团内荣誉表彰等。可能导致团员身份难以核实,在申请入党、参加公务员或事业单位、国有企业招考、参军入伍等方面受到影响。

3. 团员关系如何隶属

每个团员都必须编入团的一个支部。有固定学习、工作单位且单位已经建立团组织的团员,编入其所在单位团组织。单位没有团组织的,一般编入其经常居住地或单位所在地团组织;没有固定学习、工作单位的团员,团员组织关系一般编入本人居住地或户籍所在地团组织;学校学生团员毕业后未升学或未落实就业去向的,一般可在原学校保留组织关系 6 个月,最长不超过 1 年,符合条件的应当及时转出。

(三) 转接流程

第一步,毕业生所在学校团委开具介绍信至毕业生所在单位或户籍所在地(介绍信抬头写户籍所在地团委,如"××镇团委")。

第二步,登录智慧团建系统申请转出。申请地址为所在单位或乡镇(街道社区)的流动团员团支部。如:您的户籍在××镇,您网上申请地址选择为"××省××市××县××镇团委"。

第三步,管理员看到所提供介绍信,并核查身份信息后方能接收,并分配到具体的流动团员团支部中。

第四步,申请转入户籍所在地团员,如已落实工作单位需及时转出。

第五步,申请转入团员需持本人团证在流入地参加组织生活。

三、档案转移

(一) 毕业生档案作用

人事档案是记录一个人的主要经历、德才能绩等学习和工作表现的文件材料,起着凭证、依据和参考的作用,在个人转正定级、职称申报以及开具考研等相关证明时都需要使用到,是以学生个人为单位集中保存起来以备查考的文字、表格及其他各种形式的历史记录。

(二) 毕业生档案转移重要性

对于毕业生个人来说,考研、考公务员、出国、结婚、生育等,都要用到档案,否则将无法办理相关证明。如果未归档,今后会影响到报考公务员、入党、升学等,也会影响到出国留学。公务员录用或进入事业、企业单位工作时,在定级、调资、任免、晋升、奖惩等方面的呈报、审批材料都要记入本人档案,作为评价依据。另外,日后办理退休手续时,需要依据档案认定个人出生时间,从而确定退休时间;需要确定个人参加工作时间,从而确定社保开始缴费或视同缴费的时间,以计算养老金金额等。除了养老金外,其他社会保险如领取失业金等,也与个人档案相关。

(三) 毕业生档案转移去向

1. 转移到用人单位

毕业前已经落实就业单位,且就业单位具有人事管理权、档案管理能力的,由用人单位向学生所在高校出具调档函,寄往用人单位。

2．转移到公共就业人才服务机构

到非公单位就业的,转递至就业地或户籍地公共就业人才服务机构。

四、户口迁移

户口迁移是公安部推出的一项便民措施,根据现在的规定,每一个考上大学的学生都可以在入学之初将自己的户口由家庭所在地迁移到学校所在地。当学业期满之后,户口在学校的学生,可以迁往就业创业地(超大城市按现有规定执行),也可以迁往入学前户籍所在地。迁入地公安机关会根据毕业生就业情况、本人意愿和迁入地落户政策要求,办理户口迁移手续。

项 目 实 训

项目一:就业政策及招聘信息收集

1．完成时间:一星期。

2．学习任务:

(1)学生以小组为单位,网络查询登录:国家发展和改革委员会、教育部、科学技术部、人力资源和社会保障部等部委网站收集最新国家部委就业政策。

(2)学生以小组为单位,网络查询登录:国家大学生就业服务平台、BOSS直聘、智联招聘、实习僧、企业官网等网站,查询企业招聘信息,了解感兴趣的岗位类型及相关招聘要求。

3．成果形式:调研报告。

项目二:毕业生就业去向分析

1．完成时间:一星期。

2．学习任务:

(1)请你给本章案例导读中的小丽一些解决办法。

(2)在小组内进行交流讨论,小组写出一篇案例分析报告。

3．成果形式:案例分析报告。

第十一章　就业心理准备及风险防范

学习目标

1. 理解科学就业观念的重要性。
2. 了解就业协议签订的法律问题、执行要求。
3. 了解劳动合同的类型、变更。
4. 掌握劳动合同的订立、劳动合同中的权益保障。
5. 掌握就业陷阱及防范方法,就业权益保护的方法。

案例导读

　　小文是家里的独生女,从小是被全家人宠着长大的,今年大学毕业了,家里为了给她找工作到处打听。小文报考了西部计划志愿者,被录取了,但是父母舍不得她去远方,而且父母觉得当一个西部计划志愿者,1~3年服务期满了以后仍然要重新找工作,于是放弃了。有一天突然听一个"热心人"说当地某国企有内部招聘的名额,需要先交3万元培训费,到企业培训3个月,通过简单的考核后就能留下,这个名额是不对外公布的。她一听很高兴,说只要有机会进国企,就拼一下吧! 于是交了培训费,在家里等着国企通知她去参加培训,结果等了一个月也没有收到消息,且已经无法联系上"热心人",到该企业人事部一问,根本没有这回事。

　　思考题:

　　1. 在当前的就业形势下我们需要树立什么样的就业观念呢?

　　2. 在求职过程中应如何防范风险呢?

第一节　做好就业心理准备

一、树立科学的就业观念

　　由于各方面因素的影响,就业形势越来越严峻,如何解决大学生就业难问题,就业观念的转变是关键。大学生应该立足时代发展需求,树立科学的就业观念。

(一) 先就业再择业

学会生存是自我可持续发展的基本前提。在实现自己的生存前提下,才有必需的资源作为新的人生规划和设计的支撑。大学生要打破"拿个文凭管一生,一份工作干到老"的就业观念,不必急于在短时间内找到一个固定的"铁饭碗",而是要树立不断进取的动态职业发展观念,并学会在流动中发现机会、把握机会。另外先就业可以更好地了解不同行业的情况、磨炼自己的实际操作能力,提高就业竞争力,增加就业机会。

(二) 尽可能发挥专业特长和综合素质

毕业生在择业时首先要从所学专业出发,根据专业特点谋求职业,做到专业特点与职业要求相匹配;同时也不能忽略综合素质和能力。毕业生在求职择业时,至少要考虑三种因素:地区选择(在东部还是中西部地区就业)、城乡选择(在城市还是乡镇、农村就业)、单位或行业选择等,如果只是一味强调专业对口,会错失很多机会。据调查,近年来毕业生工作岗位与专业相关的仅为 66%,很多不是从事于本专业的人,在工作岗位上依然发展得很好,况且大多数用人单位招聘人才的标准是注重应聘者的专业特长和综合素质,至于专业是否完全对口并不过分计较。一个具有开拓精神的毕业生,应看重行业的发展前景,并及时调整自己的择业方向,尽量选择与自己所学专业相近或相关的职业。

(三) 到祖国最需要的地方去

要让个人体现应有的价值,就要做对社会有价值的事情。目前我国提出了乡村振兴、西部大开发等多个战略,当代大学生应积极响应国家和社会的召唤,到基层去,到西部去。全国的几十万个行政村,加上基层社区,以及其他的基层部门均为毕业生提供了数量众多的就业岗位,为毕业生施展才华、实现理想创造了条件。大学生应该到生产第一线,到祖国和人民最需要的地方,去接受锻炼、接受挑战,实现自己的价值。

(四) 释放激情大胆创业

新一代大学生有着强烈的挑战自我、实现自我的激情,同时拥有较高的文化水平,自主学习知识的能力强,善于接受新知识,具有创新意识。从现阶段的就业形势看,国家宏观政策激励大学生自主创业,市场经济的发展也为广大毕业生的自主创业提供了良好的社会环境。创业这一饱含机遇与挑战的字眼,已经成为无数大学生心中的梦想。中国也已经诞生了一大批大学生创业者,而且其中不乏非常成功的典范。

(五) 艰苦奋斗迎难而上

当前,人们的物质生活水平不断提高,加上近几年大学生中独生子女占大多数,很多人缺乏吃苦耐劳、艰苦奋斗的精神。在选择职业时,他们大多不愿意到艰苦的环境和岗位上去。历来在事业上取得成功的人士的经历告诉我们,只有坚持艰苦奋斗,才能获得事业的成功! 因此,大学生在就业时首先应该做好吃苦耐劳的准备,树立爱岗敬业、艰苦创业的精神,为祖国的繁荣富强贡献自己的青春年华①。

(六)培养积极的就业心态

就业心态是指个体在选择职业时所呈现出的一系列心理特征,是个体观念、态度、认知等在职业选择上的体现。古斯塔夫·勒庞(Gustave Le Bon)在《乌合之众——大众心理研究》中将就业心态界定为"就业群体对未来职业选择所普遍持有的价值判断、情感倾向"。以积极的心态面对就业,会帮助你激励自己,消除心理障碍,正视挫折,获得充实向上的职业生涯。

二、大学生的就业观念误区

就业观念是择业者世界观、人生观、价值观等价值体系在职业选择和职业生活上的集中反映,是人们就业过程中对可供选择职业的评价和排序,是比较稳定的认识、态度、动机、倾向和指导思想,是个体进行职业选择的综合原则,进而影响工作表现。大学生的就业观念在一定程度上反映了大学生的世界观、人生观、价值观,决定着大学生对择业的期望、定位选择,支配着大学生的择业行为。随着社会的发展、时代的进步,我国的大学教育逐渐走向"大众化教育",树立正确的就业观念是大学生理性就业的前提,也是解决我国当前大学生就业难问题的重要环节。然而,在家庭、社会和自我定位的各种因素影响之下,大学生的就业观念存在着诸多误区。这一系列错误的就业观念会直接影响大学生的就业心态和就业选择。

(一)学而优则仕

在我国,"学而优则仕"的传统观念由来已久。但是每个人的性格、能力、生活背景、机遇不同,因而在职业选择上不具有可比性。有的学生没有正确的价值观,在就业时不能正视自己的能力、素质和择业的客观环境,觉得当官才是正途,一味地追求功名利禄。许多大学毕业生都有一种"十年寒窗,一举成名"的心理,一定要选择地域条件好、工资待遇高的优秀单位,放不下架子,不愿意去一些普通而平凡的岗位。在社会、家庭等因素的影响之下,认为只有在公检法和一些党政机关部门工作,才能被人瞧得起,做给别人看而不是为自己寻找合适的职业,盲目攀比,一门心思"考公考编"、进央企国企。越来越多的大学生涌入了"考碗"大军的行列。"国家干部"的优越感,"铁饭碗"的稳定感,使得诸多大学生乐此不疲地挤入政府部门和事业单位。在渴望"功成名就,光宗耀祖"的功利心驱使下,政府部门和事业单位的工作自然吸引了众多大学生的目光。实现不了就不就业、慢就业、等待观望。他们极强的自我概念与社会现实不相协调,这种不协调可能会成为就业的障碍。

(二)就业期望值偏高

知识经济时代的到来加速了对人才的需求,也推动了教育的发展。我国从 1999 年开始加速了高校扩招的步伐,高等教育的规模逐渐扩大,在择业过程中,常常出现只顾

---

① 李家华,等.大学生职业发展与就业指导[M].北京:高等教育出版社,2022:114-117.

眼前利益,而忽视自我发展、事业成就和社会需要等。大学生往往不能正确地评价自己的优势和不足,只看到自己的长处,认为自己是社会的精英,在择业过程中期望值过高,不切实际地追求超出本身能力的职业岗位。

（三）"依靠"和"啃老"

有的学生无主见没魄力,缺乏独立意识,只相信"关系"和"面子",整天想着攀亲戚和朋友的关系。"大学生毕业就失业"的状况是大学生缺少社会经验,缺乏实践能力的直接体现。在"求职靠关系"的观念指导之下,衍生出了求职"啃老"一族。在这样一种观念的指导下,大学生往往会产生"混文凭"的消极学习心态,缺乏进取心和创新能力,等到就业时,又往往忽略个人爱好和实际能力,单纯听从父母的安排。工作一段时间后,又发现自己不喜欢现在的工作,产生消极怠慢情绪。

（四）自卑或自负心理

自卑现象多见于自我意识发展不健全、性格内向的大学生,不能对自己有一个客观、清醒、全面的评价。在求职择业中,他们往往缺乏自信心、勇气和竞争意识,不敢迎接挑战。尤其在遇到挫折时,很容易产生强烈的自卑心理,觉得自己技不如人,不敢对自己"明码标价",结果导致悲观失望。还有的学生傲气十足,在择业时,好高骛远、期望值过高,对用人单位横挑鼻子竖挑眼;或者不愿出去找工作,嫌这儿工资低那儿待遇不好、脱离实际、以幻想代替现实。

（五）盲目应聘

有的大学生执着于纯粹的理论学习,忽视了自我综合能力的培养,缺乏实践能力和社会经验,也缺乏对困难的自我处理能力。有的大学生由于缺乏对专业的兴趣,始终抱着"混文凭"的心态,敷衍自己的学业,使得自己毫无收获。由于没有对自己的职业生涯进行合理的规划加上自身能力的不足,很多大学生在面对就业时,常处于盲目和消极状态。

对择业一无所知。有的大学毕业生应聘很随意,在一次招聘会上,一家化妆品公司的招聘主管让应聘大学毕业生说出几款该公司代理的品牌名称,没想到求职者一个都答不出来。这位招聘主管说:"对公司这么陌生,在求职前不去了解该公司,很难想象他对自己的职业生涯有所规划。这样不负责的人,我们肯定不会用。"这种情况招聘单位遇到很多。

对岗位一无所知。有的大学毕业生并不知道某个岗位的职责分工是什么,只会从字面上去理解。一家公司"营业服务部"下属的商品企划室招聘人员,结果许多大学毕业生看到"服务"两字,就以为是做服务工作,无人应聘。而当公司把"服务"两字去掉后,马上就有很多人投简历。人事主管告诫说,如果对岗位不明白可以询问用人单位,不要从字面上去片面理解,这样很可能会错过一个好机会。

对自己一无所知。有的大学毕业生不了解自己的兴趣、性格和能力,不清楚职业发展面临的优势与劣势,不区别自己喜欢和不喜欢的职业,盲目投递简历,最后石沉大海。

三、大学生的就业心态的调整

（一）自我鼓励增强自信

自信是一个人成功的砝码,自信是勇气的来源,也是对自我价值和能力强烈的意识,在求职前培养高度的自信心是十分重要的。自信是理智上的判断加上不懈的追求,而不是妄自尊大。

培养自信心,一要学会欣赏自己,相信每个人身上都有闪光点,多观察发现自己的优点,多进行自我肯定。二要保持热情、乐观的态度,要知道很多成功人士大都是热情、快乐、自信地面对生活的。三要正确对待失败,要认识到世界上只要有白天就有黑夜,同理在经验中,有成功经验就会有失败经验。任何人都会遇到挫折,但不能遇到挫折就此消沉。四要向自信者学习,注意观察自信者的形象,模仿其形象,塑造自己、完善自己,用自信的形象影响自己,增强自信的心理。

（二）正视挫折敢于竞争

当前严峻的就业形势对大学生强化竞争意识提出了迫切要求,也提供了客观环境。迎接新的挑战,强化竞争意识是大学生在择业前最基本的心理准备。应该认识到竞争无处不在,大到国与国之间的对抗,小到人与人之间的竞争,它冲击着人们的事业和生活。

既然是竞争就必然会有成功与失败。在择业过程遭遇失败和拒绝是正常的,大学生要对可能出现的求职挫折有充分的心理准备,把它看作一个很好的认识社会、认识职业生活、适应社会的机会。择业过程中的挫折本身并不可怕,大学生对择业挫折所持的看法、解释,才是最关键的。有的大学生怕就业,怕失败,对挫折不理解,认为不应该发生;有的大学生在挫折面前以偏概全,一叶障目,过分片面化;有的大学生对挫折过分夸大化,想象得非常可怕,无法挽回等,这些都是不合理的观念。大学生择业受挫后,要保持冷静、理智、树立自信心,找出挫折源,分析原因、性质及严重程度,然后考虑解决问题的办法及可行性,最后付诸实施①。

（三）把握机会积极主动

智者创造机会,庸者把握机会,愚者错失机会。机会与成功是一对结伴而行的兄弟,只有主动创造机会,及时把握机会,才能取得成功。积极主动永远比天赋更重要,一个人能力再强,如果不积极主动,又怎能期待取得成功。成功永远属于那些积极主动、努力工作的人,在用人单位选人用人时,积极主动性是一个重要的考虑因素,因为在老板看来,员工应该积极主动承担工作才能保证各项工作高效有序进行,如果有懒散做事的员工,很容易影响他周边的人,破坏团队的士气。

（四）开拓进取着眼未来

在求职就业时不能只顾眼前利益,图一时之乐,而应站在更高处,纵观自己的职业

---

① 李家华,等.大学生职业发展与就业指导[M].北京:高等教育出版社,2022:116-117.

生涯和人生追求,以追求实现自己的人生价值和利益最大化为宗旨,不断追求进步完善自己,把握职业选择与职业发展的主动权,谋求自己的长远发展。

第二节　就业协议与劳动合同的签订

一、就业协议书

《全国普通高等学校毕业生就业协议书》简称就业协议书或者三方协议,是为明确毕业生、用人单位、学校三方在毕业生择业过程中的权利和义务,用于毕业生就业派遣审批的协议。每位毕业生拥有唯一编号协议书(一式三份),实行编号管理。

(一)重要作用

就业协议书是毕业生与用人单位建立就业关系的正式凭证,也是毕业生毕业后到人事、教育等部门办理就业报到手续的必备材料之一,因此,毕业生必须妥善保管。就业协议书是高校毕业生与用人单位订立的确立劳动关系的协议,实质上是劳动合同的一种特殊表现形式。

(二)法律问题

就业协议书是求职最终签署的合约,具有法律效力,因此签约一定要慎重。就业协议书一旦签署,就意味着大学生第一份工作就基本确定,因此,应届毕业生要特别注意签约事项。签约前要对用人单位有一定的了解,要详细了解其用人情况和单位性质,还应对不同地方人事主管部门的特殊规定有所了解。在毕业生到用人单位报到后,三方协议即告终止,如发生违约责任,一般是赔偿违约金。

二、劳动合同

(一)劳动合同的概念

劳动合同,又称劳动契约、劳动协议。劳动合同是调整劳动关系的基本法律形式,也是确立劳动者与用人单位劳动关系的基本前提,在劳动法中占据核心的地位。我国《劳动法》第十六条规定:"劳动合同是劳动者与用人单位确立劳动关系、明确双方权利和义务的协议。建立劳动关系应当订立劳动合同。"

(二)劳动合同的类型

以合同期限为标准,劳动合同可分为三类:固定期限劳动合同、无固定期限劳动合同和以完成一定工作任务为期限的劳动合同。劳动合同期限,是指劳动合同的有效时间,是双方当事人所订立的劳动合同起始和终止的时间,也是劳动关系具有法律约束力的时间[①]。

---

① 郭晶晶.以完成一定工作任务为期限的劳动合同的法律规制[D].苏州大学,2018.

1. 固定期限劳动合同

固定期限劳动合同,又称定期劳动合同,是指用人单位与劳动者约定合同终止时间的劳动合同。用人单位与劳动者协商一致,可以订立固定期限劳动合同。固定期限劳动合同终止时,是否续订在很大程度上取决于用人单位。签订固定期限劳动合同,对于用人单位而言,可获取用工灵活性和降低用工成本,但劳动者的职业稳定感较差。

2. 无固定期限劳动合同

无固定期限劳动合同,又称不定期劳动合同,是指用人单位与劳动者约定无确定终止时间的劳动合同。用人单位与劳动者协商一致,可以订立无固定期限劳动合同。从就业保障的角度看,无固定期限劳动合同对劳动者更有利,尤其是防止用人单位在使用完劳动者"黄金年龄段"后不再使用劳动者。我国《劳动法》规定:劳动者在同一用人单位连续工作满十年以上,当事人双方同意延续劳动合同的,如果劳动者提出订立无固定期限的劳动合同,应当订立无固定期限的劳动合同。

3. 以完成一定工作任务为期限的劳动合同

以完成一定工作任务为期限的劳动合同,是指用人单位与劳动者约定以某项工作的完成为合同期限的劳动合同。用人单位与劳动者协商一致,可以订立以完成一定工作任务为期限的劳动合同。此类合同实际上也是一种定期的劳动合同。

(三)劳动合同的订立

为保护劳动者权益,《劳动合同法》明确规定了劳动合同的书面形式要求、用人单位及时与劳动者订立书面劳动合同的义务,并规定了严厉的法律责任。具体内容如下:

1. 劳动合同书面形式有严格要求

书面劳动合同,仅限于合同书面形式,不包括《民法典》所指的数据电文等其他书面形式。对合同书面形式进行严格要求,是因为书面形式比较严肃慎重、准确可靠且有据可查,相比之下,非书面形式由于没有可以保存的文字依据,容易发生纠纷,且难以举证,不利于保护当事人尤其是劳动者的合法权益。

2. 用人单位要及时与劳动者订立书面劳动合同

订立书面劳动合同是用人单位的法定义务。已建立劳动关系未同时订立书面劳动合同的,应当自用工之日起一个月内订立书面劳动合同。否则需要承担相应的法律责任。

3. 关于未订立书面劳动合同的法律后果

用人单位在自用工之日起超过一个月未签订书面劳动合同的,用人单位需承担支付双倍工资的不利后果。这里的"工资"是指包括加班工资在内的所有应发工资。此外,用人单位应当书面通知劳动者订立劳动合同,而不能用口头方式通知。对于已形成劳动关系但未订立书面劳动合同情况下劳动者的工资待遇,没有集体合同或者集体合同未规定的,实行同工同酬。

(四)劳动者权利的保护

1. 劳动者劳动报酬权的保护

劳动报酬权是劳动者在劳动关系中享有的基本的、核心的权利,是劳动者通过劳动所要实现的最直接、最切实的利益,是劳动关系财产性的体现。支付劳动报酬是用人单位承担的保护劳动者财产权的义务。用人单位应当按照劳动合同约定和国家规定,向劳动者及时足额支付劳动报酬。用人单位拖欠或者未足额支付劳动报酬的,劳动者可以依法向当地人民法院申请支付令,以此来维护自身合法权益。

2. 劳动者休息休假权的保护

休息休假权实质上是劳动者健康权和生命权的保障。用人单位应当严格执行劳动定额标准,不得强迫或者变相强迫劳动者加班。用人单位安排加班的,应当按照国家有关规定向劳动者支付加班费。

3. 劳动者安全卫生权的保护

劳动安全卫生权对应用人单位保护劳动者生命安全和身体健康的义务。劳动者拒绝用人单位管理人员违章指挥、强令冒险作业的,不视为违反劳动合同。劳动者对危害生命安全和身体健康的劳动条件,有权对用人单位提出批评、检举和控告。

(五) 关于试用期的规定

劳动合同中约定了劳动者在单位的试用期限、服务期限、工资待遇及其他各项福利等事宜。而在上述提到的各项约定内容中,试用期是最容易出现纠纷的阶段。因此,关于试用期的法律问题,提醒毕业生以下几点:

1. 试用期时限

试用期是用人单位和劳动者建立劳动关系后为相互了解、选择而约定的不超过六个月的考察期。劳动合同期限在六个月以下的,试用期不得超过十五日;劳动合同期限在六个月以上一年以下的,试用期不得超过三十日;劳动合同期限在一年以上两年以下的,试用期不得超过六十日;劳动合同期限在两年以上的,试用期不得超过六个月。

必须强调的是,试用期适用于初次就业或再次就业时改变工作岗位或工种的劳动者,续签劳动合同不得约定试用期。国家机关、高校、医药研究所、医疗行政部门采用见习期,为一年;企业、公司(包括外企、合资、私企)采用试用期,为 15 日至 6 个月。见习期可以延长,试用期不能。见习期是具有一定强制性,试用期是双方约定。

2. 试用期辞职

试用期之所以称为试用,其含义就在于用人单位和劳动者均可在此期间内考察对方是否符合自己的要求,双方都具有较为自由的解除合同的解除权。根据《劳动合同法》规定,劳动者在试用期内提前三日通知用人单位,可以解除劳动合同。

有些用人单位在劳动合同中约定劳动者在试用期解除合同需承担违约责任,这实际上限制了劳动者的解除权,因此这种约定是侵害劳动者的合法权利的行为,对于这种约定条例,法律一般确认为无效。

3. 试用期辞退

根据《劳动法》的相关规定,劳动者在试用期间被证明不符合录用条件的,用人单位可以解除劳动合同。且规定用人单位可解除劳动合同的条件是其必须举证证明劳动者在试用期间不符合录用条件。所以当用人单位要求解除劳动合同时,举证责任在用人单位,毕业生无须提供自己符合录用条件的证明。若用人单位没有证据证明劳动者在试用期间不符合录用条件,用人单位就不能解除劳动合同,否则,用人单位需承担法律后果。

4.两个试用期

《劳动合同法》第十九条规定,同一用人单位与同一劳动者只能约定一次试用期。两个试用期是违法的。

(六)特殊情况下劳动合同的履行规则

另外还有特殊情形下劳动合同的履行,如用人单位变更名称、法定代表人变更、劳动合同的履行、用人单位合并或者分立时劳动合同的履行、劳动合同履行地与用人单位注册地不一致时劳动标准的适用选择。

(1)用人单位名称变更、法定法人代表、主要负责人或者投资人等事项,不影响劳动合同履行。

(2)用人单位发生合并或者分立等情况,原劳动合同继续有效,劳动合同由承继其权利义务的用人单位继续履行。

另外,因为用人单位名称、法定代表、主要负责人均发生变化,用人单位与劳动者应当从形式上变更劳动合同,但是,没有从形式上变更劳动合同的,原劳动合同也应当继续履行。

(3)对于劳动合同中内容不明确的条款,应依法确定其具体内容,然后予以履行。

(4)劳动者在一定条件下还应履行约定之外的劳动给付。我国《劳动法》规定,有下列情形之一的,延长工作时间不受本法第四十一条规定的限制:发生自然灾害、事故或者因其他原因,威胁劳动者生命健康和财产安全,需要紧急处理的;生产设备、交通运输线路、公共设施发生故障,影响生产和公众利益,必须及时抢修的;法律、行政法规规定的其他情形。

(七)劳动合同的变更

1.劳动合同变更的条件

除了劳动合同当事人双方协商一致可以变更劳动合同,劳动合同部分条款与新法律法规抵触应变更外,《劳动合同法》规定了以下几种可以变更劳动合同的条件:

一是劳动者患病或者非因工负伤,在规定的医疗期满后不能从事原工作,用人单位应当与劳动者协商另行安排适当的工作,并因此相应变更劳动合同的内容;

二是劳动者不能胜任工作,用人单位应当对其进行培训或者调整工作岗位,使劳动者适应工作要求并相应变更劳动合同的内容;

三是劳动合同订立时所依据的客观情况发生重大变化,致使劳动合同无法履行,用人单位应当与劳动者协商,就变更劳动合同内容达成协议;

四是企业转产、重大技术革新或者经营方式调整,用人单位应当与劳动者协商变更劳动合同。

这四种情形出现时,用人单位不能直接解除劳动合同,而应先协商变更劳动合同。

2.劳动合同变更的形式

变更劳动合同,应当采用书面形式。因此,未采用书面形式的,应认定劳动合同未变更,仍然按照原劳动合同履行。

3. 劳动合同的生效

劳动合同的生效,是指具备有效要件的劳动合同按其意思表示的内容产生了法律效力,此时劳动合同的内容才对签约双方具有法律约束力。劳动合同由用人单位与劳动者协商一致,并经用人单位与劳动者在劳动合同文本上签字或者盖章生效。劳动合同文本由用人单位和劳动者各执一份。用人单位有将劳动合同文本交付给劳动者的义务,违反该义务要负法律责任。

4. 劳动合同的效力

劳动合同的效力即劳动合同的法律约束力。《劳动合同法》第3条规定:"依法订立的劳动合同具有约束力,用人单位与劳动者应当履行劳动合同约定的义务",劳动合同的效力包括一般效力和法律强制力[①]。

5. 劳动合同的无效

无效的劳动合同是指由当事人签订成立而国家不予承认其法律效力的劳动合同。一般合同一旦依法成立,就具有法律拘束力,但是无效合同即使成立,也不具有法律拘束力,不发生履行效力。以欺诈、胁迫的手段或者乘人之危,使对方在违背真实意思的情况下订立或者变更劳动合同的、用人单位免除自己的法定责任、排除劳动者权利的、违反法律、行政法规强制性规定的,都属于劳动合同无效或者部分无效。

6. 劳动合同解除

《劳动合同法》第三十六、三十七、三十八条规定了劳动者可以解除劳动合同的情形,《劳动合同法实施条例》第十八条将其综合起来进行了列举式规定,共计13种情形。劳动者可以与用人单位协商一致解除劳动合同,也可以按照法律规定单方解除劳动合同,但是,劳动者单方解除劳动合同必须符合法律规定的解除条件并按照法定的程序。

需要注意的是,《劳动合同法》第九十条规定,劳动者违反本法规定解除劳动合同,或者违反劳动合同中约定的保密义务或者竞业限制,给用人单位造成损失的,应当承担赔偿责任。

(1)当事人双方协商一致解除。

当事人双方协商一致解除劳动合同即劳动合同的协议解除,又称约定解除。劳动合同是用人单位和劳动者基于建立劳动关系的合意订立的,自然双方当事人也可以解除劳动合同。《劳动合同法》第三十六条规定,用人单位与劳动者协商一致,可以解除劳动合同。双方均有权提出解除劳动合同。但是提出解除劳动合同动议的主体不同,经济补偿金的支付也不相同。依据法律规定,用人单位提出解除劳动合同并与劳动者协商一致解除劳动合同的,用人单位应当向劳动者支付经济补偿金;而由劳动者提出解除劳动合同动议并与用人单位协商一致解除劳动合同的,用人单位不需要向劳动者支付经济补偿金。

(2)劳动者单方解除劳动合同。

劳动者在符合法律规定的情形下,可以单方解除劳动合同。但劳动者需按法律规

---

①　石瑞芬.劳动争议证明责任分配制度研究[D].上海师范大学,2020.

定必须提前 30 日书面通知用人单位,可以书面解除,也可以口头解除。

随时解除劳动合同:劳动者随时解除劳动合同又称即时辞职,是指劳动者无须向用人单位预告就可随时通知解除劳动合同。在劳动合同履行过程中,如果用人单位不能按照法律规定或劳动合同约定为劳动者提供安全卫生保护,及时、足额支付工资,办理社会保险等,会严重损害劳动者的合法权益,影响劳动者的人身权利和基本生活保障。在这种情况下,如果还要求劳动者提前 30 日通知解除劳动合同,对劳动者是不公平的。因此,法律赋予了劳动者以劳动合同特别解除权,即劳动者可以无条件随时解除劳动合同。但法律明确规定了劳动者行使劳动合同特别解除权的条件,一般限于用人单位有过错行为的情况。

立即解除劳动合同:在用人单位严重违法、劳动者人身自由和人身安全受到威胁时,劳动者可以立即解除劳动合同而不需要事先通知用人单位。这主要包括:用人单位以暴力、威胁或者非法限制人身自由的手段强迫劳动者劳动;用人单位违章指挥、强令冒险作业危及劳动者人身安全。

另外用人单位侵害劳动者人身权益还需承担其他法律责任。法律规定,若用人单位以暴力、威胁或者非法限制人身自由的手段强迫劳动的;违章指挥或者强令冒险作业危及劳动者人身安全的;侮辱、体罚、殴打、非法搜查或者拘禁劳动者的;劳动条件恶劣、环境污染严重,给劳动者身心健康造成严重损害的,由相关行政机关依法给予行政处罚;构成犯罪的,依法追究刑事责任;给劳动者造成损害的,应当承担赔偿责任。

(3)用人单位解除劳动合同的情形。

《劳动合同法》在赋予劳动者劳动合同解除权的同时,也赋予用人单位劳动合同解除权。《劳动合同法实施条例》第十九条将《劳动合同法》第三十六、三十九、四十、四十一条规定的用人单位可以解除劳动合同的情形进行综合,共计在 14 种情形下用人单位可以解除劳动合同。

用人单位可以解除劳动合同的 14 种情形,而法律为了防止用人单位滥用解除权损害劳动者的权益,没有赋予用人单位无条件的一般解除权。因此,在每种法定解除的情形下,用人单位都要依照法定的条件和程序进行,否则,即构成违法解除,应当承担法律责任。用人单位解除劳动合同可以分为协议解除和法定解除两种,依解除条件和程序不同,具体可作以下分类:

第一,协议解除。双方协商一致解除,《劳动合同法》第三十六条规定:"用人单位与劳动者协商一致,可以解除劳动合同。"

第二,用人单位单方解除劳动合同。用人单位单方解除劳动合同的首要法律效果是使劳动合同向将来发生消灭,已经履行的劳动合同仍然有效,用人单位必须按照约定支付劳动报酬。如果用人单位是由于劳动者有过错的原因而及时解除劳动合同的,不需向劳动者支付经济补偿金。如果在劳动者无过错时用人单位解除劳动合同,则用人单位应当向劳动者支付经济补偿金。

第三,因劳动者过错用人单位单方解除劳动合同。因劳动者过错,用人单位单方解除劳动合同,是指用人单位无须向对方预告就可随时通知解除劳动合同,一般适用于劳动者经试用不符合录用条件,或者劳动者违纪、违法达到一定严重程度,或者劳动者存在其他过错等情形。在劳动合同中,为防止用人单位利用其强势地位任意解除劳动合同,法律必须对用人单位随时解除劳动合同的条件进行限制,只有在劳动者经试用不符合录用条件或者存在过错的情况下,才允许用人单位随时解除劳动合同。

第四,劳动者无过失用人单位解除劳动合同。劳动者无过失,用人单位解除劳动合同,是指劳动合同成立、生效之后,基于客观情况的变化,劳动合同无法履行,用人单位经过预告或支付代通知金解除劳动合同。劳动合同在履行过程中,因为遇到一些客观原因而无法履行的,应当允许用人单位解除劳动合同,以保障其生产经营利益。以下三种情况法律规定属于无过失解除:一是劳动者患病或者非因工负伤,在规定的医疗期满后不能从事原工作,也不能从事由用人单位另行安排的工作的。二是劳动者不能胜任工作,经过培训或者调整工作岗位,仍不能胜任工作的。三是因客观情况发生重大变化,致使原劳动合同无法履行,当事人必须依据变化后的客观情况对劳动合同的变更进行协商,双方无法达成一致意见的,用人单位可以解除劳动合同。

第五,关于解除或终止劳动合同的附随义务。劳动合同是传统民事合同结合劳动关系的特殊性发展而来的一类特殊的合同,诚实信用原则也是具有人身性、从属性的劳动合同关系得以维系的一项基本原则。要求不仅劳动合同关系存续期间,而且在劳动合同关系结束时以及结束后,双方也应当根据劳动合同的约定或者基于诚实信用原则履行应尽的义务。附随义务包括:用人单位应当在解除或者终止劳动合同时出具解除或者终止劳动合同的证明(离职证明书),并在 15 日内为劳动者办理档案和社会保险关系转移手续;劳动者应当按照双方约定,办理工作交接。用人单位依照有关规定应当向劳动者支付经济补偿的,在办结工作交接时支付。劳动者未完成工作移交的,用人单位不能以此为由拒不办理解除劳动合同证明等手续;用人单位对已经解除或者终止的劳动合同的文本,至少保存 2 年备查。这是出于保存证据的需要。

第三节　就业侵权与权益保护

一、常见就业侵权行为

常见的大学毕业生求职就业侵权行为有哪些?下面给大家介绍常见的大学毕业生求职就业侵权相关内容。

(一)虚假广告陷阱

一些用人单位在招聘会上为了招到条件较好的毕业生,会夸大或隐瞒自己的某些情况。比如:在发布招聘信息时,往往故意扩大用人单位规模和岗位数量,进行虚假宣传或者把招聘职位写得冠冕堂皇,不是"经理"就是"总监",但实际上却只是"办事员""业务员",根本没有广告上写的那么诱人。有一些招聘广告上称招聘男女公关人员,月薪上万,令一些涉世不深的毕业生掉入色情陷阱。面对这样的问题或遇到这样的情况,学生一定要提高警惕,不可随便跳入这种陷阱。

(二)传销陷阱

传销是指生产企业不通过店铺销售,而由传销员将本企业产品直接销售给消费者的经营方式。该经营方式受到国家的严令禁止。现在的传销者首选对象常常是急于挣钱的打工者,特别是刚刚毕业的学生,他们通过各种渠道得到欲骗对象的电话后,便打着同乡、同学、亲戚等幌子,以帮忙找工作为由,以高薪为诱饵,因人而异,投其所好,骗求职者去进行非法传销活动。求职者一旦掉入陷阱,便限制人身自由,要么交入门费,要么以购买传销产品作为入门条件。传销组织者还采取扣留身份证、控制通信工具、监视等手段不让受骗者离开,强迫他们联系亲友前来,或者寄钱寄物,强迫被骗者从事传销活动。

(三) 合同陷阱

毕业生尤其要防备一些预先设置的合同陷阱。近年来,社会中出现了一些合同严重违反法律,这些合同都是无效的,下面介绍一些这样的非法合同。

1. "暗箱"合同

这类合同中的权利和义务一边倒。有的企业,尤其是私营和个体工商户与劳动者签合同时,多采用格式合同,根本不与劳动者协商,不向劳动者讲明合同内容。在合同中,只从企业的利益出发规定用工单位的权利和劳动者的义务,而很少或者根本不规定用工单位的义务和劳动者的权利。

2. "霸王"合同

这类合同一般是以给劳动者或其亲友造成财产或人身损失相威胁,迫使对方在违背真实意愿的情况下所签订的。比如,有的企业看中一名技术员后,先与该技术员的亲朋好友订立劳动合同,然后再与该技术员谈判,强迫与其订立劳动合同,否则就以解雇其亲朋好友相威胁。

3. "生死"合同

有的用人单位不按劳动法的规定履行劳动安全义务,妄图以与劳动者约定工伤概不负责的条款逃避责任,签订这类合同的往往正是从事高度危险作业的单位。这类企业劳动保护条件差、安全隐患多、设施不安全,生产中极易发生安全事故。

4. "卖身"合同

有的用人单位与劳动者在合同中约定:劳动者一切行动服从用人单位安排。一旦签订合同,劳动者就如同卖身一样失去人身自由。在工作中,加班加点,强迫劳动,有的甚至连吃饭、穿衣、上厕所都规定了严格的时间,剥夺了劳动者的休息权、休假权。甚至任意侮辱、体罚、殴打和拘禁劳动者,劳动者的人身自由受到限制。

5. "双面"合同

一些用人单位与劳动者签订合同时,准备了至少两份合同,一份是假合同,内容按照劳动部门的要求签订,对外应付有关部门的检查,但在劳动过程中并不实际执行;一份为真合同,是用人单位从自身利益出发拟定的违法合同,合同规定的权利义务极不平等,对内用以约束劳动者。

(四) 试用期陷阱

每个职位一般都会有最初的试用期,法律约定的考察期不得超过六个月。一般来说,试用期的薪水都不高,等到转正之后,薪水会有较大幅度提高。很多公司为了使用廉价劳动力,抓住毕业生急于找工作的心理,借"试用期"来延长使用时间,或是试用期结束后用人单位以应聘者不合格为由拒绝续约,这样的公司不断地招人,毕业生永远不会成为正式员工。所以广大毕业生在求职时一定要就试用期问题在合同中明确约定;在试用期间要注意保留有关工资、工作时间、工作能力的证据,以备必要时维护自己的权利。

(五) 收费陷阱

当前,在就业市场中,一些用人单位利用毕业生求职心切,设立各种名目向毕业生收取各种不合理费用,如风险抵押金、违约金、培训费。一些单位可能规模不大,薪水不高,但是开出了一些诱人的条件。比如说,在某大中城市工作,或者能解决这些大中城市的户口问题。希望留在大中城市工作的学生很容易被这样的条件迷惑。双方谈得差不多了,单位又表示,为了增加双方的信任,学生在工作之前必须交押金。等学生交完押金,工作一段时间后,单位的有关人员就表示,聘用之初说定的工作岗位要有些调整,可能把你派到偏僻地区或冷僻部门,单位算准了学生不愿意去,就说学生不服从单位安排,是主动毁约放弃这个岗位,这样,学生交的押金自然收不回来。

(六) 薪酬陷阱

薪酬陷阱是指用人单位在招聘时以优厚的待遇吸引前来求职的毕业生,等到其正式上班时,招聘时的承诺则以种种理由不予兑现;或是针对薪酬中的一些不确定收入,进行虚假或模糊的承诺,最终不能兑现;或者"缩水兑现"。

(七) 智力陷阱

有的单位按程序假装对应聘毕业生进行面试,再进行笔试。在面试、笔试时,把本单位遇到的问题以考察的形式要求前来应聘者作答或设计,待毕业生利用专业优势完成其承担的项目后,再找出各种理由推辞,结果无一人被录用,用人单位却将应聘者的劳动果实据为己有,使毕业生掉入智力陷阱。

有些企业以选人为名,招聘时要求毕业生提供作品或完成某项设计工作等方式,获取盗用毕业生的智力成果。如某软件公司在报刊上刊登招聘启事,招聘计算机专业研究生,凡应聘者领取考卷一份,实为一项设计项目的一部分,就这样一场虚假招聘使本应耗费大量人力的设计工作轻松完成。所以广大毕业生尤其是设计类、计算机类的毕业生应该提高警惕,增强保护知识产权的意识,采取适当措施降低用人单位使用作品的可能性。如面试时不要让企业随意复制自己的作品;发送电子邮件时,应对自己的作品进行处理,降低相关图片的分辨率;交付作品时,应要求用人单位签收,以保存证据。

二、主要应对策略

(一) 拒交各种名义的费用

任何招聘单位,以任何名义要求求职者缴纳押金、服装费、产品押金、风险金、报名费、培训费等收费行为,都属于违法行为。

(二) 不轻信许诺到外地上岗

对外地企业或某某外地分公司、分厂、办事处的高薪招聘,无论其待遇多好,求职者千万要保持清醒的头脑和高度的警惕,不要轻信口头许诺,应到相关机构咨询,否则会被骗工、骗钱,甚至被人贩子骗卖,悔之晚矣。

(三) 不要将重要的证件作抵押

不要将自己的身份证、学生证、毕业证等相关重要证件作抵押。有的用人单位以保证学生实习时间等为由扣押学生的证件,根据相关的规定,任何单位都不能扣押证件。

(四) 掌握劳动法规和相关政策

主动学习一些劳动法规和相关政策,提高自己的求职素质和独立思考的能力。

(五) 多种途径了解企业的背景

在求职者正式进入之前,设法加强对企业的了解以免误入骗子设下的陷阱。比如:上网查找该招聘单位的相关资料,注意招聘单位的营业执照等相关证件;正规单位的招聘现场一般会设在单位的办公室、会议室,一些以租用房间作为应聘地点的单位必须警惕。工商部门咨询电话:123150。

(六) 谨慎签订劳动合同

与用人企业签订合同时要注意"三看":一看企业是否经过工商部门的登记以及企业注册的有效期限,否则所签的合同无效;二看合同字句是否准确、清楚、完整,不能使用缩写、替代或含糊的文字表达;三看劳动合同是否有些必备的内容。劳动合同的一般内容包括:①合同期限;②工作内容;③劳动条件和劳动保护;④劳动报酬;⑤劳动纪律;⑥劳动合同终止的条件;⑦社会保险和福利待遇;⑧违反劳动合同者应承担的责任;⑨双方认为需要规定的其他事项。其中前8项为法定条款,必须具备;第9项为协商条款。

(七) 发觉被骗应及时报案

拨打110与公安局取得联系,并通知辅导员(班主任),以保护自己的人身和财产安全。

三、签订劳动合同的注意事项

(一) 及时签订劳动合同

我国《劳动合同法》第十条规定:建立劳动关系,应当订立书面劳动合同。已建立劳动关系,未同时订立书面劳动合同的,应当自用工之日起一个月内订立书面劳动合同。

有的用人单位为了逃避义务,往往不与毕业生签订劳动合同。日后一旦发生纠纷,由于没有签订劳动合同,用人单位与毕业生的权利义务不明确,最后吃亏的往往是毕业生。因此,如果用人单位不愿签订劳动合同,毕业生可向当地劳动行政部门投诉,要求纠正用人单位的违法行为。

(二)关于试用期的规定

毕业生与用人单位签订劳动合同的时间应在试用前,而不是试用合格后。过去一些单位为了逃避责任,在试用期内往往不与毕业生签订劳动合同,一旦试用期满,就找种种借口辞退。

(三)防止霸王条款

有些企业与毕业生签合同时,事先不经双方协商,仅从企业单方面的利益出发,制定了有倾向性的不平等合同条款,即"霸王条款"。这种合同大多违背法律和行政法规,如随意延长劳动时间又不付加班工资,或限制女工享受特殊劳动保护的权利等。这类劳动合同中凡是与法律、法规相违背的条款都属无效,如毕业生已签订该类合同,可对违法条款不予执行或要求纠正。

(四)拒绝"口头合同"

有的企业不以书面形式与毕业生订立劳动合同,只是口头约定工资、工时等权利义务的内容。如订立这种合同,一旦发生纠纷,由于缺乏书面文件证据,双方各执一词,毕业生往往有口难辩[①]。

(五)明确工资类型

对于工资的一些细节需要弄清楚。应该注明是税前工资还是实际拿到手工资。税前工资是包含了劳动者依法应当承担的个人所得税,实际拿到的工资是税前工资减去个人所得税和"五险一金"所剩下的金额。如果用人单位承诺支付的是税后工资,同学们一定要用人单位在合同中予以明确,否则发生争议时将被认定为税前工资。

(六)注意培训及其费用

一般来说,上岗前用人单位通常会进行一些涉及企业文化、企业背景、企业理念等非技术培训,这些是不应该收费的。如果是用人单位出资对劳动者进行技术类的培训,则需要跟单位签订一个服务期协议,如果在服务期内辞职,劳动者应按照合同期限以及已经工作的年限比例来赔偿培训费用。

---

① 孟庆新,等.大学生就业指导[M].北京.高等教育出版社,2018:264-265.

项 目 实 训

项目一：就业风险案例收集

1. 完成时间：一星期。

2. 学习任务：请同学们收集一些就业风险的案例，在小组内交流讨论，并总结如何避免就业风险。

3. 成果形式：小组讨论。

项目二：就业权益维护案例分析

1. 完成时间：一天。

2. 学习任务：通过查询相关法律知识对下面的案例进行分析，并形成案例分析报告。

3. 成果形式：分析报告。

案例 1

毕业生小刘在一家机电公司找到了工作，只经过一次简单的面试就被录用。比起其他同学又签合同、又办手续，明显程序简单多了。小刘非常高兴，专业对口，每月工资不低于 3 000 元，真是"踏破铁鞋无觅处，得来全不费工夫"，其他没必要再问了，第三天直接报到上班。然而，小刘在这家公司连续工作了 3 个多月，每个月领到的工资都是 2 400 元。为此他找到公司负责人，负责人告诉他"你拿的是试用期工资，你的试用期是 3 个月"。"试用期？当初没人跟我说呀！"又过了 2 个月小王拿到的工资仍然是 2 400 元，再次找到公司负责人，负责人说："虽然你的试用期已过，可以拿全薪了，但是我们实行的是计件工资，你的工作时间短，根本达不到我们的要求。年轻人不要这样斤斤计较好吗？"

请你查询下相关法律知识，对本案例公司做法中是否存在违法行为，并对小刘如何进行维权给出建议。

案例 2

毕业生小丽进入一家农业公司工作，由于是农业采收季节，工作非常繁忙，经常加班，一天下班以后已经很疲惫了，并且当时还在下雨，公司要求她们去加班，她拒绝了，后来公司就以违反公司规定为由扣发她的工资并将其开除。请你查询下相关法律知识，对本案例公司做法中是否存在违法行为，并给小丽如何进行维权给出建议。

第十二章　就业能力提升

学习目标

1. 掌握人岗匹配度的分析方法。
2. 掌握求职简历的制作方法。
3. 掌握面试的类型及考察要点，做好面试准备的方法。

案例导读

小田是云南某高校的一名大四学生，他对就业的岗位要求不高，认为只要能够养活自己就行了。在学校举行的学长就业分享会上，他记得学长说要多投递简历。他做了一份简历，把自己各方面的情况都介绍了一下，然后只要看到有招聘信息他就投过去，3个月总共投出了300份简历，可是投出去的简历都石沉大海，没有任何回应，于是他开始觉得这些招聘信息很可能都是假的，然后又怀疑自己是不是很差劲，没有一个企业能看得上他，陷入深深的苦恼中。

思考题：

1. 请你分析小田投出去的简历收不到回复的原因。
2. 小田接下来应该怎么做？请你给他一些建议。

第一节　人岗匹配度分析

一、自我优势分析

（一）自我优势分析的必要性

求职者需要根据拟招聘岗位任职资格要求，将自己的能力与之匹配，进而制作简历，准备面试。但是在现实中，大部分学生一提到优势就觉得自己没有高学历，没有过硬的技能证书，没有闪耀的获奖经历，认为自己毫无优势可言，进而对求职产生了不自信。通过以下方法可以帮助学生从日常的生活学习事件中分析出自我优势，找出自己的优势技能、知识、素质等，提高自信，提高自我认知，帮助学生在激烈竞争中提高求职的成功率。

自我优势的分析采用以下方法从知识、能力、素质等三个方面进行分析。

（二）自我优势分析的方法

1. 动词四象限法

表 12-1 中为经常形容工作能力的动词，将它们分别填在以能力为横轴，喜欢为纵轴组成的四象限中，喜欢且能力高的部分就是你的优势部分，喜欢且能力低的为潜力区，不喜欢且能力低的为盲区，不喜欢且能力高的部分为后备区。

表 12-1 工作能力常用动词表

动词	动词	动词	动词	动词	动词
情绪调控	共情	策划组织	人际沟通	推进	处理复杂问题
倾听理解	演讲	绘画	管理	组织	归纳总结
构思编辑	领导	评价	执行	审美能力	创意
快速记录	配合服务	销售	艺术特长	决策	处理数字
写作	提取概念	编辑校对	分析	时间管理	机械使用
临场发挥	手工制作	预算	团队合作	观察	自主学习
收集信息	分配任务	谈判协商	归纳总结	推广	抗压
计算机运用	设计	表演	多任务管理	适应变化	逻辑思考

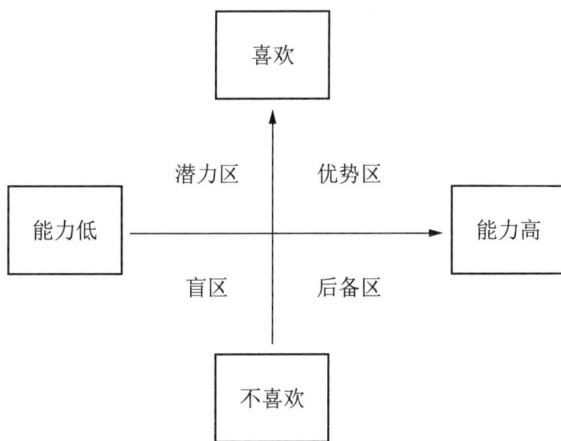

图 12-1 工作能力四象限图

2. 列表细分法

一谈到能力，同学们就会想到要精通某些高大上软件，要获得高大上的奖状，实际上能考上大学，能够完成学习、生活中平常的事件就体现出了各种能力，只是你没有发觉而已。所以我们要把能力进行细分，总能找到你突出的优势能力。在本书职业生涯规划部分将能力细分为专业技能、可迁移技能、自我管理技能三个方面，同学们可以从这个三个方面逐一去挖掘，通过列表、评分，总结出自己的优势技能。

（1）专业技能分析。大学课程包含的门类很多，实践活动也很多，在平时的学习中一定会有一些收获，回想曾经上过的或正在上的学校课程、培训、工作坊、研讨会，兼职、志愿服务等,列出自己的 5~10 项专业技能,并根据等级水平排序。

表 12-2　专业技能分析

序号	专业技能	证明实践	排序
例	视频制作	"视频制作"课程的学习,该门成绩为 A	1 2 ……

　　(2)可迁移技能分析。可迁移技能是能够从一份工作中转移到另一份工作中的,可以完成许多类型工作的技能。这种技能包含表达沟通、问题解决、组织管理三个方面,每一个方面的能力又包含若干小项,如表达沟通能力又分为倾听理解、编辑能力等,给每一小项进行评分,获取自己的优势技能。

表 12-3　可迁移技能分析

表达沟通	很擅长			不擅长		平均分
1.写作、编辑、校对	5	4	3	2	1	
2.演讲、辩论、作报告	5	4	3	2	1	
3.倾听理解、共情	5	4	3	2	1	
4.沟通、说服	5	4	3	2	1	
5.解释信息	5	4	3	2	1	
问题解决	很擅长			不擅长		平均分
1.发现、分析问题	5	4	3	2	1	
2.积极思考、寻找关键症结	5	4	3	2	1	
3.分解问题	5	4	3	2	1	
4.提出解决问题方案	5	4	3	2	1	
5.总结经验	5	4	3	2	1	
组织管理	很擅长			不擅长		平均分
1.制定计划	5	4	3	2	1	
2.人员协调	5	4	3	2	1	
3.任务分配	5	4	3	2	1	
4.任务进程把握、监控	5	4	3	2	1	
5.有效资源寻找利用	5	4	3	2	1	

　　(3)自我管理技能分析。自我管理一种非常重要的能力,许多成功人士之所以成功,正是因为拥有较强的自我管理能力,所以用人单位也很注重求职者的自我管理能力。自我管理技能包括情绪管理、健康管理等五个方面,每一个人在自我管理的每一个方面表现都不同,不能单用强或者弱来形容,而是要从不同的角度、维度去分析。以下是一些自我管理技能方面正面的形容词,根据实际情况,找到能够贴合自己的形容词,

形成自我管理技能的描述。

(1) 情绪管理：善于共情、积极乐观、平和喜悦、容易知足、勤于反思、待人诚恳。

(2) 健康管理：情绪平和、睡眠充足、坚持运动、平和放松、劳逸结合、健康饮食。

(3) 精力管理：精力旺盛、有活力、思维活跃、情感积极、思维开阔、身心愉悦。

(4) 目标管理：目标明确、有意义感、意志坚定、深思熟虑、行动力强。

(5) 时间管理：高效目标、合理规划、井井有条、充实独立、有效利用。

3. 成就事件法

学习是为生活服务的，你的知识、技能、素质在具体所做的事情中得以综合体现。所以成就事件法可以帮助你清晰地分析出自己的优势知识、技能、素质。所谓成就性故事指的是，在你的学习和生活中发生的让你感觉到愉快和自豪的事情，比如一次愉快的旅行、聚会等。不一定是要惊天动地的大事，只要满足下面两个条件就可以，第一为它所带来的结果感到自豪，第二是喜欢做这件事时的感受。尽可能多地去写你的成功故事，你会发现其实你有很多能力和优良品质。

讲述成就事件时运用 STAR 法则。STAR 是指情境(situation)、任务(task)、行动(action)、结果(result)四个词的缩写。STAR 法则可以理解为：案例在什么情况下发生，发生之后当事人如何明确案例中自己的任务，对任务进行分析后采取对应的行动，最后取得什么样的结果并且从中学习到什么。

第一步，采用 STAR 法则，讲述成就故事。①situation(背景信息)：事情是在什么情况下发生的？其中所涉及的人物及角色是哪些？什么样的因素导致你去做这一项事？②task(目标任务)：这一项事的具体内容、性质、规模如何？需要达到什么样的目标？为达到目标需要完成哪些任务，你面临的主要任务是什么？你在当时的情况下的实际想法是什么？你希望怎么做？③action(采取的行动)：你在整个事件中担任的角色是什么？项目实施的过程中是否遇到困难，你的心理活动如何？然后你采取了哪些行动来达成目标？④result(取得的成果)：最后的结果是怎样的？结果产生了什么样的影响，即总结思考学习到了什么？

示例：

有一次老师让我向全班同学分享身边的乡村振兴案例。需要用 PPT，或者是视频形式展现。(S)

回寝室的路上，我想着首先这个案例要能体现出脱贫攻坚的精神，要深深地打动同学们，同时 PPT 要好看精美。(T)

我回到寝室后立刻开始收集乡村振兴案例、制作 PPT。可是我很快就遇到难题了。第一，案例难找，关于乡村振兴的案例在网上有很多，但是那些案例离我们太遥远了，不能很好地打动同学们，身边的案例又不具有典型性，且图片等资料不足。第二，时间比较紧急，仅有一天时间。第三，我上台容易紧张。

内心好焦虑的我深吸了几口气努力稳住自己的情绪，突然间想起来，可以从家乡的政府网站上搜集案例。我找到了发生在我们身边的很多乡村振兴的案例，而且图片资料很充足，于是我连饭都顾不上吃，赶快从网站上下载资料，按照时间、人物、案例具体细节，取得的效果的逻辑顺序，把资料整理在 PPT 上。到了晚上寝室的同学都回来了，我就在宿舍里演练了好几遍。(A)

第二天我上台分享了,我按照之前设计的思路,流利地把案例讲解完了,同学们给了我热烈的掌声,那一刻我好有成就感。(R)

第二步,分析总结出这个成就事件中涉及的知识、能力、素质。

上面这个成就性故事中可以看到,他掌握了案例分享要素及 PPT 制作知识,他具有分析问题的能力,调控情绪的能力,搜集资料的能力,在整个过程中他没有因为遇到困难就放弃,而是废寝忘食地去想办法解决问题,说明他具有勇于克服困难的素质。

(三)整合个人能力

对自己进行优势分析后,按照知识、能力、素质三个维度将自己的个人能力根据下图整合,如图 12-2 所示。

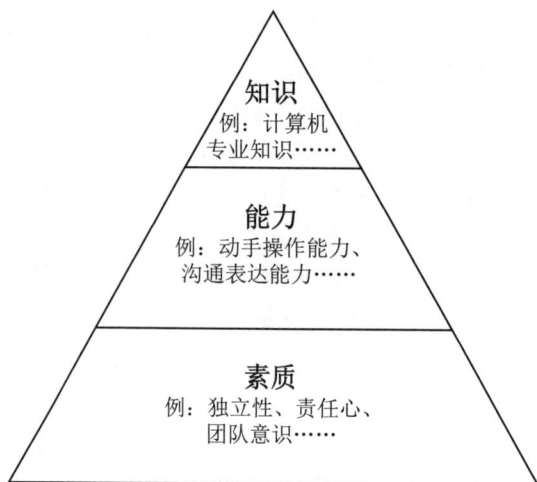

图 12-2　个人能力结构

二、人职匹配分析

每一个人都有自己的个性特征,而每一个岗位由于其工作性质、环境、条件、方式的不同,对工作者的知识、能力、素质等有不同的要求。进行求职应聘时,就要根据岗位进行人职匹配分析,在你的简历中、面试时表现出来,让 HR 相信你对这个岗位的胜任力。

"人职匹配"既包含了人与"岗位职责"要求的个人能力匹配,也包含了人与招聘单位文化和工作环境等的匹配,同时还包含了人与企业发展的适应性匹配。因此在对岗位职责、任职资格分析的基础上再去分析企业文化、工作环境等对求职者的要求,按照表 12-4 罗列出来,然后再逐项罗列自己与之相匹配的经历。只有在有与之相匹配的经历时,才能说服别人相信你确实具有这些知识、能力等。所以大学生在校时要抓住机会去学习、实践,锻炼本领,增加经历。

但是作为一名普通大学生可能没有丰富的经历,这是一个短板,但是大学生学习能力较强,而且用人单位对于刚毕业的大学生某方面的能力要求也不会像要求专家一样地要求你,所以你还可以看看,可以通过些什么途径来进行提升,提高人职匹配度。

表 12-4　岗位认知与匹配清单

类别	岗位的要求	个人与之匹配的经历	提升的计划
知识			
能力			
素质			

第二节　求职书面材料的撰写及制作

一、简历

（一）简历包含的内容

简历的内容需要包括求职意向、个人基本信息、教育背景/学习经历、工作经历/实践经验、在校任职经历、特长、兴趣爱好与性格、自我鉴定/自我介绍等。

（二）简历制作的要点

1. 求职意向要明确具体

公司 HR 拿到简历后,首先要确认的是求职者的求职意向是否与招聘岗位吻合,所以求职意向要明确具体切忌过于笼统,例如,求职意向为"会计师"比"金融等相关职位"好得多,一般来说求职意向是根据招聘信息上所列岗位来写。

2. 内容要具有针对性

不同岗位其工作职责不同,招聘要求也不同。比如招聘的会计岗位,看重的是财务方面的知识、技能,清晰的逻辑思维,刚正的性格品质;市场销售职位将人际沟通能力排在第一位。要紧密围绕不同职位招聘要求进行制作,所以要为特定职位、特定企业,量职打造个性简历,一份简历包打天下的时代已经不复存在了。在简历筛选中,HR 会在快速浏览中搜寻这些关键点,如果搜寻失败,就迅速转到下一份简历。判断哪些信息属于关键点的最好办法就是站在公司的角度、站在面试官的角度思考问题。

表 12-5　简历内容与岗位要求匹配表

岗位要求	我简历中匹配的内容	匹配度
知识方面		
技能方面		
素质方面		
其他方面		

【匹配度说明】

匹配度高：至少有 3 个有效事例作为证明，匹配度高。

匹配度中：至少有 2 个有效事例作为证明，匹配度适中，已经超过一半的人。

匹配度低：至少有 1 个有效事例作为证明，但并未与其他人形成差异化优势。

不匹配：没有有效事例作为证明。

3. 量化实践经历

数字是最直观、最有说服力的证明，对 HR 吸引力最大。应该巧用数字显示你的价值，你的每一条核心经历背后，都应有一个"庞大"的数据库作为支撑，如表 12-6 所示。

表 12-6 事项表述的常规化与数字量化对比

事项	常规表述	数字量化表述
GPA	GPA：3.8	GPA：3.7（年级排名 5%）
编辑	担任学院宣传部编辑	担任学院宣传部编辑 2 年，共编辑 50 篇新闻稿，其中 10 篇点击量超过 5 万

实践经历方面，你可以从以下几方面来"量化"你的成就。

"钱"：通过你的努力为所服务的机构节省了多少开支，提高了多少收入，这将是非常能够打动招聘单位的。比如："组织文艺晚会，优化了服装租赁的方式，节省了经费 1 000 元。"

"时间"：单位总是想方设法在更短的时间内取得更大的成绩。如果你能证明你的办事效率很高，那么你获得这个职位的可能性就大大增加了。比如："在迎接新生活动中，我负责搬运物资，通过优化搬运路线，原本需要 6 个小时的工作，在 4 个小时内完成了。"

"数量"：是能够直接客观地表明你的工作业绩和工作效率的词汇。例如，这样的表述"暑假的 30 天内我走访了，40 家客户，收集到有效回访问卷 30 份，目标达成度为 95%，在小组内位居第一。"

4. 运用动词、专业术语充实实践经历

应尽量使用"动词＋工作内容（职责）"，"动词＋业绩"的句式。例如，"负责讲座嘉宾联络"，"取得全校第三名成绩"等。请勿使用没有实际意义、抽象的形容词。表 12-7 罗列了一些简历中常用的动词。

表 12-7 简历常用动词词汇表

类 别	词 汇
沟通类	调解、联系、对接、链接客户、洽谈、互动、协调、保持良好关系
管理类	监督、负责、指导、统筹、管理、起草、比较、复盘、安排、回顾、组织、拆解

5. 版面简洁美观，突出职业性

简历排版方面可遵循以下六个原则：对齐、聚拢、重复、对比、降噪和留白。①对齐原则。按照级别一一对齐，不仅要关注文字对齐，还要关注页面内其他元素也要尽量对齐。整齐给人一种清爽的秩序感，同时也方便 HR 一下子就能捕捉到标题及对应的相

关内容。②聚拢原则。将相关内容都聚在一个区域中,不同内容分在不同的区域,不同区域间的段间距应该大于段内的行距,各板块能形成一个独立的视觉单元。③重复原则。在栏目的样式上可进行重复,如果每个栏目都是不同的样式,整体就会显得杂乱无章。多页面排版时,注意各个页面设计上的一致性和连贯性。④对比原则。加大不同元素的视觉差异。这样既增加了页面的活泼性,又方便读者集中注意力阅读某一个子区域。⑤降噪原则。颜色过多、字数过多、图形过繁,都是分散读者注意力的"噪声"。建议单页简历的色彩不超过 3 种,整个简历的字体不超过 2 种。⑥留白原则。简历填充得太满,眼睛看起来会比较吃力,需要对内容进行提炼,删减不必要的语言,突出重点。留白不是留出白色,而是留出空间,让各个栏目可以相对独立,适当的留白能形成美感。

表 12-8　普通简历与优秀简历的对比

项　　目	普通简历	优秀简历
校徽	大部分都有	通常没有
标题	突出"简历"或"resume"	突出自己的名字,应聘职位等
相片	形式花样多,花哨	职业正装照
个人信息	写得很全面和详细	简单,三行搞定最主要信息,包括联系地址、电话、E-mail
教育背景	毕业学校及课程名称的罗列	只写相关的核心课程并注明 GPA 及排名
实习经历	仅仅是一些事项的罗列,没有写出在经历中取得成绩及收获	只选择和目标岗位贴近的,并能够量化收获
校内工作	学生工作经验和社会实践经验的简单罗列	简洁清晰书写与专业相关的工作经验和社会实践经验
获奖情况	以罗列较多,没有归纳	除了描述之外,还有奖项的归纳、分析
个人技能	罗列,没有突出个人特点,通常用精通、掌握等形容词去描述	针对性强,并清晰写出该技能的水准
个人爱好	具体描述,内容不少	选择性地添加、描述与岗位相关的爱好
学术研究及专利	冗长缺乏成果的级别描述	按照学术论文的书写规范,标明第几作者,EI 检索/SCI 收录/TEEE 收录
页数	2 页甚至更多	1 整页,最多 2 页
文字风格	平铺直叙,大段赘述	善用动宾短句,分点描述
真实度	一般不造假	不造假,但是有表达的技巧
精确度	多使用形容词	善于使用数字来描述效果
排版	排版不整齐,字体不一致,有拼写、语法等错误	排版精致,内容安排合理
主观感受	杂乱无章	清爽整洁,主次分明

二、求职信

求职信,也叫自荐信,是求职者根据岗位需要或自己的求职愿望,通过介绍自己的情况向用人单位举荐自己的书信。求职信能使求职者充分展示自己的才能,使用人单位较快地了解求职者的基本情况,有利于促进双方相互了解、增加信任感。求职信需要写清楚三个问题:第一你是谁? 第二用人单位为什么要聘用你? 第三如何联系你?

一般来说,对这三个问题的回答就构成了求职信的正文,分别是正文的第一、二、三段,在第一段的自我介绍中,用简短的三四句话说明以下几点:说明自己的情况、说明信息渠道、推荐人(如果有可能,可以提及双方都知道的第三人作为你的推荐人),阐明自己想要应聘的职位。

重点放在第二段,因为,你要展示自己的独特之处,说服公司接受你的申请,给你面试机会。这部分内容可以从以下两个方面展开。首先展示你对公司的了解:在信中,可以这样写"根据我对贵公司的了解,我认为当前公司主要需要产品售后服务方面的人才,而这恰恰是我所能提供的"。以此表明你对自己想要求职的公司有比较深入的了解,从而表明你的诚意,增强竞争力。其次展示你的能力:公司关心的是你可以为他们带来多少价值,所以应该表明自己可以为公司在哪些方面做出贡献。行文中,意思表达要直接简洁,避免使用术语和过于复杂的复合句。但同时,要选用那些意思强烈的词语,句子结构和长度也要富于变化,使阅信人能保持阅读的兴趣,从而留下比较深刻的印象。

最后一段文字应再次表明自己对这个职位的渴望,你很期待收到对方的电话或者是 E-mail 回复。不要忘了写上确切的联系方式,虽然你的简历上已经写得很详细了,但是在这里列出可以显示出你是一个细心周到的人,以便公司在任何"方便的时间"联系到你。

三、毕业生就业推荐表

(一)毕业生就业推荐表的概念

毕业生就业推荐表是由教育主管部门监制,学校正式向用人单位推荐毕业生的书面材料,需要经过毕业生所在学院和所在高校审核并加盖公章,具有较高的权威性和可信度。其主要包括了毕业生的学业情况、本人特长、爱好、社会表现及社会活动能力、在校奖惩状况、本人就业意愿、学校推荐意见、备注等信息。

一般由三部分组成:①毕业生本人的情况介绍;②毕业生所在学院的推荐意见;③毕业生所在学校就业主管部门的推荐意见。其中,毕业生本人的情况介绍中所填内容反映了毕业生个人信息、学习成绩、奖惩情况、社会实践经历等方面的情况,是用人单位选择人才的重要依据,直接关系毕业生的切身利益。

(二)毕业生就业推荐表的作用

毕业生就业推荐表一般有如下作用:

(1)毕业生就业推荐表是毕业生具有就业资格的证明文件,只有国家计划内招收的毕业生才有资格领取毕业生推荐表。

（2）毕业生就业推荐表是毕业生申请户口、报考公务员等的必备资料。

（3）毕业生就业推荐表是学校向用人单位推荐毕业生的正式书面材料。

（三）毕业生就业推荐表制作流程

（1）学校统一打印毕业生就业推荐表，并将学校盖章后的推荐表发给各院系。

（2）由学院发放给应届毕业生填写。

（3）学生填写好后交学院审核后，填写评语、盖章，返给毕业生用于办理就业等相关手续。

（4）填写毕业生就业推荐表注意事项：①为保证毕业生就业推荐材料的真实性、严肃性、唯一性，请毕业生根据真实情况填写，如有伪造各类信息，后果自负；②毕业生就业推荐表每位毕业生只有一份原件，应聘时可以先提交复印件，在与用人单位达成就业录用意向后，再提交原件给用人单位；③照片需要原件，毕业生就业推荐表打印下发后，请毕业生自行粘贴。

第三节　主要面试类型及面试准备

面试是用人单位精心设计，通过多种方法，在特定场景下面对面地科学测评应试者的基本素质、发展潜力、实际技能以及其与拟录用职位的匹配性，为人员聘用提供重要依据的考试。常见的面试按照求职者人数、面试方法、形式的不同有以下几种：单独面试、群体面试、行为面试、压力面试、电话面试和特殊面试，目前最常见的面试是单独面试中的结构化面试和群体面试中的无领导小组面试。

一、面试主要类型

（一）结构化面试

结构化面试又称标准化面试，是单独面试类型中的一种，目前事业单位考试、公务员考试、企业招聘中经常使用的一种面试方式。它通过将面试内容、评分标准、评分方法等加以规范化和标准化，对应聘者进行面对面的系统测试。其主要目的是评估应聘者对该岗位的胜任力高低及是否能适应该岗位工作，同时也是对工作情况的预先介绍。结构化面试经常考察的题型为以下六大类。

1. 综合分析类

综合分析类包含社会现象分析题和观点态度题。社会现象题：题干信息主要为某类现象、具体事件、具体行为，设问方式通常是"你怎么看？""谈谈你的看法"等。观点态度题：题干往往会给出比较抽象的观点、概念、道理、故事等信息，以此来考查考生对特定语句的理解。

2. 自我认知与岗位匹配

自我认知与岗位匹配主要包括自我介绍、人生经历、职位认知和工作规划等。这也是面试中可以提前做好充足准备的题型。当然，在此部分题型考察中，考官有时会根据考生的答题进行追问。

3. 组织协调管理类

组织协调管理类主要包含:调研类、宣传类、评比选拔类、策划活动类、培训类、会议类和接待考察类。其中,调研类、宣传类、策划活动类考察频率最高。通常提问方式是怎么组织或怎么解决,也有"组织这个活动的重点是什么"等特殊提问方式。

4. 应急应变类

应急应变类从一些让人焦头烂额、无从下手的问题入手,给考生描述一些工作或生活场景,并给考生安排一个身份,询问考生在面对这样的场景时,"你怎么办、你怎么解决、你怎么处理"。

5. 人际关系类

人际关系类题干往往涉及多个工作和生活中的常见问题,提问方式以"你怎么办""你怎么沟通""你怎么劝说"为主。

6. 专业题

专业题:一些岗位会考察与岗位相关的专业知识,比如"请谈谈溢洪道分为哪几段?其作用是什么?(大理州水利水电局)"。

(二) 无领导小组面试

无领导小组面试是一种采用情景模拟的方式对考生进行集体面试的考察方式,考官可以通过考生在给定情景下的应对危机、处理紧急事件以及与他人合作的状况来判断该考生是否符合岗位需要。无领导小组讨论一般是由应试者组成的一个临时工作小组,不做指定分工,让考生进行一定时长的讨论,并在规定时间内做出决策。其主要考察应聘者的人际沟通能力、逻辑分析能力、语言表达能力、组织协调能力、情绪控制能力、团队合作能力。

无领导小组讨论的角色有:领导者、总结者、时间控制者、检查员、组员。领导者负责奠定讨论的基调,制定讨论的框架,把握讨论的走向,需要有较强的逻辑思维能力、组织协调能力。总结者需要在短时间内总结小组讨论的结果,并用简洁的语言清晰地表述出来,需要有较强的信息提取能力、语言表达能力。时间控制者负责监督讨论时间,确保每个环节的时间分配合理,并提醒成员时间使用情况,需要有较强的时间管控能力。检查员负责检查小组讨论内容和结果是否正确、合理、完整,提出修改意见并协调小组成员进行修改,需要有较强的信息解读能力和认真细心。组员主要负责参与讨论,提出自己的意见,并对讨论结果进行修改和完善。

表 12-9 无领导小组面试试题的常见五种形式

类 型	主要内容	考察核心	应对参考
开放式问题	此类题目的答案范围很宽泛,如中国足球队聘请外国教练对于中国足球的未来发展有什么影响	考察求职者思考问题时是否全面,有针对性,思路是否清晰,是否有新的观点和见解	问题没有标准答案,求职者完全可以以自己的知识积累进行回答,只要言之有理,条理清晰就是不错的答案。如果再能有新观点、新思路就是优秀的答案

类 型	主要内容	考察核心	应对参考
两难式问题	是让求职者在两种互有利弊的答案中选择其中一种,主要考查求职者的分析能力、语言表达能力以及说服力等。如:你认为注重工作业绩的领导好,还是注重团队关系的领导好?如果给你吃葡萄,你会选择先吃已经有点坏的葡萄还是选择好的葡萄?为什么	考察求职者分析能力、语言表达能力以及说服力	试题需要在"两难"中选择"一难",一旦选定答案,求职者就要旁征博引来支持论证自己的选择,因为选择即观点
多项选择问题	让求职者在多种备选答案中选择有效的几种或对备选答案的重要性进行排序。多选式题目往往没有一个确定的正确答案,面试官从求职者的选择或排序以及求职者做出的理由陈述中,判断求职者的性格特点、心理特点以及与拟任职位的匹配性等方面的信息。如:某个市场研究部门收集到 15 条关于市场动态的信息,只能向主管经理上报 5 条,请讨论结果	考察求职者分析问题的实质,抓住问题本质的能力	此类试题的备选项较多,需要求职者把握关键环节、关键事务、紧急事件,选择时既要遵循急重轻缓原则,又要把握生命第一原则;既要合情合理,又要合乎法律政策
可操作性问题	题目提供材料、工具或道具,让求职者利用所给的材料制造出一个或一些面试官指定的物体来,比如给求职者一些材料,他们一起构建一座铁塔或者一座楼房的模型	考察求职者的主动性、合作能力和实际操作能力,以及在实际操作任务中所充当的角色	思路合理,精诚团结,节约资源,讲求效率
资源争夺问题	让处于同等地位的求职者就有限的资源进行分配,如:让求职者担当各个分部门的经理,并就有限的资源进行分配	考察求职者的逻辑分析能力、表达能力、沟通说服能力、概括总结能力以及反应的灵敏性等	有理有据,说服他人,获取更多资源

二、面试准备

(一)面试礼仪

面试的基本礼仪包括:着装、眼神、坐姿和动作四个方面。

1.着装

尽管面试主要考察应聘者的内在素质,但实践证明,应聘者的形象往往会带来不同的效果。再者,在人际交往中,仪态端庄、衣冠整洁体现了对他人的尊重,表现出一个人的精神状态和文明程度,在面试时当然也成为衡量人品的标准之一。在面试时要保持外表整洁大方,衣着得体。男士的衣服最好以西服、运动休闲装为主,全身的色彩搭配不要超过三种,从而达到最佳的视觉效果。女士最好穿过膝的半身裙或者裤装,颜色以淡雅为上,并保持鞋面和衣物的整洁即可。

2.眼神

面试中眼神的停留很重要,应聘者的目光应当停留在面试官鼻梁与眉心的过渡处,或者从眼睛至下巴之间的区域,这样显得自信而又真诚。另外,应聘者的目光应尽量保持稳定的停留和流转,以停留在面试官身上 15 秒为佳,随后自然地转换到其他的景物上,并在这两者之间流转。

3. 坐姿

对于应聘者来说,最重要的面试礼仪是保持坐姿的标准。许多面试者会因为紧张而坐立不安,这样恰恰会让面试官对此人的印象分降低,不利于最后的结果。应聘者的坐姿应当以坐椅子的三分之二,双肩平直并面带微笑。男士可将双腿自然张开,穿裙装的女士可用手将裙装微微并拢。

4. 动作

应聘者在进门后不要着急关门,应当在向面试官问好并得到入座的邀请后俯首关门,随后走到椅子前坐下。起身离去时,面试者应当起身并向右后方后退半步,再向后倒退两至三步后转身离去。

这些面试的基本礼仪既能给自己加印象分,也能显得整个人整洁温和,日常多加练习对个人气质提高也有所帮助。此外,应聘者和面试官之所以在面试现场见面,是因为双方有共同的目的,挑选这个岗位适合的人选。应聘者不是试图去说服面试官,而是真心要帮助面试官挑选到适合这个岗位的人选。最高技巧的面试是心态上的转变,从对立、说服变成有效帮助。

(二) 优劣势分析

在本章第一节讲过,在求职时需要对目标岗位的职责及要求进行分析,对自己的优势进行分析,表 12-10 是广州某一名应聘语文教师岗位的大学生做的对比分析。

表 12-10　个人针对岗位优劣势分析

维度	职业要求	个人能力
素质	1. 身体健康 2. 情绪稳定,能合理地处理好工作和生活中的各种事务 3. 具备优秀的个人品质:责任心、耐心、亲和力、抗压性、执行力,奉献精神和团队精神等 4. 热爱教育工作,良好的教师职业操守和服务意识	1. 身体素质好,喜欢运动,每周至少三次运动 2. 情绪控制力较好,能够快速从影响工作的负面情绪中切换出来。老师、同学普遍评价我自信阳光、积极向上 3. 中共党员,三观正,道德素质高,条理、细心、真诚、善解人意、有趣,备受老师、同学信赖 4. 兴趣广泛
知识	1. 大专或者本科以上学历,教育学相关专业 2. 有教师资格证 3. 普通话二级甲等以上 4. 专业知识过硬	1. 本科学历 2. 有教师资格证 3. 有普通话二级甲等证书 4. 多次担任语文课代表,语文成绩优秀
能力	1. 语言表达能力强 2. 授课形式生动有趣,授课能力强 3. 良好的文化基础 4. 能运用教育科学理论指导行为,因材施教 5. 课外活动的组织能力	1. 有一定的授课能力。在校期间经常上台分享,风格是干货＋搞笑,比较受同学欣赏 2. 有一定的写作能力 3. 学习能力强、有创意 4. 动手能力强。喜爱做手工,班级活动需要的道具,宿舍参加文化节的美化装饰基本出自自己之手

维度	职业要求	个人能力
优劣势 分析	我觉得自己的职业和个人能力还是比较匹配的	
	目前的优势有两方面： 1. 身心非常健康。一直有运动习惯而且善于调适个人情绪。这一点让我能从容应对教师工作日常工作量大、工作时间长，学生突发状况多等情况。最后，三观很正，是个热血青年，一直备受老师、同学信赖。 2. 语文成绩优秀。有一定的写作基础，打算参加某 App 的每天写作计划训练。 3. 能力很适合做教师。首先，在校期间经常上台分享，风格是干货＋幽默，比较受同学欣赏，现在的小学生们也喜欢活泼的授课风格。其次，有创意、擅长做手工，未来工作中带领学生布置教室，开展主题教育宣传活动没有问题	
	劣势及弥补： 1. 非师范生——有考教师资格证、普通话证书，在中国大学 MOOC 平台系统学习教育学、教育心理学等课程。 2. 没有直接教学经历——平时做家教兼职，寒假争取到教育培训机构实习	

（三）面试可能询问的问题准备

1. 求职动机

让面试官确信你对公司的这个岗位很心仪。面试官想弄清楚你为什么不申请别的职位？为什么来我这家公司而非其他家？也就是说面试官要弄清楚你的求职动机。面试官当然很希望你是从若干职业机会中坚定的选择这个职位的，但是如何让面试官相信你呢？

在表达求职动机时，建议侧重展现个人偏好，认同欣赏企业文化、学习成长机会等正面的内部动机，而非福利待遇等外部动机，因为内部动机更能让人在工作中感受到满足和快乐，让人更相信你能够在企业待得长久，福利待遇等外部动机是不稳定的，因为总会有福利待遇更好的企业。

2. 胜任力

让面试官确信你能胜任这份工作。工作胜任并非向企业表明你有多么优秀、能干，更重要的是要对方相信你清楚地知道这个岗位的核心要求有哪些，包括知识层面、能力层面、素质层面，而你一直为之准备着，说明"我为什么适合这个职位"。

3. 留任

让面试官确信你会接受这份工作。因为单位组织面试、试用等是需要时间成本的，如果你表现非常优秀，优秀到似乎所有好工作都信手拈来，而这份工作只是作为选择之一，那么面试官会很自然地担心你会不会珍惜这份工作机会，所以他宁愿将机会给一个看上去不如你，却真正珍惜这份工作的人。所以在面试之前做好准备，结合这个职位，做一个具体、成熟且经得起推敲的职业规划，让面试官相信这是你的最佳选择。

项 目 实 训

项目一：求职信撰写

1. 完成时间：一天。

2. 学习任务:请你找到一个自己心仪岗位的招聘信息,并写一封求职信。

3. 成果形式:一封求职信。

项目二:简历制作

1. 完成时间:一周。

2. 学习任务:制作一份你的求职简历。

3. 成果形式:求职简历。

简历范例:

RESUME

个人简历

胡××

▶ 性　　别: 男
▶ 民　　族: 汉族
▶ 出生年月: 2000.02
▶ 电　　话: ××××
▶ 邮　　件: ××××@163.com
▶ 求职意向: 前端开发

教育背景

毕业院校:××××大学　　起止年月: 2020.9-2024.6　　专业: 教育技术学 (GPA:3.6/4.0 专业前 10%)

相关技术类课程: C 程序设计、VISUAL-FOXPRO 语言程序设计、电视教材编导、电视节目制作技术、非线性编辑、多媒体课件制作、网页设计与制作、有线电视系统、摄影与摄像技术、数字化图形图像处理等

实践经验

● **2017.07-2018.06**　　　　**××科技有限公司**

➤据设计需求搭建静态页面, 完成前端页面开发制作;

➤运用 uView+scss. JavaScript, 构建 UI 效果, 实现整体布局;

➤负责登录授权模块、首页模块等模块的设计开发。

● **2018.08-2019.08**　　　　**××科技有限公司**

➤负责权限列表模块、用户、商品、订单等列表的数据渲染和添加以及数据导入导出;

➤根据原型图和 UI 设计图, 使用 Element-ui 进行布局, 用 sCss 预编译器进行样式编译;

➤负责前端核心功能的架构与代码模板编写, 对系统核心模板进行开发和维护。

个人技能

◆ **软件设计:** 掌握 Photoshop 等设计软件的基本操作和切图方法。

◆ **编辑器:** 掌握编辑器 VisualStudioCode 和相关插件配置应用。

◆ **测试工具:** 掌握 Chrome 浏览器开发工具。

◆ **前端开发:** 掌握 HTML-创建网页结构的标准标记语言, CSS-控制页面的样式和布局, Javascript 创建页面的交互效果的脚本语言。

◆ **英语技能:** CET4-500,CET6-486。

自我评价

● 本人开朗乐观, 热心助人, 交际能力强, 待人接物正直处世。在工作方面有较强的动手实操能力。对待工作认真负责毫不拖沓, 吃苦耐劳, 抗压能力强, 有一定的前端开发经验。专业素质良好, 善于发现, 并且能从容面对调整来目各方面难题。

228

项目三:无领导小组面试

1. 完成时间:两学时。

2. 学习任务:模拟完成面试流程。

3. 成果形式:一份简短总结。

面试流程:

一、组织入场阶段

主要内容为:候场、抽签、排队进场、就座、宣读引导语及发放考试材料。在这一阶段主要需要注意工作人员的引导,按照考场规则完成指定步骤。

二、提纲准备阶段

这是你之后进行讨论的基础。在每位应试者拿到讨论的题目后,你有5—15分的时间进行阅读和思考,对你之后要表达的内容书写一个提纲。这一阶段需要考生能带着问题去阅读思考材料,并在较短的时间内完成在草稿纸上书写发言的内容。

三、个人陈述阶段

这是第一次考场中的正式语言表现。在考场中一般每人自由陈述时间不得超过三分钟。稍显急迫的时间对于考生对内容精练,语言表达提出了更高的要求。在这一阶段考生需要掌握好自己的表达时间,切忌超时。在自己陈述完毕后,也需要能够对其他考生的作答予以倾听并记录,为之后小组讨论打下基础。

四、自由讨论阶段

这是无领导小组讨论中最为重要的一个阶段。在所有考生自由陈述完毕后,进入自由讨论阶段,20分钟左右均有呈现。考官不干预讨论进程,全程由考生自行推动。在这一阶段你的发言内容,发言次数,发言质量等都会作为考官的记录点,成为考官对你打分的记录项。考生需在讨论时间多争取发言机会,但不要单纯追逐发言次数而忽视发言质量,可以采取总结、协调、时间提醒等方式推进讨论进程。切忌把讨论变成辩论赛,将这个阶段当作问题的沟通交流更有助于获得考官的认同。

五、总结陈词阶段

这是整个讨论的最后阶段。小组推选出一名考生向考官汇报对于问题的讨论结果,时间以5分钟居多。在自己做总结陈词阶段要注意内容全面,语言简洁,逻辑清晰,要跟考官进行眼神交流,体现出自信的风采。如果自己没把握做好总结可推荐他人,建议推荐表现相对较好考生,更好地呈现讨论结果,切忌盲目推选。

参考文献

［1］德鲁克.动荡时代的管理［M］.姜文波,译.北京:机械工业出版,2009.

［2］基利,派克尔,奎因,等.创新十型［M］.余锋,宋志慧,译.北京:机械工业出版
社,2014.

［3］罗宾斯,库尔特.管理学［M］.11版.李原,孙健敏,黄小勇,译.北京:中国人民大学
出版社,2012.

［4］曹敏.大学生创业基础［M］.2版.北京:高等教育出版社,2022.

［5］陈艳.诚实信用原则在双倍工资罚则中的免责适用［J］.中国人力资源社会保
障,2019.

［6］邓宁.你的职业性格是什么? MBTI16型人格与职业规划［M］.2版.王瑶,邢之浩,
译.北京:电子工业出版社,2014.

［7］丁巍.创新目标管理的理念与实践［J］.上海商业,2015(8).

［8］董保宝,葛宝山.经典创业模型回顾与比较［J］.外国经济与管理,2008(3).

［9］冯忠良,伍新春,姚梅林,等.教育心理学［M］.3版.北京:人民教育出版社,2015.

［10］郭海,沈睿.如何将创业机会转化为企业绩效:商业模式创新的中介作用及市场环
境的调节作用［J］.经济理论与经济管理,2014(3).

［11］姜继玲.施正荣:缺领袖天分　照样成新科首富［J］.人力资本,2006(5).

［12］李国强,刘君.大学生创新创业基础［M］.北京:机械工业出版社,2019.

［13］李家华,雷玉梅,黄杰.大学生职业发展与就业指导［M］.北京:高等教育出版
社,2022.

［14］里尔登,伦兹,彼得森,等.职业生涯发展与规划［M］.4版.侯志瑾,等,译.北京:中
国人民大学出版社,2018.

［15］梁伟杰."互联网＋"实现传统行业商业模式创新的动力:对"共享停车"项目商业
模式的剖析［J］.科技经济市场,2017(6).

［16］刘云兵,王艳林.大学生创新创业教程［M］.北京:人民邮电出版社,2017.

［17］罗珉,李亮宇.互联网时代的商业模式创新:价值创造视角［J］.中国工业经济,
2015(1).

［18］吕南,罗心.媒体类平台商业模式与价值创造研究［J］.西南石油大学学报(社会科
学版),2021,23(4).

［19］马传新.正向思维看人生［M］.北京:中央广播电视大学出版社,2004.

［20］孟彬,钟新文,刘鸣禹.新中国成立70年我国大学生就业政策变迁［J］.河北师范大
学学报(教育科学版),2019,21(2).

［21］孟文静.逻辑思维界定研究分析［J］.社会科学家,2007(2).

［22］苏文平.大学生职业生涯规划与发展［M］.北京:中国人民大学出版社,2019.

［23］谭宏业.大学生创新与创业［M］.长春:吉林大学出版社,2017.

［24］涂雯雯,魏超.大学生职业生涯规划［M］.北京:人民邮电出版社,2019.

［25］汪翔,张平.创业者特质概念研究综述［J］.现代商贸工业,2014,26(13).

［26］王宏利,张耀杰.基于创新融资与战略布局解剖"风口上的小米"［J］.产业创新研究,2020(9).

［27］王华伟,蔡晓星."双创"背景下大学生创业人格培养问题透视与应对策略［J］.山西煤炭管理干部学院学报,2016,29(2).

［28］吴敏,李劲峰.大学生创新创业基础教程［M］.合肥:中国科学技术大学出版社,2018.

［29］杨雪梅,王文亮.大学生创新创业教程［M］.2 版.北京:清华大学出版社,2021.

［30］彭罗斯.企业成长理论［M］.4 版.赵晓,译.上海:格致出版社,2023.

［31］喻安伦.社会角色理论磋探［J］.理论月刊,1998(12).

［32］张辉,张东生.基于 TRIZ 的新产品管理创新研究［J］.河北工业大学学报,2012,41(4).

［33］张玉利.创新与创业基础［M］.北京:高等教育出版社,2017.

［34］张玉利,杨俊,任兵.社会资本、先前经验与创业机会:一个交互效应模型及其启示［J］.管理世界,2008(7).

［35］张玉利,薛红志,陈寒松,等.创业管理［M］.5 版.北京:机械工业出版社,2020.

［36］郑沂郢.当代大学生创造思维能力培养探析［J］.现代商贸工业,2011,23(7).

［37］钟谷兰,杨开.大学生职业生涯发展与规划［M］.2 版.上海:华东师范大学出版社,2016.

［38］周兆龙,吴伟.大学生职业生涯与发展规划［M］.北京:人民邮电出版社,2015.

［39］朱斌,吕鹏.中国民营企业成长路径与机制［J］.中国社会科学,2020(4).

教师教学资源服务指南

关注微信公众号**"高教财经教学研究"**，可浏览云书展了解最新经管教材信息、申请样书、下载课件、下载试卷、观看师资培训课程和直播录像等。

课件及资源下载

电脑端进入公众号点击导航栏中的"教学服务"，点击子菜单中的"资源下载"，或浏览器输入网址链接http://101.35.126.6/，注册登录后可搜索相应资源并下载。

样书申请及培训课程

点击导航栏中的"教学服务"，点击子菜单中的"云书展"，了解最新教材信息及申请样书。

点击导航栏中的"教师培训"，点击子菜单中的"培训课程"即可观看教师培训课程和"名师谈教学与科研直播讲堂"的录像。

联系我们

联系电话：（021）56718921

高教社管理类教师交流QQ群群号：248192102